权威·前沿·原创

皮书系列为
"十二五""十三五"国家重点图书出版规划项目

广州蓝皮书
BLUE BOOK OF
GUANGZHOU

广州市社会科学院／编

广州城市国际化发展报告
（2017）

ANNUAL REPORT ON CITY INTERNATIONALIZATION OF
GUANGZHOU (2017)

枢纽型网络城市

主　　编／张跃国
执行主编／伍　庆

社会科学文献出版社
SOCIAL SCIENCES ACADEMIC PRESS (CHINA)

图书在版编目（CIP）数据

广州城市国际化发展报告：枢纽型网络城市. 2017 /
张跃国主编. -- 北京：社会科学文献出版社，2017.8
（广州蓝皮书）
ISBN 978 - 7 - 5201 - 1199 - 7

Ⅰ. ①广…　Ⅱ. ①张…　Ⅲ. ①城市发展 - 国际化 - 研
究报告 - 广州市 - 2017　Ⅳ. ①F299. 276. 51

中国版本图书馆 CIP 数据核字（2017）第 190897 号

广州蓝皮书
广州城市国际化发展报告（2017）
——枢纽型网络城市

主　　编／张跃国
执行主编／伍　庆

出 版 人／谢寿光
项目统筹／丁　凡
责任编辑／丁　凡

出　　版／社会科学文献出版社·区域与发展出版中心（010）59367143
　　　　　地址：北京市北三环中路甲 29 号院华龙大厦　邮编：100029
　　　　　网址：www. ssap. com. cn
发　　行／市场营销中心（010）59367081　59367018
印　　装／北京季蜂印刷有限公司

规　　格／开 本：787mm × 1092mm　1/16
　　　　　印 张：18.5　字 数：281 千字
版　　次／2017 年 8 月第 1 版　2017 年 8 月第 1 次印刷
书　　号／ISBN 978 - 7 - 5201 - 1199 - 7
定　　价／79.00 元

皮书序列号／PSN B - 2012 - 246 - 11/14

本书如有印装质量问题，请与读者服务中心（010 - 59367028）联系

广州城市国际化蓝皮书编辑委员会

主　　编　张跃国

执行主编　伍　庆

编　　委　（按姓氏笔画排序）

邓丹萱　卢健鹏　杜家元　李　丰　李若岚

张　颖　陈　剑　罗　政　胡泓媛　姚　宜

殷　俊　郭　蕾

欢迎关注本蓝皮书微信公众号

主要编撰者简介

张跃国　文学学士，法律硕士，现任广州市社会科学院党组书记，广州大学客座教授。研究专长为城市发展战略，创新发展，传统文化。主持或参与中共广州市委九届四次会议以来历届全会和党代会报告起草、广州市"十三五"规划研究编制、广州经济形势分析与预测研究、广州城市发展战略研究、广州南沙新区发展战略研究和规划编制，以及市委、市政府多项重大政策文件制定起草。

摘　要

国家"一带一路"建设已经进入纵深发展阶段，粤港澳大湾区城市群发展亦写入了 2017 年国务院《政府工作报告》，广州作为重要的国家中心城市以及粤港澳大湾区核心门户城市之一，在推进城市国际化工作上迎来了重大的发展机遇和重要任务。2016 年广州提出了建设枢纽型网络城市的战略目标，在实践中以"三大战略枢纽"建设为重点，坚持开放发展，加强国际交流和区域合作，全球城市网络节点地位日益凸显。《广州城市国际化发展报告》是广州市社会科学院国际问题研究所编辑出版、跟踪研究城市国际化发展的蓝皮书，从学术视野探究广州城市国际化发展的途径。

《广州城市国际化发展报告（2017）》包括总报告、枢纽型网络城市专题、国际经贸、国际交往与合作以及国际城市借鉴五大板块内容。

总报告总结了 2016 年广州城市国际化发展现状，对当前广州国际经贸、对外投资、国际交往、文化交流、国际旅游等领域取得的成绩和存在的问题进行分析，展望了 2017 年发展形势，提出促进广州城市国际化发展的建议。

枢纽型网络城市专题主要从提升全球资源配置能力、建设国际航空枢纽、建设国际交往中心等枢纽型网络城市的功能定位方面展开探讨，提出广州未来城市国际化的主攻方向。

国际经贸板块总结了广州对外经贸合作的情况，围绕广州在国际经贸领域近年来发展较为典型的跨境电子商务、邮轮产业、船舶登记等专题展开研究，并提出提升城市国际影响力的对策探讨。

国际交往与合作板块主要从广州与澳门合作、城市形象的国际传播、举办国际会议等增强城市国际交往功能角度对促进广州城市国际化发展进行研

究和思考。

国际城市借鉴板块从部分国际权威的城市排名包括普华永道《机遇之城2017》和全球金融中心指数分析广州的城市地位，归纳全球知名城市的发展经验为广州提升城市国际化提供借鉴。

关键词：广州　城市国际化　枢纽型网络城市　国际经贸　国际交往

目 录

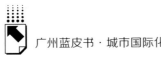
Ⅳ　国际交往与合作

Ⅴ　国际城市借鉴

皮书数据库阅读**使用指南**

总 报 告

General Report

B.1

2016年广州城市国际化发展
状况与2017年形势分析

广州市社会科学院课题组*

摘 要： 本报告从枢纽型网络城市建设、对外经贸、国际交往、文化
交流、国际旅游等方面总结了2016年广州城市国际化发展状
况，分析了广州在经济影响力、国际声誉、枢纽功能上存在
的不足。2017年是国际形势复杂多变和"一带一路"建设进
入实质性进展的时期，广州城市国际化发展面临重大挑战和
机遇，报告提出广州进一步加快城市国际化发展的建议。

* 课题组成员：伍庆，博士，广州市社会科学院国际问题研究所所长、副研究员；胡泓媛，广
州市社会科学院国际问题研究所助理研究员；邓丹萱，博士，广州市社会科学院国际问题研
究所助理研究员；姚宜，广州市社会科学院国际问题研究所副所长、研究员；李丰，博士，
广州市社会科学院国际问题研究所助理研究员；肖礽，广州市社会科学院国际问题研究所研
究实习员；周顺子，广州市社会科学院国际问题研究所研究实习员。

关键词： 广州 城市国际化 国际经贸 国际交往 城市形象

一 2016年广州城市国际化发展状况

2016年，面对国内外环境的深刻变化以及复杂多变的形势，广州持续深化改革开放，调整经济结构，不断适应和引领经济发展新常态，综合经济实力显著增强，国家重要中心城市作用进一步显现，城市国际化发展状况良好。

（一）广州整体经济实力平稳上升，城市国际化提出更高发展目标

近年来，广州经济稳中求进，城市国际影响力和竞争力都有所提升。广州从更高层次、更大格局谋划国家重要中心城市的发展，提出枢纽型网络城市与全球资源配置中心等重大战略发展方向。

1. 总体经济平稳发展，产业结构优化升级

2016年，广州实现地区生产总值19610.94亿元，按可比价格计算，同比增长8.2%，总量连续28年稳居全国第三（见图1）。其中，第一产业完成增加值240.04亿元，第二产业完成增加值5925.87亿元，第三产业完成增加值13445.02亿元，同比分别下降0.2%、增长6.0%和9.4%。

服务业在经济中所占比重是衡量城市国际化发展水平及阶段的重要特征之一。近年来，随着"三大战略枢纽"建设的扎实推进，广州实施的一系列转型升级的重大举措开始逐渐显现成效，服务业比重持续提高，整体经济结构进一步升级，三次产业比重由2015年的1.3∶32.0∶66.8升级为2016年的1.2∶30.2∶68.6（见图2）。其中，第二、第三产业对经济增长的贡献率分别为23.0%和77.0%，第三产业的贡献率比2015年上升了将近7个百分点。从各行业发展来看，2016年广州金融业增长较快，跨境电商进出口规模保持了全国第一的地位，旅游业综合竞争力位列副省级城市第一位，生物医药、融资租赁、工业设计、文化创意等新业态发展迅速。与国内一些主要

图1 2011~2016年广州地区生产总值及同比增速情况

城市和全国平均水平相比,广州服务业所占比重具有一定领先优势,整体产业结构趋向高端化协调发展。

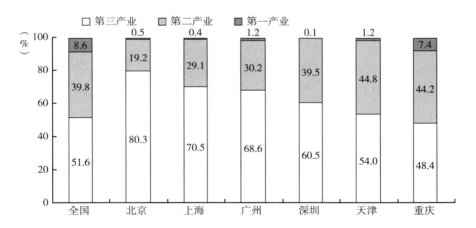

图2 2016年广州及全国主要城市三次产业占地区生产总值比重情况

尤为突出的是,广州金融业近年来加速发展,逐渐上升为支柱产业之一。2016年,广州实现金融业增加值1800亿元,占全市地区生产总值的9.2%,同比增长11%,拉动GDP增长1.0个百分点,成为全市第五大支柱产业。在全国各大城市比较中,广州直接融资占比居第一位,保费同比增长居第一位，新增新三板挂牌增长率居第一位。中证报价系统南方运营中心正式落户广州，并启动了中证报价私募股权市场上线仪式，标志着广州结束了缺乏全国性金融交易平台的历史；广州首次进入 Z/Yen 集团发布的全球金融中心指数（GFCI）的正式榜单，位列全球金融中心榜第 37 位，属于"国际性新兴金融中心"。广州金融业发展实现了重要突破，在金融领域的影响力不断提升。

2. 顺应全球城市发展新趋势，建设枢纽型网络城市

在全球化和信息化持续深入发展的背景下，作为全球网络的重要节点，城市的枢纽带动力和网络联通性直接决定城市的国际竞争力和影响力。为适应全球城市发展新趋势，实现"十三五"规划纲要目标和国务院赋予广州的城市定位，在国家的发展和对外开放新格局中承担新的和更加重要的职能，广州市委十届九次全会通过了《进一步加强城市规划建设管理工作的实施意见》，提出了广州要建设枢纽型网络城市，以巩固和提升广州国家重要中心城市地位。近年来，随着"三大战略枢纽"建设工作稳步落实，广州的网络城市枢纽功能逐步提升。广州国际和国内城市合作网络日益扩大，截至 2016 年，在广州投资发展的世界 500 强企业达 288 家，与广州有贸易和投资往来的国家和地区达 220 个。广州已成为我国与东南亚、印度洋周边国家以及澳洲联系的重要航空枢纽、航运枢纽，同时，广州还是我国第四大铁路枢纽、高铁枢纽、高速公路枢纽，第三大电信枢纽、国际互联网接入枢纽。不仅如此，2016 年，广州国际科技创新枢纽建设 24 个工程项目完成投资 229 亿元，同时 9 个琶洲互联网创新集聚区新建项目先后开工。

3. 汇集各类重要国际资源，迈向全球资源配置中心

全球资源配置是广州作为重要的国家中心城市提升城市国际竞争力和影响力的必然要求。所谓全球资源配置中心，是指具有在全球范围内吸纳、凝聚、配置资本的能力和话语权，同时能够吸引和容纳经济资源、金融资源、贸易资源、物流资源、文化资源、人才资源和创新资源等的集聚和流动的中心城市。纵观世界顶尖的全球城市，几乎都是全球资源配置中心，而这些城市实现全球资源配置的共性经验主要是：在产业结构上，实行现代服务业与先进制造业的双引擎驱动，重点突出金融业的领先优势；在要素集聚上，强化总部经济的布局，注重先进人才、创新园区和创意文化等高端资源的集聚；在支撑条件上，构建良好的国际化营商环境、便捷高效的世界大交通枢纽以及优良的生态与生活环境。作为中国重要枢纽城市之一，广州提出未来迈向全球资源配置中心的建设方向，不断提高全球资源的配置能力，是服务和强化枢纽型网络城市功能的抓手和载体，也是城市国际化发展的重要手段和目的。

（二）对外贸易逆势上行，结构转型升级初见成效

2016 年，世界经济仍然面临着深度调整过程中的诸多问题，发达经济体复苏前景不明，新兴经济体崛起前途难测。同时，贸易保护主义升温，国际大宗商品价格、金融市场均有波动，地缘政治上的冲突威胁加剧，对外贸易面临更多潜在风险。面对复杂多变的国际局势，广州坚持稳步推动对外贸易，成为全国外贸回稳向好发展的中坚力量，尽管 2016 年进出口增速有所放缓，但相比全国、全省对外贸易负增长的情况，表现良好。

1. 出口增速放缓，进口实现正增长

2016 年，广东省和全国的进出口实绩仍未扭转下降态势：广东省本年度进出口总额下降 0.8%，出口总额下降 1.3%，进口总额同上年持平；全国进出口总额下降 0.9%，出口总额下降 1.9%，进口总额上升 0.6%。尽管广州进出口增速有所减缓，但外贸进出口、出口和进口指标均已超额完成广东省的目标任务，整体好于广东省与全国的对外贸易情况。广州货物贸易进出口总额为 8566.92 亿元人民币，同比增长 3.15%，略低于 2015 年的 3.55%。其中，出口额 5187.05 亿元，同比增长 3.03%，同 2015 年 12.7% 的增速相比降幅较大；进口额 3379.87 亿元，同比增长 3.33%，明显好于 2015 年进口负增长的态势；进出口增速、出口增速在全国主要外贸城市中分别居于第二位和第一位。受国际局势动荡波及，

2016年广州城市国际化发展状况与2017年形势分析

005

2016年广州进出口呈明显波动趋势，起伏较大，第二季度下行明显，第四季度情况好转，进出口贸易额连续增长，年末达到26.19%的增速高峰。整体而言，在宏观因素不利的局势下，广州对外贸易巩固了回稳向好和全国领先的发展态势（见图3）。

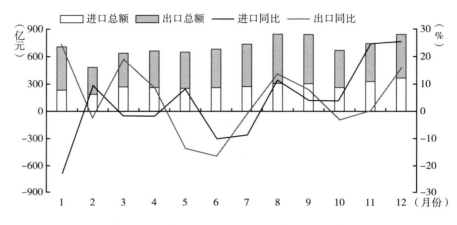

图3 2016年广州进口、出口贸易值与增速情况

2. 一般贸易形势转好，新兴贸易保持上升态势

与2015年相比，2016年广州对外贸易模式持续平稳调整，其中，加工贸易整体走低，进口降幅扩大，出口降幅收窄，进出口持续下降；一般贸易发展状况好于2015年负增长的态势，尽管出口额有所下降，但进口增长迅速，进出口额整体增速为3.34%（见表1）；由于2015年新兴贸易出口增速高达60.98%，2016年出口增幅降低，但仍然保持了18.50%的增长速度，进口增速由2015年的－22.29%上升至5.61%，增长迅速，进出口额整体保持上行趋势。

从行业占比来看，加工贸易出口占全市出口总额比重比2015年下降2.05个百分点，进口比重比2015年下降3.52个百分点；一般贸易出口比重比2015年下降1.98个百分点，进口比重提高3.22个百分点；新兴贸易占比进一步扩大。新兴贸易类型中，旅游购物商品成为广州对外贸易的新支柱，出口总额1269.5亿元，同比增长18.1%，占出口总值的24.5%，所占比重同比增长 11.5 个百分点。整体而言，广州对外贸易结构更趋合理，正由传统劳动密集型的代工生产为主过渡到一般贸易和新兴贸易，总体结构进一步优化。

表1　2016年广州进出口贸易按贸易方式分情况

单位：亿元，%

名称	本年累计			同比增长		
	出口	进口	进出口	出口	进口	进出口
一般贸易	1904	1846	3749	-2.25	9.81	3.34
加工贸易	1680	1077	2757	-3.13	-6.93	-4.65
来料加工	441	337	778	-16.62	-4.67	-11.83
进料加工	1240	740	1979	2.79	-7.92	-1.49
其　他	1603	457	2060	18.50	5.61	15.38
合　计	5187	3380	8567	3.03	3.33	3.15

资料来源：广州市商务委。

海关特殊监管区的发展对广州对外贸易贡献巨大。2016 年，海关特殊监管区进出口总额 694.48 亿元，增速 24.52%，成为广州推动对外贸易发展的高效渠道。广州市跨境电子商务综合试验区设立，广州海关在试验区内实行"物流畅顺、通关便捷、监管有效"的"广州模式"，吸引大型电商选择在穗通关，初步形成跨境电子商务生态圈，跨境电子商务成为新兴贸易发展最快的领域之一，在一定程度上弥补了一般贸易和加工贸易低迷不振造成的国际贸易空缺，为广州的国际商务发展提供了创新的内生动力。2016 年，跨境电子商务进出口总额 146.8 亿元，增长 1.2 倍，其中，出口额 86.5 亿元，增长 1.5 倍，进口额 60.3 亿元，增长 83.2%，位居全国第一，占广州市外贸总值的 1.7%，所占比重同比增加 0.91 个百分点。

3. 机电、高新行业出口增长较快，劳动密集型产品出口分化

机电产品是广州进出口的主要商品。2016 年机电产品进口 1466.06 亿元，占全市比重为 43.38%，同比下降 0.92%；出口 2692.16 亿元，占全市比重为 51.9%，同比增长 5.41%。高新技术产品进出口稳定增长，2016 年增长 7.8%，受旅游购物商品出口快速增长影响，占全市比重从上年的 21.6% 略降为 21.4%，其中，进口额 907.93 亿元，同比下降 3.63%，占全市比重为 26.86%；出口额 928.94 亿元，同比增长 8.73%，占全市比重为 17.91%，首次出现顺差。其中，对液晶显示板和废金属的进口需求分别下降 6.84% 和 5.55%，与我国该类产品的国内供给进一步增强、对外需求减缓有一定关联；对自动数据处理设备及其部件的进口同 2015 年基本相同；对初级形状的塑料、汽车零配件和集成电路的进口增幅分别为 1.91%、20.44% 和 9.55%，与国内汽车相关等产业的加速发展有所关联。

劳动密集型产品出口的情况差异较大。纺织纱线、服装及衣着附件、家具及其零件、鞋类出口分别下降 3.2%、2.23%、5.13% 和 7.06%，箱包、塑料制品和玩具出口分别增长 10.89%、18.83% 和 7.23%。劳动密集型产品出口在经历连续五年两位数增长后，增速有所回调。同时，在我国劳动力成本不断上升，部分低技术产业向东南亚等地转移，以及行业转型升级加速、创新产品不断涌现等多重因素影响下，出现了此消彼长的局面。

广州市对资源类产品的进口需求仍然较大，传统的煤、成品油、钢材等资源进口持续增长，增速分别为 24.94%、19.14% 和 5.26%，其中，对钢材的进口额最高，达 70.62 亿元。对铜类材料进口需求减少，下降 18.32%，但进口额达 59.04 亿元，多于对成品油和煤类资源的进口实值。

4. 得益于政策红利，服务外包持续逆势增长

广州服务外包行业继续保持了逆势增长的良好发展状态，规模快速扩大，结构持续向高端化升级，市场参与个体趋向多元化。2016 年，广州市服务外包全口径合同额 104.72 亿美元，同比增长 14.92%；离岸合同额 57.87 亿美元，增长 6.78%；离岸执行额 45.05 亿美元，增长 16.5%，均超额完成目标。其中，越秀、海珠、天河、白云、番禺、南沙和增城均实现全口径合同、离岸合同和离岸执行正增长。花都区服务外包全口径合同额、离岸合同额增幅最大，均为43.479%，番禺区离岸执行额增速最快，增幅为52.921%。

广州服务外包的逆势增长得益于政策的大力扶持。2016年2月，国务院决定广州为服务贸易创新发展试点之一，技术先进型服务贸易企业可享受15%的企业所得税优惠。广州市政府以此为基础，通过多项市、区政策扶持、财政支援，积极推动金融数据服务、跨境人民币业务和检验检测服务等行业，以及知识产权、跨境电商、离岸贸易、汽车平行进口等服务新业态的发展；在建设服务外包载体、培养专业人才、推动国际化合作、扩展业务领域、优化营商环境等方面均有所建树。同时，尽管全球经济低迷，离岸外包服务竞争激烈，但"一带一路"建设为服务外包行业提供了新的动力和机遇，尤其在信息技术服务、工程设计、工业设计和供应链管理服务等领域，广州同"一带一路"相关国家新签合同额的增速十分可观。

5. 传统贸易伙伴发展各异，与"一带一路"国家贸易活动增长较快

2016年，广州与传统五大主要贸易伙伴的贸易情况各异，对美国、东盟进出口总额分别下降2.61%和2.51%；对日本、中国香港、欧盟进出口总额分别增长12.46%、6.12%和8.69%。出口方面，除东盟外，对主要传统贸易伙伴出口额均实现增长，其中出口日本增长较快，达到14.40%。进口略显疲软，主要传统贸易伙伴中仅对日本、欧盟实现增长，增幅分别为11.76%和6.82%，其余均有所回落。国家"一带一路"建设实施以来，广州积极配合响应，同"一带一路"沿线国家展开多维度、多层次的经贸合作，2015年对沿线国家进出口总额2142.7亿元，增长12.7%，2016年达2160.9亿元，增长0.8%。广州同新兴经济体的国际贸易发展地区分化较为明显，对非贸易增长较快，进出口总额同比增长6.81%，出口增长6.93%，进口增长6.47%；而同拉丁美洲的贸易往来则呈下行趋势，进出口降幅14.70%，出口降低16.92%，进口降低7.35%（见表2）。2016年拉丁美洲部分国家的国内经济持续低迷，在一定程度上影响了该地区国家同广州的贸易额。

表2　2016年广州进出口贸易主要市场地区情况

单位：万元，%

国家与地区	本年累计			同比增长		
	出口	进口	进出口	出口	进口	进出口
亚洲	26377.118	20458.540	46835.657	2.77	4.03	3.32
中国香港	9616.447	351.917	9968.364	6.58	-5.00	6.12
日本	2282.007	6155.537	8437.543	14.40	11.76	12.46
韩国	1008.174	4116.727	5124.901	-5.77	5.18	2.83
东盟	6346.675	3965.278	10311.953	-3.09	-1.58	-2.51
中国台湾	835.327	1743.211	2578.538	-7.24	2.75	-0.71
亚洲其他国家（地区）	6288.488	4125.870	10414.358	2.60	-0.54	1.33
欧洲	7725.016	5356.540	13081.560	9.48	6.10	8.07
欧盟	6914.272	4951.176	11865.448	10.08	6.82	8.69
俄罗斯联邦	595.451	56.350	651.801	-1.32	13.28	-0.21
欧洲其他国家（地区）	215.293	349.014	564.307	25.71	-3.99	5.52
北美洲	8108.570	3940.058	12048.629	1.43	-7.46	-1.66
美国	7555.257	3659.856	11215.114	0.75	-8.87	-2.61
北美洲其他国家（地区）	553.313	280.202	833.515	11.69	16.06	13.12
拉丁美洲	2909.926	982.964	3892.890	-16.92	-7.35	-14.70
大洋洲	1180.969	968.947	2149.916	28.32	35.94	31.65
非洲	5568.876	2087.000	7655.877	6.93	6.47	6.81

资料来源：广州市商务委。

6.广交会60周年，向"综合功能平台"转变

2016年11月，第一百二十届广交会成功举办。习近平总书记发来贺信，肯定了60年来广交会为我国对外开放和经济社会发展发挥的积极作用，在新常态下，希望广交会能够继续突破创新、改革机制，以"创新、协调、绿色、开放、共享"的发展新理念，优化商务模式、提升服务水准，力求在更高层次上运用两个市场和两种资源，最终成长为全方位对外开放的平台。第一百二十届广交会的采购商到会人数和成交金额与同期（2015年秋交会）相比均有一定增长。采购商到会185704人，同比增长4.6%。来自新兴市场和发展中国家的采购商人数增长较快，涨幅高于平均增速，东盟、南盟的采购商人数增速最快，来自"一带一路"沿线国家的采购商人数也有7.94%的增长。本届广交会累计出口成交额1873.01亿元，同比增长3.2%。其中机电产品仍是主要的采购商品，出口

成交额同比增长1.8%，占总成交额的54.1%。民营企业依旧是主要力量，占比66.9%。同往届相比，第一百二十届广交会从现场出口成交功能逐渐向促进进口、结识客户、展示洽谈、行业交流、信息发布、品牌推广的综合功能平台方向延展，是广交会创新发展的重要尝试和突破。

（三）现代服务业吸收外资增长较快，大项目以融资租赁项目为主

2016年，外商直接投资企业或机构的增长速度和实际使用外资金额的增长速度均略有下滑，但合同外资金额增速十分可观。当年，在穗新增1757家外商直接投资企业，同比增长22.95%，增速下降0.75个百分点；实际使用外资金额57.01亿美元，同比增长5.26%，增速下降0.84个百分点；合同外资金额99.01亿美元，同比增长18.39%，增速是上年同期的4.5倍（见表3）。

表3 2016年广州外商直接投资及其增长速度分行业情况

行　业	企业数		合同外资金额		实际利用外资金额	
	本年度新增企业数（家）	同比增长（%）	本年数（万美元）	同比增长（%）	本年数（万美元）	同比增长（%）
总　计	1757	22.95	990123	18.39	570120	5.26
农、林、牧、渔业	7	16.67	3161	-85.22	4411	1801.29
制造业	90	-18.18	76351	6.89	53457	-53.87
电力、热力、燃气及水的生产和供应业	2	0	12324	-5.21	4792	9.96
建筑业	10	25	13043	7310.8	1162	6015.79
交通运输、仓储和邮政业	38	80.95	21770	35.6	16838	729.05
信息传输、计算机服务和软件业	46	-13.21	416867	699.42	297094	1089.04
批发和零售业	1061	33.63	62465	-30.11	60203	89.78
住宿和餐饮业	41	0	6078	19.93	2328	-40.55
金融业	96	128.57	220374	12.31	65648	25.67
房地产业	31	-32.61	-36724	-116.27	33815	-87.61
租赁和商务服务业	216	9.64	116786	19.53	21030	105.57
科学研究、技术服务和地质勘查业	72	-2.7	40358	-0.56	3826	-80.36
水利、环境和公共设施管理业	2	0	42	114.09	591	
居民服务和其他服务业	11	0	2079	-35.45	843	365.75
教育	8	33.33	415	93.02	45	-19.64
卫生、社会保障和社会福利业	9	200	5903	120.59	0	-100
文化、体育和娱乐业	17	54.55	28831	2062.87	4037	4061.86

资料来源：广州市商务委。

1. 现代服务业吸收外资增长较快

2016 年，服务业类的外商直接投资企业或机构在穗新增 1648 家，同比增长 26.67%，占全市新增外商直接投资企业总数的 93.8%。该类企业吸收合同外资 88.52 亿美元，增速 21.25%，占全市合同外资总额的 89.41%；实际使用外资 50.63 亿美元，增速 20.22%，占全市实际使用外资总额的 88.81%。现代服务业各项所占全市份额均高于上年同期，是广州市外资增长的中坚力量。合同外资金额增长最快的行业是建筑业与文化、体育和娱乐业，分别增长 73.11 倍和 20.63 倍；实际使用外资金额增长最快的同样为建筑业与文化、体育和娱乐业两大行业，增幅分别为 60.16 倍和 40.62 倍。

2. 香港仍是外资主要来源地

2016 年对穗实际外资投入额前五的国家和地区分别是中国香港、英属维尔京群岛、日本、英国和毛里求斯。来自香港的外资 47.82 亿美元，占全市实际使用外资金额的 83.88%；其他四个国家和地区对穗的实际使用外资均超过 1 亿美元。这五个国家和地区的实际外资投入额占广州实际使用外资金额的 94.28%（见表 4）。

表 4　2016 年广州市外商直接投资十大区域情况

国家/地区	企业数		合同外资金额		实际利用外资金额	
	本年度新增企业数（家）	同比增长（%）	本年数（万美元）	同比增长（%）	本年数（万美元）	同比增长（%）
总　计	1757	22.95	990123	18.39	570120	5.26
中国香港	922	-2.12	837298	25.00	478241	11.82
英属维尔京群岛	8	0.00	-6916	-133.44	19079	24.67
日本	11	10.00	14956	1239.94	17147	33.26
英国	5	-50.00	1130	-93.46	11599	6566.09
毛里求斯	0	-100.00	11498	1038.42	11415	1802.50
新加坡	37	37.04	42790	313.27	6076	-47.67

国家/地区	企业数		合同外资金额		实际使用外资金额	
	本年度新增企业数（家）	同比增长（%）	本年数（万美元）	同比增长（%）	本年数（万美元）	同比增长（%）
美国	33	13.79	3622	−55.72	1486	130.39
中国台湾	53	−17.19	21812	852.91	1367	280.78
开曼群岛	0	−100.00	408	−97.21	1148	—
韩国	69	43.75	3456	133.39	925	−96.60

资料来源：广州市商务委。

广州市的外资来源与全国的外资来源基本相同。2015年，全国外商直接投资1263亿美元，来自亚洲地区的外资总额1042亿美元，占比82.5%。在亚洲国家和地区中，来自中国香港地区的直接投资最多，实际使用外资金额863亿美元，占全国外商直接投资额的68.33%。香港作为中国特别行政区和亚洲的金融中心，其优越的经济枢纽功能吸引了大量外资企业通过香港中转向中国内地投资，广州一定程度上得益于毗邻香港的地缘优势，故而广州的大部分外资来自香港。2016年，广州同中国台湾地区的外资合作进一步增强，富士康科技集团的子公司堺显示器制品株式会社同广州签订了合作框架协议，拟投资610亿元建设10.5代8K显示器全生态产业园，项目将于2017年开工建设，估计年产值近千亿元。日本、韩国和新加坡也是中国在亚洲地区的重要外资来源。

3. 大项目以融资租赁为主

2016年广州市批准的总额度超过3000万美元的项目共154个，其中新批118个，增资36个，涉及合同外资额91.78亿美元，同比增长41.63%，占全市合同外资总额的92.69%。其中，外资融资租赁项目（含新设和增资）103个，占大项目的66.88%。投资总额过亿美元的项目22个，涉及合同外资57.94亿美元，占全市合同外资总额的58.52%。分众传媒战略投资七喜控股项目是历年来单个合同外资规模最大的外商投资项目，涉及合同外资近40亿美元。

（四）对"一带一路"国家投资持续增长，科技类合作快速发展

随着广州经济能量的不断提升，广州在国际市场体系中的作用不断增强，作为门户城市的枢纽功能和辐射能力不断提高，通过对外经济合作的方式进一步扩大广州的影响力，联动周边国家和地区共同发展。

1. 亚洲仍为主要投资地区，对"一带一路"沿线国家投资跨越式增长

2016 年，广州市新增对外投资企业（机构）263 个，同比增长 4.37%；中方协议投资额 52.83 亿美元，同比增长 10.71%（见表 5）；对外直接投资 22.28 亿美元，同比增长 58.03%；新签对外承包工程、对外劳务合作合同下降了 40.32%，合同额 5.38 亿美元；完成营业额下降 46.65%，共计 4.56 亿美元。

表 5 2016 年广州市对外投资主要地区情况

国别/地区	新增企业机构个数	中方协议投资额		
		金额(万美元)	同比(±%)	比重(%)
合　计	263	528266	10.71	100.00
亚洲	151	395233	28.94	74.82
中国香港	103	293706	11.83	55.60
韩国	5	20495	8611.66	3.88
日本	5	233	293.26	0.04
大洋洲	21	51987	-40.13	9.84
澳大利亚	15	39988	438.91	7.57
欧洲	23	37741	394.15	7.14
英国	5	24681	1878.65	4.67
德国	6	4392	-23.19	0.83
意大利	2	1652	651.78	0.31
北美洲	56	25764	19.11	4.88
加拿大	8	2354	77.57	0.446
美国	48	23410	15.29	4.432
南美洲	5	12306	-73.25	2.330
开曼群岛	1	4503	-87	0.852
英属维尔京群岛	2	5554	-5.05	1.051
非洲	7	5235	-68.84	0.99
肯尼亚	2	2010	—	0.38
尼日利亚	1	2500	—	0.47

亚洲是广州对外投资的主要地区，新增对外投资企业151个，协议投资额39.52亿美元，同比增长28.94%，占总协议投资额的74.82%。其中，中国香港是亚洲地区的主要投资对象，新增对港投资企业103个，中方协议投资额29.37亿美元，占比超过一半，同比增长11.83%。对韩投资额增长速度最快，同比增长86.12倍。对"一带一路"沿线国家的投资增长迅猛，共设立31家投资企业或机构，同比增长76.02%，协议投资额8.05亿美元，同比增长123.51%，同时马来西亚马六甲海洋工业园、沙特阿拉伯吉赞经济城等海外园区的建设也在稳步推进。对大洋洲投资主要是澳大利亚和新西兰，其中，对澳大利亚投资中方协议投资额4.00亿美元，同比增长4.39倍。随着"一带一路"向欧洲地区延伸，广州企业在欧洲的投资额同比增长3.94倍，投资主要集中在英国，对英协议投资额2.47亿美元，同比增长了18.79倍。广州对非投资规模相对较小，新增投资企业机构7个，协议投资额5235万美元，占比不到1%，同比下降68.84%（见表5）。

2. 对外投资仍以第三产业为主，对高科技行业投资增长迅速

广州企业对外投资领域辐射范围广泛，涉及国民经济的各个行业，但以第三产业为主。2016年，第三产业新增企业（机构）226个，中方协议投资额51.04亿美元，同比增长13.46%，占广州对外协议投资额的96.63%（见表6）。

表6　2016年广州市对外投资主要行业结构

分组指标	新增企业机构个数	中方协议投资额		
		金额（万美元）	同比（±%）	比重（%）
第一产业	3	2240	-72.51	0.42
农、林、牧、渔业	3	2240	-72.51	0.42
第二产业	34	15588	-43.08	2.95
采矿业	1	77	-97.45	0.01
制造业	26	13138	-44.84	2.49
电力、热力、燃气及水的生产和供应业	2	2255	3659	0.43
建筑业	5	118	-76.86	0.02

续表

分组指标	新增企业机构个数	中方协议投资额		
		金额（万美元）	同比（±%）	比重（%）
第三产业	226	510439	13.46	96.63
批发和零售业	109	112607	-4.37	21.32
交通运输、仓储和邮政业	5	798	-83.12	0.15
住宿和餐饮业	1	463	157.17	0.09
信息传输、软件和信息技术服务业	29	23146	-53.48	4.38
房地产业	19	223655	70.65	42.34
租赁和商务服务业	38	56249	-58.83	10.65
科学研究和技术服务业	18	3195	112.7	0.61
水利、环境和公共设施管理业	1	20000	299.91	3.79
居民服务、修理和其他服务业	1	110	-90.11	0.02
教育	2	69210	536411.64	13.10
文化、体育和娱乐业	3	1006	-34.17	0.19
合　计	263	528266	10.71	100.00

资料来源：广州市商务委。

在第三产业中，房地产业是最热门的投资领域，新增该类投资企业 19 家，协议投资额 22.37 亿美元，同比增长 70.65%，占总协议投资额的 42.34%。批发和零售业是占比第二高的行业，也是广州的传统优势产业，新增该类对外投资企业 109 家，中方协议投资额 11.26 亿美元，受国际市场波动影响，同比下降 4.37%，但仍占广州市对外协议投资总额的 21.32%。针对高科技产业的投资增长较快，如科学研究和技术服务业，协议投资额 3195 万美元，增速达 112.7%（见表 6）。

广州市企业对外承包工程和对外劳务合作业务对象已遍布亚洲、非洲的 41 个国家和地区，但主要合作对象仍以亚洲国家和地区为主，如中国澳门、中国香港、马来西亚、菲律宾、新加坡等。2016 年度对外承包工程最大签约合同项目是广州江河幕墙系统工程有限公司的新加坡国家法院项目，合同额达 2510 万美元。

表7　2016年广州各区境外投资项目情况

地　区	新增企业数(家)	中方协议投资额(万美元)	比重(%)
全　市	263	528266	100.00
越秀区	22	64174	12.15
海珠区	20	65216	12.35
荔湾区	16	40101	7.59
天河区	77	240678	45.56
白云区	21	5253	0.99
黄埔区	45	51307	9.71
花都区	12	11874	2.25
番禺区	21	19127	3.62
南沙区	20	27433	5.19
从化区	5	1604	0.30
增城区	4	1499	0.28

资料来源：广州市商务委。

3. 民营企业境外投资活跃，各区对外投资规模差异化发展

广州民营企业境外投资活跃，247家民营投资企业涉及中方协议投资额44.42亿美元，同比增长18.61%。国有企业境外投资规模第二，但增长较快，3家国有投资企业协议投资额6.92亿美元，同比增长6.4倍。外资企业境外投资较为疲软，13家外资企业协议投资额1.49亿美元，同比下降85.37%。

对外投资项目主要来自天河区，中方协议投资额24.07亿美元，占比45.56%。其次为海珠区和越秀区，涉及中方协议投资额分别为6.52亿美元和6.42亿美元，占比分别为12.35%和12.15%。白云区、从化区和增城区对外投资项目较少，中方协议投资额占比均少于1%（见表7）。

（五）打造大交通枢纽，进一步助力枢纽型网络城市建设

重大交通基础设施对广州长远发展以及提升在世界城市体系中的地位至关重要，同时也是广州巩固提升国家重要的中心城市功能、建设枢纽型网络城市的重要助力与支撑。广州正在深入推进航空机场、国铁干线、城际轨道、码头航道、高速公路等重要交通基础设施建设，逐步实现了对外高速通达、对内便捷互通的大交通网络体系，这对于广州枢纽型网络城市加速成型，以及提高全球资源配置能力具有重要的推动作用。

1. 国际航空枢纽建设取得重要进展，提高高端资源配置能力

广州着力推进临空经济区建设，促进航空产业集聚，提高全球资源配置能力，将国际航空枢纽打造成为枢纽型网络城市的重要平台。2016 年，广州在国际航空枢纽建设方面取得了以下重要进展：国际航空枢纽的 8 个重大工程项目先后开展及竣工，其中，第二航站楼主体结构已经基本完成；国家批准广州建设了临空经济示范区；东方航空广东分公司落户广州，广东龙浩航空有限公司总部落户广州；广州率先推动航空口岸查验配套服务改革；新科宇航第二飞机维修机库竣工并投产。2018 年世界航线发展大会确定在广州举行。

从运营指标方面来看，2016 年，广州白云国际机场（以下简称"广州白云机场"）旅客吞吐量达 5973 万人次，同比增长 8.2%；稳居国内航空枢纽排名第 3 位。在全球机场排名中，广州白云机场的旅客吞吐量超过了纽约肯尼迪、新加坡樟宜机场，位列世界第 16 位。截至 2016 年底，广州出发的国际航线达 73 条，通航点遍布五大洲。由于广州优越的地理位置，因此飞往东南亚、南亚、中东、澳大利亚、新西兰、非洲等地区的优势非常明显，航班数量和航线密集度也都比较高，因此，从全国各地飞到广州中转，再从广州飞境外的游客也越来越多。南航广州枢纽国际航班中转比例已由 2009年的 25% 提升至近 50%，形成了以广州为枢纽、飞向全球的"广州之路"。由于广州新开辟越来越多的国际航线，因此国际旅客吞吐量快速增长。值得一提的是，根据中国民航局发布的最新数据，在仅次于中美的第二大远程国际航空运输市场——中澳航线上，以广州白云机场为基地的南航力压以国内

其他航空枢纽为基地的航空公司，客运量遥遥领先，这也助力广州成为中国大陆面向澳新、东南亚和南亚的第一大门户枢纽。

表8　2016年全国旅客吞吐量前10位机场的排名情况

单位：万人次，%

城市	机场	2016年旅客吞吐量	同比增长	2016年度排名	2015年度排名
北京	首都	9439	5.0	1	1
上海	浦东	6600	9.8	2	2
广州	白云	5973	8.2	3	3
成都	双流	4604	9.0	4	4
昆明	长水	4198	11.9	5	7
深圳	宝安	4198	5.7	6	5
上海	虹桥	4046	3.5	7	6
西安	咸阳	3699	12.2	8	8
重庆	江北	3589	10.8	9	9
杭州	萧山	3159	11.4	10	10

资料来源：中国民用航空局。

2016年广州白云机场货邮吞吐量165.2万吨，同比增长7.4%，货邮吞吐量位居全国第3位，世界第19位，开通了149条航线通达全球五大洲的207个目的地城市。

表9　2016年全国货邮吞吐量前10位机场的非名情况

单位：吨，%

城市	机场	2016年货邮吞吐量	同比增长	2016年排名	2015年排名
上海	浦东	3440280	5.0	1	1
北京	首都	1943160	2.8	2	2
广州	白云	1652215	7.4	3	3
深圳	宝安	1125985	11.1	4	4
成都	双流	611591	9.9	5	5
杭州	萧山	487984	14.8	6	7
郑州	新郑	456709	13.2	7	8
上海	虹桥	428907	−1.1	8	6
昆明	长水	382854	7.7	9	9
重庆	江北	361091	13.3	10	11

资料来源：中国民用航空局。

2. 全球海运网络加速成型，国际航运枢纽建设提升全球枢纽功能

国际航运枢纽建设有力地提升了广州枢纽型网络城市的功能。虽然2016年全球经济整体运行放缓，广州集装箱吞吐量排名仍较2015年上升1位，港口货物和集装箱吞吐量在国际分列第六和第七位。中国港口军团整体吞吐量保持微增，在全球港口货物吞吐量排位中仍继续保持领先优势。

表10　2016年世界港口货物吞吐量和集装箱吞吐量排名

名次	货物吞吐量前十位港口	所属国家	集装箱吞吐量前十位港口	所属国家
1	宁波－舟山港	中　国	上海港	中　国
2	上海港	中　国	新加坡港	新加坡
3	新加坡港	新加坡	深圳港	中　国
4	苏州港	中　国	宁波－舟山港	中　国
5	天津港	中　国	香港港	中　国
6	广州港	中　国	釜山港	韩　国
7	唐山港	中　国	广州港	中　国
8	青岛港	中　国	青岛港	中　国
9	黑德兰港	澳大利亚	迪拜港	阿联酋
10	鹿特丹港	荷　兰	天津港	中　国

资料来源：海事快线网站数据。

从运营方面来看，2016年广州推进国际航运枢纽21个工程项目，其中，南沙港三期建成投产，6个10万吨级集装箱泊位完工。据统计，截至2016年底，南沙港区已建成16个10万～15万吨级集装箱泊位，1个10万吨级、5个5万～7万吨级通用泊位，11个10万～30万吨级修造船舾装泊位以及一批滚装汽车、石油化工等专业化泊位，可以满足世界最大集装箱船靠泊作业要求，年吞吐能力已达1600万个集装箱单位。广州建成内陆无水港及办事处24个；新增8个国际友好港和12条国际班轮航线，截至2016年底，广州开通集装箱航线168条、外贸航线78条，其中南沙作业区开通班轮航线100条、外贸航线72条。这些航线助力广州连通100多个国家和地区的400多个港口。随着南沙邮轮母港建设启动，广州先后开通往来香港、三亚、岘港、宫古岛的航线。同时，港口硬件设施不断完善，与国际航运枢纽相适应的贸易规则体系等软件建设也日益成熟，连通全球的海运网络加速成型。

3. 国铁、地铁、城际轨道、高快速路网建设，提升枢纽型网络城市的宜居品质

国际航运、航空枢纽建设更多面向国际，提升广州的国际竞争力与全球资源配置能力。国铁、地铁、城际轨道、高快速路网建设，更多的是满足民生需求，给市民生活带来便利，提升广州作为枢纽型网络城市的宜居品质与连通性。目前，强大的高铁、客专及普铁的综合型铁路枢纽网络助力广州辐射大西南、长三角、长江中游、京津冀等重要经济圈带，紧密对接国家"一带一路"、京津冀一体化发展以及长江经济带等重大战略发展机遇。随着广州地铁六号线二期、七号线一期、广佛线二期三条新线通车，2016年广州地铁线网里程达到308.7公里。从全国范围看，仅次于上海和北京，位居全国第三，在世界城市地铁线路里程排名中位列前十位。

值得一提的是，2016年8月，广州成功加入全国中欧国际货运班列"城市俱乐部"。"粤满欧"列车（广州—满洲里—俄罗斯）从广东国际铁路产业经济区（广州白云区大朗站）出发，经满洲里口岸出境，最终到达俄罗斯卡卢加州沃尔西诺，运输时间比海铁联运至少节省10天，运输成本只比海运高30%，仅为空运的30%。除此之外，广州首条"穗新欧"货运班列也已经开通。2016年11月，首列"广州—南亚"班列从广东国际铁路产业经济区驶出，途经西藏，直达尼泊尔，预示着粤藏经济合作进入快车道。跨境货运班列的开通，意味着广州资源整合能力的进一步提升，为全球制造业基地珠三角甚至整个华南地区的货源接入了一条畅通欧洲的"贸易捷径"。国际铁路线的开通运营，实质上弥补了广州国际航空和航运枢纽之外的空白，三者有机衔接，货物能够立体疏散，广州未来将真正成为连接全球的重要网络枢纽。

（六）对外交往纵深发展，国际交往中心能量逐步释放

2016年广州对外交往工作扎实推进，在创新国际友城合作、主办高端国际会议、推动国际城市创新、集聚全球高端资源等方面有效突破，打造了

多个具有广州特色的国际交往品牌，进一步提升了广州枢纽型网络城市的全球影响力。

1. 深入推进友城交往多层次创新发展

国际友好城市是广州城市对外交往的重要资源和开放合作的重要平台。广州持续完善国际友好城市网络。新增波哥大（哥伦比亚）、热那亚（意大利）2个国际友好城市，使广州国际友好城市达到38个，友好合作交流城市27个。友城交往继续深入为国家"一带一路"和广州"三大战略枢纽"建设服务，向"21世纪海上丝绸之路"沿线加强布局。2016年美国萨凡那港、纽约新泽西港和德国汉堡港、马来西亚马六甲港新增为广州国际友好港口，至此广州已与全球38个重要港口建立了友好联系。积极参与马来西亚马六甲临海工业园、沙特阿拉伯吉赞产业集聚区等海外园区建设，为广州企业参与"一带一路"海外合作提供平台服务，为广州贸易和投资带来新的增长点。

广州在友城网络基础上探索搭建的友城合作创新平台广州—奥克兰—洛杉矶"三城经济联盟"，在2016年发挥了更为实质性的作用。"三城经济联盟"在新西兰奥克兰市举办了以"互联互通"为主题的三城经济联盟峰会，会上三城政府和企业700多名代表广泛接触，达成62项合作意向，在空海港、影视文化和创新产业等领域开展重点合作，使联盟创新合作机制得到强有力的巩固。广州的友城工作获得了全国友协的高度肯定，在2016中国国际友好城市大会上荣获"国际友好城市交流合作奖"。

2. 大力打造高端国际会议目的地

举办国际会议的数量和层次是衡量城市国际交往水平的重要指标。2016年，广州举办了多场重量级国际会议，由"局外人"变成"合伙人"，积极打造高端国际会议目的地。积极服务国家外交大局，成功承办二十国集团（G20）峰会协调人会议、亚欧互联互通媒体对话会、中国广州国际投资年会、中国—海湾阿拉伯国家合作委员会自贸区（中海自贸区）第七轮谈判、第二届对非投资论坛、2016年世界经济论坛商业圆桌会议、世界中文媒体发展论坛暨世界中文报业协会第49届年会等产业、行业峰会，广州会议品牌第三届广州国际城市创新奖及2016广州国际城市创新大会暨广州国际创新节也成功举办（见表11）。同时，广州成功争取到2017年《财富》全球论坛、2018年世界航线发展大会和2019年国际港口大会等国际会议的举办权，国际金融论坛全球年会（IFF）永久落户广州，助力广州建设"国际会议之都"。

表11　2016年广州举办主要重大国际会议一览

时间	名称	组织单位
3月17～18日	移民和城市政策研讨会	国际移民组织、国际劳工组织主办
3月22～23日	2016中国广州国际投资年会	广州市委、广州市政府主办，广州市商务委承办
4月6～8日	2016年二十国集团峰会（简称"G20峰会"）第二次协调人会议	外交部主办
5月8～10日	中国—海湾阿拉伯国家合作委员会（简称"海合"）自贸区第七轮谈判	商务部主办，广州市委、广州市政府、广州市商务委承办
5月9～10日	亚欧互联互通媒体对话会	外交部、国务院新闻办公室主办，广州市政府承办
5月27日	2016创新创业成果交易会（简称"创交会"）	中国科协、中国工程院、九三学社中央、广东省政府、广州市政府主办
5月29～30日	第三届从都国际论坛	中国人民对外友好协会、澳大利亚中国友好交流协会和世界领袖联盟主办
6月14～15日	2016国际边检论坛	公安部出入境管理局主办，国际移民组织、香港入境事务处协办
6月24～26日	第五届中国（广州）国际金融交易博览会（简称"金交会"）	广东省政府金融工作办公室、广州市金融工作局主办，广州金交会投资管理有限公司承办
8月29～30日	亚太信息高速公路工作组第二次会议	联合国亚太经社会主办，工业和信息化部承办
9月2～4日	2016（中国）广州国际演艺交易会（简称"演交会"）	国家文化部、广东省政府主办，广州市人民政府、广东省文化厅承办
9月7～8日	第二届对非投资论坛	广东省政府、国家开发银行和世界银行主办
10月28日	2016广东"21世纪海上丝绸之路"国际博览会主题论坛——产能合作与创新发展高端论坛	2016广东"21世纪海上丝绸之路"国际博览会组委会主办，广州市政府承办

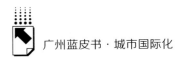

续表

时间	名称	组织单位
11月9~10日	2016年世界经济论坛商业圆桌会议	世界经济论坛主办，广州市人民政府承办
11月9~12日	第六届亚太地区可再生能源论坛	中国国际科技会议中心、中国工程热物理学会联合主办
11月23~29日	世界气象组织基本系统委员会第16次届会	中国气象局承办
11月18日至12月4日	2016年广州国际灯光节	广州市政府、中国照明学会主办，广州市锐丰公司承办
11月25日至12月4日	2016年广州国际美食节	广州市政府、中国烹饪协会主办
12月2~5日	第二十一届广州国际艺术博览会	中国美术家协会、广州市政府主办
12月3~8日	第六届中国国际版权博览会	国家新闻出版广电总局（国家版权局）主办，广州市政府、广东省新闻出版广电局（省版权局）承办
12月4~6日	世界中文媒体发展论坛暨世界中文报业协会第49届年会	世界中文报业协会主办，《广州日报》承办
12月5~8日	第三届广州国际城市创新奖及2016广州国际城市创新大会暨广州国际创新节（简称"一奖一会一节"）	一奖一会：中国人民对外友好协会、世界城市和地方政府组织、世界大都市协会、广州市政府主办；一节：广州市外办、广州市天河区政府、广州市科技创新委主办
12月8~9日	2016小蛮腰科技大会——全球移动开发者大会暨互联网高层论坛	美国国际数据集团（IDG）主办，IDG世展博览承办，中华人民共和国工业和信息化部、广州市政府支持
12月13~15日	2016中国（广州）国际纪录片节	国家新闻出版广电总局、广东省政府主办，广东广播电视台协办
12月23~24日	2016中国海外人才交流大会暨第十八届中国留学人员广州科技交流会（简称"海交会"）	教育部、科技部、中国科学院、国侨办、欧美同学会、广州市委、广州市政府主办

资料来源：广州市外事办提供。

3. 高效运用国际平台对接全球高端资源

国际知名会议平台在对接全球高端资源方面具有天然的优势。2016年广州调整城市外交策略，将参与国际知名会议交往活动提到更为突出的位置，取得了一系列的成就。通过积极参加世界经济论坛、中国发展高层论坛、博鳌亚洲论坛等知名国际平台，借助平台宣传网络，广州向国际社会传递社会经济平稳发展的积极信号，向全球宣传推介广州城市魅力；利用平台间隙密集会见世界500强企业、行业领军企业负责人，如世界经济论坛2016年新领军者年会（夏季达沃斯论坛）期间，广州代表团共进行近百场会谈交流活动，吸引了包括思科中国创新中心总部在内的一批重大项目落户，推进了一批重大在谈项目落地生根、开花结果。几大论坛作为世界经济窗口、世界与中国对话的舞台，也为广州提供了国际思维、开放意识、前沿思想和最新理念，成为广州集聚高端资源的重要载体。

4. 广州奖发出全球城市治理更强音

广州奖品牌效应日益凸显。2016年12月，第三届广州国际城市创新奖（简称"广州奖"）及广州国际城市创新大会暨广州国际创新节在广州举行，继续得到全球城市的热烈响应和积极参与，59个国家和地区171个城市提交了301个有效参评项目，为三届之最。韩国松坡区、埃及卡柳比亚、美国波士顿、丹麦哥本哈根和玻利维亚拉巴斯以其有效创新的城市发展项目成为获得第三届广州奖的5个城市。本届广州奖聚集整合国际城市创新资源，以"汇智广州·智惠全球"为主题，首次增设广州国际创新节，在探讨城市治理的同时聚焦企业创新和科技创新，打造城市创新生态系统和开放互动平台。

广州奖系列活动成为广州参与国际城市治理的重要媒介。广州奖案例向世界每一个城市开放，为全球城市可持续发展、城市公共服务和城市智力创新提供优秀案例的积累和借鉴，成为全球聚焦的国际城市治理创新的重要交流平台。广州以推广广州奖为契机，积极参加世界大都市协会和城地组织相关活动，与友城俄罗斯喀山市、哥伦比亚波哥大市、土耳其加济安泰普市、西班牙巴塞罗那市、印尼色拉迪加市、墨西哥墨西哥城、斯里兰卡康堤市以及新加坡国立大学、联合国环境署、国际移民组织等机构组织建立密切联系，深入拓展广州的多边外交。凭借在广州奖等国际事务中的积极投入，广州国际地位日益提高。2016 年广州市行政首长第四次蝉联世界城市和地方政府组织联合主席，逐步彰显广州在全球城市体系中的领导力和凝聚力。

（七）塑造城市形象品牌，传播渠道和资源升级

2016 年，广州城市对外宣传工作从深度建立城市文化品牌、拓展城市外宣渠道、细致打造精品外宣资源等方面，深化了广州城市形象推广的系统工作。

1. 借力国内外知名媒体提升国际传播能力

提高城市国际传播能力是广州对外宣传工作的重要组成部分，2016 年广州围绕枢纽城市和重点国际活动开展了城市传播工作的创新探索。《广州市加强国际传播能力建设三年行动计划（2016～2018）》开始实施，全面加强广州城市国际化传播力度，推动广州成为全球知名城市。在全新的城市传播发展纲领指导下，广州创新发展城市形象宣传方式，借助国内外重要媒体资源推进传播。借助《人民日报》（海外版）开设《活力广州》专刊，每月策划不同的宣传主题，结合线上线下资源多角度向世界推介广州。借力世界主流媒体，委托 CNBC 拍摄制作《千年商都》城市宣传片，并在其 360 度全媒体平台推广广州"千年商都"形象。广州科研创新环境受到《自然》杂志的专刊报道，在创新驱动发展战略下以创新热土形象进入世界市场。在金砖国家峰会期间，广州在印度发行的《北京周报》推出地方宣传专刊，推介 2017 年广州举办《财富》全球论坛、积极推进"一带一路"建设、致力打造三大枢纽和我国重要的国际交往中心城市等重要任务。

2. 创新拓展城市外宣渠道

随着对外宣传工作机制的不断更新和新媒体技术的创新应用，广州城市形象对外推广渠道不断拓宽，并在创新发展中重新进行传播渠道的整合和优化。2016 年广州外宣工作维持传统优势，在与重大活动平台相结合或自主

开展"走出去"宣传活动方面加大工作力度；同时借助外媒、新媒体力量，纵深发展新型传播路径，搭建起多维度、多层次的广州城市形象宣传网络。积极与中国网合作，合理借用外媒力量如 Facebook、Twitter 等境外社交媒体发布广州信息，在 Facebook 上建立广州的英文和阿文独立账号。截至 2016 年底，粉丝数超过 15.52 万人，发布贴文 595 篇，总阅读量达 5000 万人次，互动粉丝数约 80 万人次，为广州在全世界的网络社交媒体领域奠定了基础，具有一定的知名度并不断提高品牌效益。优化改进广州生活英文网、@ Guangzhou－China 中国广州英文微博的推文结构和内容，吸引更多外国人关注广州、传播广州。

3. 细致打造精品外宣资源

在不断开发对外传播渠道的同时，城市外宣系统的内部资源也在不断进行整合升级，盘活存量资源，实现外宣资源的增量更新，创新城市形象推广工作。精心策划广州城市宣传新载体，借助新媒体平台发布春节宣传歌曲《发歌》和美食系列视频《肠粉》，向外宣传广州开放、包容、创新、活力、融合、多元的城市魅力。大力打造纪录片精品，和美国消费者新闻与商业频道 CNBC、中央电视台等全球性媒体平台合作推出《千年商都》、"广府春秋"系列和"广州文化艺术影像志"系列纪录片，通过纪录片的摄制和在海内外播出发行，扩大广州在全国乃至国际的知名度，传播广州声音。不断充实完善外宣资源库，记录梳理广州文化交流品牌项目，出版图书《路·遇——记中国（广州）国际纪录片节十二年》和"洋眼看广州"系列图书《老朋友新海丝》、《广州 2016》、《品味广州》（之四）等，用新的视角、新的表述讲好广州故事。

表 12　近年来广州外宣重点活动一览

活动分类	具体活动	活动时间
城市景观类	《广州因你而生》城市形象宣传片发布	2015 年
	广州迎春花市	长期
	《历代羊城八景》	2014 年
	"青春广州"大学生纪录短片征集活动	2013 年

活动分类	具体活动	活动时间
文化传播类	"广州文化周"海上丝绸之路系列宣传活动	2016 年
	首届世界广府人恳亲大会	2015 年
	"洋眼看广州"系列图书	2013 年起长期
	"广州优秀剧目全国巡演"宣传活动	2011 年
生活习俗类	"广州之夜"外宣活动	长期
	"千年羊城与海上丝路——2016 广州海上丝路文化活动季"	2016 年
	"我们·广州"城市文化推介活动	2016 年
	"广州味道"系列活动	2015 年

资料来源：中共广州市委外宣办。

4. 紧抓重大活动机遇扩大外宣效应

2016 年广州以重大的世界性活动会议为契机，充分利用国际高端传播平台，进一步提升外宣水平。积极做好 2017 年《财富》全球论坛落户广州的宣传报道，于 9 月在广州塔举办 2017 年《财富》全球论坛落户广州新闻发布会、12 月在北京举办广州企业对话《财富》500 强企业活动，并计划通过举办全球路演、营造网络营销效果、邀请世界主流媒体前来广州采风等创新对外宣传传播方式，彰显广州枢纽型网络城市的国际风范。积极借助广交会、广州国际投资年会、中国（广州）国际纪录片节、广州国际马拉松赛等活动平台，多层次、多角度、全方位对外展示广州"千年商都·美丽花城"的鲜明城市形象。

（八）国际旅游营销渠道拓宽，城市形象及知名度提升

2016 年广州国际旅游营销和推广工作取得了一定的进展，国际旅游品牌以及城市形象和知名度有了进一步的提升。

1. 入境旅游人数再创新高

2016 年城市接待过夜入境旅游者 861.87 万人次，同比增长了 7.3%，首次超过 2010 年广州亚运会时的水平，创历史新高。其中，外国人入境旅游人数持续增长，2016 年达 329.68 万人次，创广州历年外国人入境旅游人

数新高（见图4）。2016年旅游业总收入达3217.05亿元，同比增长12%；旅游业外汇收入达62.72亿美元，同比增长10%。这两项指标的增速均在10%以上，明显高于全国同期平均水平。

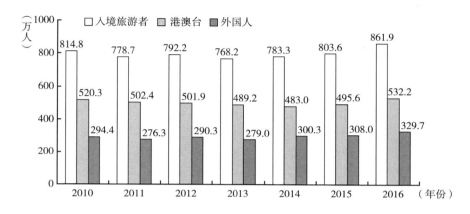

图4　2010～2016年广州接待过夜入境旅游人数变化情况

2. 国际旅游营销网络基本形成

一是以赴境外参展及举办推介会、大型活动为抓手，通过双向交流合作，促进广州旅游品牌宣传营销。2016年，组织主要旅游企业赴境外21个国家和地区进行宣传推介，主办推介活动10场。同时，通过邀请境外旅行商考察广州，积极加强与外国政府、旅游部门、旅游组织、重要旅游企业等开展旅游交流合作，为旅游企业积极搭建国际旅游市场开发和合作交流平台。先后与塞内加尔、斯里兰卡等20余个国家政府旅游机构、国际旅游机构和国际旅游企业进行了交流合作。

二是以"互联网＋"思维为导向，将新媒体作为创新点，拓宽广州城市形象及产品的宣传推广渠道。在国际知名社交网站Facebook、Twitter、Pinterest和YouTube等网上注册广州旅游专有账户，进行常年不间断的宣传推广，在全球范围内拓展广州旅游的知名度，使国际旅游者能够更加快捷地获取广州旅游产品或服务，为广州旅游创造一个与国际游客交流的平台。

三是通过在境外旅游推广中心宣传，不断提升广州城市的旅游形象和品牌。截至 2016 年底，已成立美国、英国、澳新、日本、韩国、东南亚等 6 个广州旅游推广中心。推广中心分别利用各自的运营网络以及与当地政府旅游部门、中国国家旅游局驻当地办事处、当地旅游业界良好的合作优势，履行对广州旅游的宣传推广、信息服务、活动举办及媒体宣传等四大职能，并积极开展对当地旅游市场的深入挖掘和开发活动，通过保持与当地旅游业界密切的联系和互动，最大限度地对广州旅游进行了宣传和推广，提升了广州城市整体形象和知名度。

3. 积极开拓与"一带一路"沿线国家重点旅游城市的交流合作

2016 年，广州凭借作为亚太城市旅游振兴机构（TPO）会长城市的威望和号召力，以及在对外交流交往中的优势，以广州的友好城市和 TPO 会员城市为重点，全面推进广州与"一带一路"沿线国家城市的合作和交流。TPO 的会员城市来自中国、韩国、日本、马来西亚、越南、俄罗斯、印尼、菲律宾、泰国和中国台湾等 10 个国家和地区，分布于"一带一路"沿线的有 8 个国家，共有 73 个会员城市属于"一带一路"沿线城市，占比高达 98%。同时，广州还与越南、印度、日本等多个国家签订了旅游合作协议或备忘录，开展合作交流。不仅如此，通过参加由澳门特别行政区旅游局牵头组织的粤澳泰国"一程多站"旅游推介活动，以及赴福州参加第二届海上丝绸之路（福州）国际旅游节等活动，广州积极"走出去"，赴"海丝"沿线国家和地区进行宣传推广，与"海丝"沿线国家和地区展开广泛交流。

（九）对外文化交流更加频繁，文化国际影响力不断扩大

2016 年广州坚持了各领域的对外开放政策，文化、体育、人才等领域的国际交流更加频繁、活跃，为广州城市在世界范围内扩大影响力奠定了良好的基础。

1. 对外文化交流品牌效应不断提升

2016 年，广州组织了 122 个演出团组 1720 人次赴港澳台地区和国外开展对外文化交流，并重点打造了"广州文化周"和"我们·广州"等对外文化交流品牌，深受国际社会和市民欢迎，已经成为传播广府历史和广州故

事的重要载体，对广州城市国际形象走进友城和深入国际社会民众起到积极的作用。"2016广州文化周——许鸿飞雕塑世界巡展秘鲁站"成为习近平主席访问秘鲁、参加APEC会议期间，传播中国声音、讲述中国故事的重要文化交流主题活动，受到海内外主流媒体和国际社会民众的重点关注。

"我们·广州"城市文化推介活动是2016年广州推出的重要国际文化交流品牌，主要依托国际著名展会开展城市文化推介活动，把传统元素与时尚元素、广府特色与世界潮流结合起来，充分体现了广州的国际视野。在第二十二届世界航线发展大会上首次推出后，得到了《英国市场观察》《美国STAT贸易时报》等多家境外财经类媒体争相报道，同时吸引了英国、印度等国际旅游机构代表提出借助广州白云机场72小时落地免签政策便利，与广州共同开拓非遗线路文化旅游市场。

2. 各项国际性文化盛会蓬勃发展

2016年，中国（广州）国际纪录片节、中国国际漫画节、广州国际艺术博览会、广州国际演艺交易会、广州国际文物博物馆版权交易博览会等多个大型文化活动在广州举办，这些文化盛会和活动持续发挥着广州高水平国际化文化交易平台功能。其中，2016年中国（广州）国际纪录片节共吸引了来自111个国家和地区的4059部/集作品参评参展，注册参会人数达2376人，561家中外机构就联合制作、海外销售、版权交易等项目意向签约金额3.96亿元，在征片量、参与国家和地区、境内外参会人数和参展机构、市场交易额等方面均高于往届，刷新亚洲同类节展新高，已跻身国际知名纪录片节行列。第二十一届广州国际艺术博览会共吸引来自35个国家和地区的350多家艺术机构的近2万件艺术作品参展，展位面积3万平方米。4天共有25万人次观展，成交额6亿元，创历史新高。

3. 丰富多样的国际文化交流活动有序开展

2016年，依托友好城市、领馆、侨团等公共外交资源，广州积极开展丰富多样的对外文化交流活动。先后组团赴斐济、新西兰等国家开展"欢乐春节"文艺演出活动。根据广州友城工作部署，赴澳大利亚悉尼开展广州与悉尼结好30周年庆祝活动，赴新西兰奥克兰开展"广州—奥克兰—洛杉矶三城经济联盟 2016 奥克兰峰会"晚会活动，赴老挝开展庆祝中国与老挝建交 55 周年活动，赴南美洲智利、秘鲁、巴西开展"文化中国·名家讲坛"活动，传播中华传统文化，促进中外文化交流。接待阿曼协商会议主席马瓦利一行，奥地利驻华大使艾琳娜博士一行，葡萄牙中国观察协会主席一行，意大利热那亚城市推介、旅游和国际关系部主任凯撒·道尔一行等国际友人，就广州与这些国家的城市文化交流合作项目进行了详细的商谈。广州图书馆 2016 年举办了多元文化馆环球之旅、广州悉尼结好 30 周年、粤剧粤曲大家谈等系列展览、讲座、悦读分享会活动共计 11 场，参加人次近 3 万人次；举办涉外学术交流活动 3 场，约 800 人次参与交流。广州少年儿童图书馆举办了"一个故事一国文化——各国领事讲故事"系列活动，分别邀请巴西驻穗总领事、俄罗斯驻穗总领事、澳大利亚驻穗领事分享了各国经典童书或热点故事，对促进广州与这些国家城市的文化交流起到了重要的推动作用。

二　广州城市国际化发展存在的问题

虽然广州近年来国际化稳步发展，但面对全球经济复苏疲软以及国内外复杂多变的发展形势，广州城市自身仍存在一些问题需要改进。

（一）综合实力排名与经济总量排名不匹配，城市国际声誉有待提升

作为城市发展的高端形态，"全球城市"指具有世界影响力、聚集世界高端要素的城市，进一步在社会、经济、文化及政治层面直接影响全球事务，在新一轮经济周期中脱颖而出，成为新的城市发展典型代表。广州作为我国重要的国家中心城市和综合性门户城市，承担代表国家参与国际分工的重要职能，具备成为全球城市的实力和机会。2016 年，在布鲁金斯学会发布的《全球城市的七种类型》报告中，广州与开普敦、德里、里约热内卢、伊斯坦布尔等城市均属于新兴门户城市（其他六类分别为：全球巨头城市、

亚洲支柱城市、中国工厂城市、知识都会城市、美式重量级城市、世界中量级城市）。这类城市的一个显著特征就是自2000年开始，地区生产总值及人均地区生产总值大幅上涨。广州作为该类城市的代表，近年来地区生产总值始终在全球城市中排名前50。地区生产总值代表总体经济实力，广州能够在全球城市排名中保持前50的地位，说明广州经济综合体量大，基础雄厚。但在美国科尔尼"全球城市指数"、日本森纪念"全球城市实力"指数等权威的世界城市综合实力排名中，广州排名在第60~70位，明显低于经济总量排名。这主要是因为城市综合实力排名不仅包括与经济相关的硬性指标，还包括大量关于文化、交流、交往活动、政治参与、环境等软性指标，广州在这些方面还存在短板，导致整体排名不如经济类单项指标排名。不仅如此，从以主观评价为主的声誉战略研究院发布的"全球城市声誉排名"来看，广州从2011年开始基本排在第80位左右，明显低于综合实力排名。声誉排名的数据来源是通过对世界各国的消费者进行调查获得的，基本属于主观感受，主要从人们对城市的信任度、崇尚度、尊敬度、好感度并结合城市经济发展、环境宜居性以及政府有效性来对城市进行整体评价。近年来中国城市整体声誉呈现上升的趋势，广州声誉排名趋势符合亚洲主要城市普遍的发展趋势，但总体得分还是相对较低，与综合实力之间存在较大落差，说明广州在世界民众心目中的美誉度与城市的整体实力还有差距。

（二）外贸转型升级压力仍大，线上线下结合仍须加强

近年来，全球经济和政治局势复杂多变，各国进出口贸易皆难免受到波及，陷入不同程度的低迷不振。在国内，伴随着人民币汇率浮动、部分出口目标国家贸易壁垒增加、原材料价格起伏、国内劳动力成本攀升、融资渠道收窄等问题，以往依靠低利润率、价格优势参与竞争的出口型中小企业举步维艰；在外资方面，部分外资企业也开始选择将工厂或订单转移到劳动力成本更低的东南亚国家。面对目前充满挑战的复杂局势，广州加快了外贸转型升级，其中一个重要方式是通过发展跨境电子商务拓宽对外贸易渠道，虽已初见成效，但是仍然面临着较大压力，尤其是线上贸易的发展对线下贸易的

带动力较为疲弱，跨境电商的繁荣对实体经济的拉动作用还须进一步增强。电子商务的可持续发展高度依赖人才和专业团队，电商行业的人才缺口仍十分巨大。智力资本是行业长期可持续发展的基础，创新能力是行业突破升级的原动力，而广州作为中国跨境电商第一城市，在专业人才储备和培养方面仍缺少相关政策与措施，智力资本储备不足或将阻碍广州跨境电商的长远发展。传统电子商务的高速发展往往被认为对线下的实体经济有一定的冲击，但越来越多的案例证明线上线下的有机结合可以使电子商务更好地服务实体经济，拓宽实体经济的销售渠道。广州传统实体外贸行业基础较好，近年来受国际大形势影响发展迟缓，而广州电子商务的高速发展应更加注重拉动线下实体经济的对外交易，实现线上线下的有机结合和相互促进。

（三）高端资源吸引力相对不强，"双创"孵化能力还须加强

城市对高端资源的吸引力不仅是对全球顶尖跨国企业的吸引能力，也是对金融资本、创新企业、新兴高科技产业的吸引能力。从对传统大型企业的吸引力来说，广州对资本的吸引力同北京、上海有一定差距，甚至低于杭州、深圳等同类城市。根据《财富》发布的相关数据，全球 500 强企业、沪深 A 股上市公司在广州注册总数连续三年低于北京、上海、深圳和杭州；同时，2016 年各个城市的统计年鉴和公布数据显示，广州对外商直接投资的吸引能力较北京、上海、深圳、天津等城市逊色。从高端资源的典型金融业来看，广州尽管近年来金融业取得了长足进步，但是金融影响力同区域门户城市的地位不相匹配。《中国城市统计年鉴》数据显示，广州市金融从业人数始终低于北京、上海、深圳，同其他城市如天津、杭州、重庆相比也有差距。从英国 Z/Yen 公司于 2017 年 3 月发布的最新一期《全球金融中心指数报告》同样可以看出，尽管广州已经进入了全球金融中心城市的排名榜单，但排名整体较靠后，尚属于国际性金融中心的新兴竞争者。有关各城市拥有的创业板上市公司数量及收入规模的数据显示，广州在创新应用水平方面的表现逊于北京、上海、深圳和杭州；同时，广州的非国有企业增长速度也低于北京、上海、深圳、杭州、成都，说明广州在创业便利性方面仍有提

升空间。从对新兴高科技产业的吸引力来看，广州在"双创"孵化和扶持方面仍有较大的努力空间。近年来，我国出现一批成立时间不足10年但估值均超过10亿美元的未上市企业，被称为"独角兽"企业。这类公司创新能力强、成长周期短、成长跨度大、爆发式扩张，主要集中在智能经济、分享经济、平台经济等领域，是未来人工智能、大数据、云计算等高新技术的核心驱动力量，在使用新模式改造传统产业模式方面多有建树。2016年该类企业高速爆发新增61家，然而，这类极具创新动力的新兴企业多集中在北京、上海、深圳、杭州四个城市，全国131家"独角兽"企业仅有两家在广州，说明广州对这类企业的吸引力度和扶持力度均有不足（见表13）。

表13 2016年中国"独角兽"企业主要分布地区

城市	"独角兽"企业个数	部分著名企业及估值排名	主要行业
北京	65	小米(2)、滴滴快的(4)、美团点评(6)、今日头条(8)、京东金融(13)、乐视移动(14)、百度外卖(37)、摩拜单车(40)、知乎(83)等	大数据、互联网金融、交通出行、企业服务、人工智能、新媒体、智能硬件等
上海	26	陆金所(5)、众安保险(12)、饿了么(17)、沪江网校(80)、Wi-Fi万能钥匙(83)等	房地产、互联网金融、互联网教育、新媒体等
深圳	12	大疆创新(7)、菜鸟网络(10)、腾讯云(20)、大地影院(25)等	电子商务、人工智能、云服务、智能硬件等
杭州	12	蚂蚁金服(1)、阿里云(3)等	电子商务、云服务等
天津	3	58到家(65)等	电子商务、软件应用等
广州	2	要出发(82)、360健康(83)	旅游、大健康
武汉	2	斗鱼(83)、卷皮(83)	文化娱乐、电子商务

资料来源：科技部。

（四）国际交往功能还须强化，门户枢纽支撑作用有待提升

经过多年的对外交往积累，广州具备了建设国际交往中心的有利条件，但与国内外著名的全球城市相比，仍然面临着诸多不足和挑战。近年来，广州的对外经济表现尚可，但与"人"相关的交往部分不够突出，具体表现在以下几方面。第一，国际会议数量有所增长，但总量仍然较少，层次不

高，展览面积有限，基础设施相对薄弱，与会展业飞速发展的上海相比差距在增大，影响力有待提升。第二，国际旅游客源结构不均衡，以港澳地区旅客为主，外国人偏少，仅为入境旅游总数的38%，对欧美发达地区旅客吸引度不足。第三，对外文化交流仍以偶然性活动为主，常态化活动体系尚未建立，文化交流交易的平台辐射力还不够。与此同时，广州门户枢纽功能的辐射范围以及能级相对不足，还需要进一步提升支撑作用。以航空枢纽为例，广州相较于北京和上海，在亚洲的通航点主要集中在东南亚地区，其在东南亚地区的通航点占亚洲通航点的54%，远高于上海和北京。总体来看，广州的通航点数量相对较少，范围也不够广泛，主要集中在亚洲，与北京和上海相比，在欧美地区的通航点相对较少，形成非常明显的差距。从通航点现状所体现的航空枢纽辐射范围与能级上来看，广州航空枢纽对国际交往范围和支撑能力弱于北京和上海，需要进一步完善和提升。广州应尽快确立建设区域特色国际交往中心的目标定位，尽快补足以上对外交往短板，以国际交往引领城市国际化水平，将国际交往中心作为把广州建设为枢纽型网络城市的重要内涵和阶段性目标，从制订行动规划、提升交往层次、扩大交往范围、形成交往特色、巩固交往支撑、完善交往服务等方面落实重点任务。

三 2017年广州城市国际化发展的形势展望

当前，广州城市国际化发展面临着国际、国内多重发展与战略机遇的叠加，因此，应当主动顺应发展趋势，以更广阔的视野和更长远的眼光，把握广州城市国际化的未来发展方向。

（一）全球化趋势中不确定因素增多，中国积极推进全球化的作用不断上升

纵观2016年的全球经济活动，在上半年的低迷期后，下半年全球经济活动逐渐活跃。国际机构对2017年世界整体情况较为乐观，普遍预测发达经济体情况逐渐转好，新兴市场仍然是发展主力（见表14）。

表14 2016～2017年世界及主要经济体增速预测

单位：%

国际或地区	国际货币资金组织		世界银行		联合国经社理事会	
	2016年	2017年	2016年	2017年	2016年	2017年
世界	3.1	3.4	2.3	2.7	2.2	2.7
发达经济体	1.6	1.9	1.6	1.8	1.5	1.7
发达国家	—	—	—	—	—	—
美国	1.6	2.3	1.6	2.2	1.5	1.9
欧元区	1.7	1.6	1.6	1.5	1.6	1.7
发展中经济体	4.1	4.5	3.4	4.2	3.6	4.4
中国	6.7	6.5	6.7	6.5	6.6	6.5
俄罗斯	−0.6	1.1	−0.6	1.5	−0.8	1.0
印度	6.6	7.2	7.0	7.6	7.6	7.7
巴西	−3.5	0.2	−3.4	0.5	−3.2	0.6
南非	0.3	0.8	0.4	1.1	1.0	1.8

资料来源：国际货币基金组织《世界经济展望》（2017年1月）、世界银行《全球经济展望》（2017年1月）和联合国《世界经济形势与展望》（2017年1月）。

然而，各类经济体内部发展分化同样明显。发达经济体中，美国将实施财政刺激，但欧洲经济前景变数较多；在新兴市场和发展中经济体中，中国增长前景继续上调，但印度、巴西和墨西哥等大型经济体的前景则被下调。此外，美国新政府的政策波动性较大，可能对全球经济产生难以预测的影响，因此，2017年不确定因素仍会持续增加。中国作为持续平稳发展的世界第二大经济体，必将在全球化进程中扮演更加重要的角色。广州作为中国对外开放的重要前沿，将面临前所未有的新挑战和新机遇。

1. 高新科技产品把握国际贸易核心，世界产业格局将发生重大调整

在科技发展和金融危机的双重冲击下，全球主要经济体均进入了产业结构调整时期，全球产业链随之进入重构时代，传统"消费国—生产国—资源国"的贸易链条将随着国际贸易交易内容和交易方式的变革而产生重大调整。首先，传统消费大国们开始了"再工业化"的进程，如美国正致力于将部分生产制造业转移回美国国内，降低对商品的进口依赖，同时提高本国就业水平。因此，过去发展中国家依赖低劳动力成本进行的劳动密集型加工贸易和一般贸易出口将受到冲击。其次，新一代信息技术、新能源、新生态技术正逐步成为国际贸易的核心竞争领域，把握新科技革命的机遇就是把握新一轮全球经济结构转型的重点。广州以传统劳动密集型出口贸易起步，面对变革中的全球贸易格局须紧跟发展趋势，加快产业结构转型，提升技术竞争力，在新型全球贸易产业链调整初期抓住机遇、取得先机。

2. 地缘政治更趋复杂，新一轮全球贸易规则变局初现端倪

全球发达经济体内的民粹主义盛行和去全球化思潮已经成为全球经济复苏的最大风险之一，传统"消费国"或多或少加强了显性或隐性的贸易保护政策，不仅严重影响了国际市场的公平竞争，同时破坏了从前趋于稳定的多边贸易体制，非歧视原则的权威性不断被削弱。新一轮全球贸易规则变局初现端倪，从贸易合作方式的变化趋势来看，多边贸易体制发展遇到瓶颈，自由贸易区的合作方式重新受到追捧，如我国积极推行的"一带一路"建设。同时，全球地缘冲突多点爆发，中东地区局势紧张，朝鲜半岛剑拔弩张。为降低政治外交因素对外贸经济的冲击，各国均在维持传统贸易伙伴关系的同时积极寻找新的合作对象，调整自己的对外贸易区域结构。广州应抓住机遇，扩大经贸合作范围，优化外贸区域结构，扩大外贸辐射范围，丰富外经贸合作对象。

3. 全球化在曲折中前进，中国的推动角色将更加重要

过去，欧美国家是经济全球化的核心推动力量，而随着中东局势动荡、欧洲难民潮爆发、美国新政府上台，去全球化浪潮在西方国家中有愈演愈烈的趋势。在全球贸易保护主义抬头之际，中国始终不移地支持和推动经济全球化发展，已经成为促进国际贸易回稳的中流砥柱。G20峰会在中国杭州举办、达沃斯论坛上习近平主席发表重要讲话，从这些国际峰会里各国的态度中不难看出，国际社会高度认可中国在应对国际金融危机中的作用，意识到中国是稳定国际经济秩序的中坚力量。习近平主席在杭州G20峰会上提出共同构建创新型、开放型、联动型和包容型世界经济的主张，并在2017达沃斯论坛上再次强调共享经济全球化的重要性。在全球发达经济体逆全球化的浪潮中，中国始终坚定不移地向世界传递着"中国信心"，当仁不让地肩负起稳固世界经济社会的任务。主流国际经济社会已经认识到，中国是经济全球化的受益者，更是经济全球化的贡献者，中国的稳定发展将为各国工商业的发展提供更多机遇。作为中国重要的门户城市和枢纽型网络城市，广州未来国际化的发展也应遵循G20精神和习近平主席达沃斯讲话的主旨，推动技术革新，激发城市创新活力，联动周边地区，打造包容性国际化都市。

（二）全球城市发展呈现新趋势，为广州未来发展打开新思路

在全球化的进一步发展下，城市之间形成的经济交往网络成为主宰全球经济的重要命脉，其中一些城市高速发展，成为重要的全球事务节点，即全球城市。全球城市在经济实力、资源集聚能力、全球影响力方面具备突出优势，能更快地适应世界经济和政治环境变化，在新一轮的城市竞争中获得更多的发展先机。全球城市的多元发展模式为广州提供新的思路，以开放思维在更广大的全球空间中配置和重组资源，提升国际化水平。

1. 全球城市在世界发展中的作用越来越突出

联合国人居署在2016年的"人居三大会"前发布《世界城市状况报告》，指出近二十年全球城市化进程快速推进，城市经济和规模都有了跨越式发展，全球有超过54%的人口居住在城市区域，而全球80%的经济产出由城市贡献。全球城市作为城市国际化的高端形态，进一步直接影响全球事务。纵观全球，城市发展模式各有千秋，每个城市加入国际事务的方式也各有差异。2016年布鲁金斯学会就全球城市提出七种发展类型，并指出通达融汇发展要素的全球城市将在未来二十年内抢占全球发展先机。布鲁金斯学会的城市报告明确指出，城市发展国际化不能盲目跟风，而要基于自身发展状况选择适合的发展模式，全球城市的多元发展模式为广州提供新的发展借鉴。2016年广州明确提出以建设枢纽型网络城市为战略部署发展国家重要中心城市，形成发展层次清晰、城市功能完善、全球联系便捷、资源流动迅速的枢纽型网络城市发展格局，持续提升城市能级，增强城市国际竞争力，努力在全球城市体系和全国城镇体系中扮演重要角色。

2. 中国城市随着国家崛起走向世界舞台

在世界经济面临多元挑战的背景下，中国保持经济平稳健康发展，体现

出新兴市场国家的蓬勃活力,成为促进世界经济增长最有力的引擎之一,在国际事务中起到更加突出的作用。中国城市乘着中国崛起的东风,进入世界发展的视野,成为新一批全球城市的生力军。在"一带一路"倡议的带动下,近年来中国城市逐步走向世界,并在世界舞台上扮演日益重要的角色,如杭州承办 G20 峰会吸引世界目光,上海成为世界重要的会展之都,广州通过举办广州奖建立全球城市创新的重要交往平台。越来越多的中国城市进入世界性城市排名榜单,并不断取得进步,中国声音在世界事务的参与决策中越唱越响。广州作为国家重要中心城市,在中国对外开放发展的大局中有着举足轻重的地位和重要责任,应把握世界发展潮流和国家重大战略机遇,发挥自身的对外交往优势,延续对外开放前沿地的传统,作为国家的典型代表深度参与世界事务。

3. 粤港澳大湾区发展规划为广州创设历史新机遇

"湾区"用于描述由沿海口岸分布的众多海港和城镇组成的港口群和城镇群。纵观全球,发达的湾区经济以开放的经济结构、庞大的经济体量、高效的资源配置能力、发达的国际交往网络和领先的科研实力引领世界经济发展,纽约湾区、旧金山湾区和东京湾区以其成熟的湾区经济成为城市发展的佼佼者。2017 年国务院《政府工作报告》中强调:"研究制定粤港澳大湾区城市群发展规划,提升在国家经济发展和对外开放中的地位与功能。"粤港澳大湾区覆盖广州、深圳等 9 座珠三角城市和港澳两个特别行政区,占地5.6 万平方公里,是中国改革开放近 40 年的前沿阵地和经济增长的重要引擎。广州必须把握历史新机遇,深化提高国际交往水平,打造高水平对外开放门户枢纽,成为粤港澳大湾区城市群核心门户城市。

（三）"一带一路"建设进入实质性运营阶段,广州能够发挥更重要的枢纽功能

"一带一路"倡议提出以来,中国在政策沟通、设施联通、贸易互通、资金融通、文化交流等方面取得了诸多成就。2017 年 5 月,我国首次以"一带一路"建设为主题举办最高规格的国际论坛。这次高峰论坛对于我国

解决当前世界和区域经济面临的问题，推动更有活力、更加包容、更可持续的经济全球化进程具有重要意义。"一带一路"建设的进展，为广州与世界各国尤其是"一带一路"沿线国家加强经贸往来、推进人文交流提供了更多机遇。

1. "一带一路"建设为全球化注入多重利好

虽然在某种程度上带来发展不均衡等问题，但经济全球化带来了各种经济要素如资本、信息、资源、产品以及人力资本、科技、思想等的跨国流动，极大地促进了世界经济的融合与快速增长。但近年来，全球范围内保护主义复苏，多边贸易体制受到了一定的冲击，世界经济持续低迷不振，中国提出"一带一路"倡议，通过打通各类资源要素的全球流通渠道，以互联互通和产能合作推动均衡、包容和普惠的全球化发展，开创了基于所有参与国的互利互惠的新模式。经过三年多的建设，目前已经基本形成从穿越中亚腹地的塔吉克斯坦瓦亚铁路到连接东南亚岛屿的印尼塔扬大桥，从横贯东欧平原的匈塞铁路到跨越非洲大陆的亚吉铁路，连接东西方的全球互联互通超级版图。

2. "一带一路"建设步入发展黄金期

在基础设施互联互通的带动下，"一带一路"沿线国家经贸和产业投资合作获得新动力，成为全球贸易亮点。2016年，中国同"一带一路"沿线国家贸易总额为9539.9亿美元，占中国与全球贸易额的比重为25.7%，较2015年的25.4%上升了0.3个百分点。但受全球经济改善迟缓、全球贸易发展徘徊低迷、国际市场大宗商品价格下降等因素影响，中国与沿线国家的贸易额较2015年下降了4.9%。华南地区的广东省是我国与沿线国家开展贸易合作的最主要地区，广州与"一带一路"沿线国家的外贸也十分活跃，外贸总体增长率显著高于广州传统五大贸易伙伴的进出口增幅，成为广州对外经贸合作的重要发力点。2017年，广州要继续利用好"一带一路"的各项重大机遇，加大力度发展与"一带一路"沿线地区的经贸合作和互联互通，为广州城市国际化积蓄力量。

3. "一带一路"全方位推进区域合作与交流

目前，"一带一路"建设吸引了100多个国家/地区和国际组织参与，30多个沿线国家同中方签署了共建"一带一路"合作协议，20多个国家同中国开展国际产能合作，同时，以亚投行、丝路基金为代表的金融合作也不断深入，一批有影响力的标志性项目逐步落地。通过这些合作，我国与沿线国家之间的政策沟通、设施联通、资金融通进一步加强，相互之间培育和扩大市场，贸易投资更加畅通，产品的生产运输和经营成本降低。同时，我国还与沿线国家不断扩大教育、文化、医疗、卫生、科技等方面的合作。"一带一路"沿线国家来华留学生数量增长明显，2016年，沿线64国在华留学生共20.77万人，同比增幅达13.6%。广州城市对外交往应主动融入国家平台的"一带一路"交往中去，争取在更高层次的国际交往与合作中发挥积极作用。

四　促进广州城市国际化发展的建议

广州应以全球视野看待未来的城市发展，积极顺应全球城市发展趋势，努力建设枢纽型网络城市，打造全球资源配置中心和国际交往中心，进一步全面提升城市国际化水平。

（一）把握全球城市发展趋势，谋定广州城市国际化发展战略方向

1. 打造"一带一路"重要枢纽城市

当前，"一带一路"倡议已经到了一个新的发展阶段，不少国家也提出了类似的全球化发展战略和倡议，国际社会和更多的国家都希望能参与到中国的"一带一路"倡议之中，以新一轮全球化动力机制与发展框架的确立来推动更健康的全球化发展。因此，广州应当把握全球化新趋势，找准在"一带一路"建设中的角色和定位，提升广州开放型经济水平和国际化水平，更多地参与"一带一路"相关的基础设施、资金融通、文化交流、贸

易往来、对外投资、产业园区建设等具体项目的实质性运营，在"一带一路"建设中发挥重要枢纽城市的作用。

2. 联手港澳谋划全球资源配置中心

香港港是全球最大贸易港之一，澳门港是全球最开放的贸易和投资经济体之一。广州临近港澳、背靠珠三角、对接"一带一路"地区，这些区位优势，都是建设全球资源配置中心的有利条件。因此，广州应当整合这些重大资源优势，通过深入推动穗港澳合作，打造珠三角世界级城市群，形成合力参与全球资源配置，联手港澳成为具有重大国际影响力的全球资源配置中心。广州应当通过南沙积极地与港澳开展全方位的合作，着力吸引港澳及国际高端产业资源、创新资源在南沙集聚，高标准对接国际投资贸易规则，打造高水平对外开放门户枢纽。同时，加强与港澳在资讯科技、专业服务、金融及金融后台服务、航运物流服务、研发及科技成果转化、国际教育培训、商贸服务、休闲旅游及健康服务等八大产业领域的合作，促进人员、资本、信息等服务要素双向自由流动，形成穗港澳联手打造全球资源配置中心的大格局。

3. 推进枢纽型网络城市建设

经过改革开放近40年的发展，广州已由华南地区中心城市跃升为我国调控配置资源、参与国际产业分工合作与城市竞争的国家中心城市，通过不断坚持开放发展，加强国际交流和区域合作，汇集了全球高端要素，凸显了在全球城市网络中的重要枢纽地位，因此，广州也具备了建设枢纽型网络城市的条件。广州构建枢纽型网络城市，应搭起联通世界的空中、海上、陆上、网上的"丝绸之路"，具体来说，通过广州白云机场的空中"丝绸之路"，通过海港的海上"丝绸之路"，通过高速公路、铁路网络的陆上"丝绸之路"，再加上互联网的网上"丝绸之路"，将广州建设成为"一带一路"的重要枢纽城市，进而带动大湾区、珠三角、广东的经济发展。

（二）大力发展金融和总部经济，提升广州全球资源配置能力

1. 大力发展总部经济

大力发展总部经济是提升广州全球经济控制力的重要途径。目前广州在

交通条件、环境质量、商务设施、政府服务、区域开放程度等方面具有较强的优势，在全国35个主要城市的总部经济发展能力评价中继北京、上海之后排在第三位。广州要积极抓住当前全球跨国公司总部转移这一难得的机遇，采取有效措施吸引跨国公司——尤其是世界500强企业——在广州设立总部、营运中心、研发中心或核心产品制造中心，推动广州产业结构升级和城市功能转型。目前，已有288家《财富》世界500强企业在广州投资兴业，其中120家把总部或地区总部设在广州。思科智慧城、中远海运散货总部、通用电气生物产业园、富士康10.5代8K显示器全生态产业园等众多500强企业、大型跨国公司投资项目纷纷进驻广州。除了吸引境外500强企业以外，广州也应当积极吸引优秀的国内企业在广州设立总部或改迁广州，大力培育本土跨国企业，促使广州成为亚太地区最具活力的总部之都。

2.加快发展金融产业

全球城市的金融业普遍比较发达，大部分全球城市是国际金融中心或者区域性金融中心，金融业高度发达成了全球城市的共同特征，同时也是由金融业的本质决定的，发达的金融业意味着活跃的经济活动。广州未来要努力朝具有影响力的全球城市迈进，要加快推进金融创新的发展，完善金融机构主体体系，重点建设广州国际金融城和南沙现代金融服务区，打造国际知名的金融中心。未来应当争取新设花城银行（民营银行）、中外合资银行、合资全牌照证券公司、科技保险公司、中金珠宝消费金融公司等法人金融机构。支持中国人寿集团在广州设立南方总部。加快广州银行、广州农商银行改制上市工作，争取创兴银行成为广州第三家市属法人银行，支持中证报价系统在广州设立大众大宗商品物流平台。加快建设广州国际金融城、广州市绿色金融改革创新综合试验区、广州民间金融街、广州金融创新服务区、广州中小微企业金融服务区、增城农村金融改革创新综合试验区以及番禺万博基金小镇、广州温泉财富小镇、海珠创投小镇等特色金融小镇，为金融业的发展集聚提供更多优质的平台。

3.努力打造成为外资首选地

由于要素成本上升、资源环境约束，继续靠优惠政策打造"政策洼地"

来吸引外商投资不可持续，只有有效率的制度、优质的服务与营商环境才能提升城市吸收利用外资的吸引力。一是开展产业链专题招商，以此来弥补广州产业链的薄弱环节。聚焦 IAB（新一代信息技术、人工智能、生物医药）等战略性新兴产业，有针对性地开展产业链招商，在各产业领域培育引进龙头企业。二是组织好重点招商活动，注重对欧洲、北美地区的招商。结合政府领导出访，在欧洲、北美地区举办系列招商活动，积极利用在广州举办的各类创新投资合作交流会等峰会，进行重点地区的招商引资。三是重视全球经贸工作网络建设工作，创新招商引资工作方式。发挥好广州驻外办事处作用，启动"引进来"和"走出去"项目和政策信息收集与对接平台建设，积极推动重大项目落地；建立境外经贸工作网络资源共享平台和会商机制，统筹协调各相关部门及驻境外经贸代表机构的力量做好重点工作。

（三）推进战略枢纽建设，提升国际门户城市的支撑能力

城市国际化的提升必然带来人员以及商品的频繁流动，这对广州的交通基础设施的承载与辐射能力提出了较高的要求。广州在国际航空枢纽以及国际航运枢纽建设中，应当适当超前建设一批先进的基础设施，充分发挥广州的交通枢纽地位以及综合优势，重点推进海港、空港、铁路等交通枢纽设施的互联互通以及集疏运基础设施建设，提升广州交通基础设施对国际交往的总体支撑能力。

1. 推进国际航运枢纽建设

国际航运枢纽方面，应当加快广州港深水航道拓宽工程、国际邮轮母港、南沙疏港铁路和南沙港四期等项目建设；通过友好港交流、港口推介会，承办具有行业影响力的会议和展会等手段，有针对性地大力拓展集装箱班轮航线和国际航运线路，在巩固欧洲、非洲、东南亚航线的同时，重点拓展美洲航线；增加国际班轮航线的班次密度，主动融入国际化货运物流体系；继续推进"单一窗口"平台阶段性建设工作，通过优化系统功能完成拓展项目的开发应用，进一步建立健全信息共享机制，实现符合国际规则和通行标准、更加开放兼容的国际贸易单一窗口；通过发展港口多式联运集疏

运体系，辐射泛珠地区，加速高端航运要素集聚，加快大通关体系建设；引进世界级船务、货运、物流和航运保险公司，推动中远海运华南总部等一批总部企业落户；落实交通部国际船舶登记船籍港政策，发展国际中转、船舶登记、航运交易、航运金融等现代航运服务业。

2. 推进国际航空枢纽建设

广州在国际航空枢纽建设中，应当适当超前建设一批先进的基础设施，空运方面除了推进白云国际机场扩建工程建设，还要重点推动第二机场建设。要实现通过完善国际航空枢纽来提高国际交往水平的目标，除了国际航线网络和地面硬件设施的建设外，在航空枢纽的软件建设上，广州白云机场还必须保证稳定的服务质量和较高的运营效率，从而加强国际旅客的满意度。这需要积极地借鉴和学习国内外的成功经验，制订较高标准的统一的航空枢纽服务规范，细化分解至各相关单位，促进各部门保持稳定的服务质量，对员工业务技能进行定期培训，有效地探索特色服务、丰富增值服务、细化服务标准、规范服务行为、兑现服务承诺，保证为客户提供高品位的服务，使航空枢纽的安全水平、服务质量和运营效率都逐步与国际接轨，以满足国际航空枢纽运作的需求。

3. 推进陆路枢纽建设

提升广州枢纽功能，加快建设一批国铁、城际轨道、地铁和高铁快速路项目，重点加强新改扩建的10个铁路客运枢纽和5个铁路货运枢纽项目，争取地铁、铁路通车总里程迅速扩大。面向省内，加快广州与周边城市之间城际轨道交通建设，继续深化广州与周边城市陆路交通对接，加强市内交通管理，形成以城轨、地铁为骨干的城市交通综合体。面向长三角，通过推进广州铁路枢纽东北货车外绕线、南沙港铁路等项目，以及赣韶铁路扩能、韶柳铁路、柳广铁路等项目，广州要打通粤赣皖苏铁路联运物流通道。面向全国，通过将高铁全面引入广州火车站、广州东站，高铁可以直达广州市中心，努力提升广州火车站在全国火车站中的枢纽地位。

（四）建设国际交往中心，强化枢纽门户的影响力

广州高水平建设国际交往中心城市，既为整体外交大局提供有力支撑，也可进一步巩固自身对外开放的龙头地位，强化和提升城市的国际影响力与形象，为"三大战略枢纽"建设提供充足的动力，支撑"一带一路"重要枢纽城市建设。

1. 举办高端国际会议，强化"广州会议"新动力

随着广州国际化程度不断增高，在穗举办国际会议的数量、规格和规模日益增加。继2016年成功举办第一百二十届广交会、第三届广州奖等重要会议展览后，广州已初步形成高规格、宽领域、多形式的国际会展格局，"广州会议"品牌效应日趋明显。展望未来三年，《财富》全球论坛、世界航线发展大会等重大国际性会议在广州举办，广州要充分利用好《财富》全球论坛、广州奖等重大国际性会议的对外交往潜力，强化"广州会议"带来的发展新动力，积极引进并筹办好各类国际会议和重大活动，通过国际会议讲好广州故事，把广州打造成为国际重要交往中心城市和有影响力的全球资源配置中心，为广州发展增添新动力、增创新优势。

2. 进一步巩固友城框架，创新城市友好交往模式

友城交流平台是广州城市对外交往的传统重要平台，广州在友城平台的开发巩固上形成了良好的探索和成果。在确立建设国际交往中心的目标上，广州须继续加强友城交往合作，擦亮城市友好交往品牌。深化友城间多边交往品牌建设，继续开拓高层次的友城交往，切实推进广州—奥克兰—洛杉矶"三城经济联盟"友好合作，强化友城网络，拓展合作新机遇。依托"一带一路"开拓沿线友城和友好港口，建立交往密切的海外友好港口网络，为广州建设国际航运中心搭建立体交往平台。推动区域友城共同发展，借助广州奖、《财富》全球论坛等重大会议的举办，联动周边城市建立区域性会议品牌，推动区域城市的共同发展。

3. 建设枢纽型新侨都，发挥侨资源优势推动对外交往

广州兼具侨乡和大都市优势，在联系海外广大华侨华人、统筹建立对外

交往合作网络方面形成"大侨务"工作格局。为适应新时期的交往中心工作要求,实现侨务工作的跨越式发展,广州应进一步推动广州侨务工作体制和机制创新,充分发挥侨资源优势,打造枢纽型新侨都。大力拓展侨务公共外交,构建以侨引资引智引技高地、海外华商跨区域协作平台、海外高层次人才创新创业集聚基地、海外侨情信息互通互联中心。从增持社会资本和生产力增值的角度认识华侨的重要性,充分发挥"五侨"合力,坚持打造圆桌会等高端涉侨活动平台吸引侨资侨智,推动建立城市侨界之间的长效沟通机制,推动广州对外交往。

4. 深化发展城市外交,开创城市公共外交合作新模式

广州对外交往历史悠久、资源丰富,在城市外交方面有较强优势。在确立强化综合性门户功能为重点目标后,广州大力推进国家对外交往中心建设,国际交往功能不断增强,逐渐形成面向世界的全方位、宽领域、多层次的对外交往格局。依托国际组织,深化"两个办公室"作用,开发 UCLG 联合主席办公室和世界大都市协会亚太地区办公室功能,积极开展和深化城市多边交往,增强广州在国际组织中的领导力和话语权,不断拓展国际活动空间。做好做强广州奖,以 UCLG 城市创新专业委员会为平台,持续提升广州在全球城市创新中的引领作用。增强城市公共外交"巧实力",践行人文外交、文化外交,打好广州特色"世界文化名城"牌,设立广州国际文化交流基金,面向友好城市、友好组织、"一带一路"沿线国家和地区,借助来穗访学、培训、交流等人员,传播城市文化、塑造城市形象,培育对穗友好力量。

(五)丰富城市国际化活动,提高城市国际美誉度

有关城市的国际美誉度以及声誉的相关评价都是通过对国际民众的调查得来的,具有相当的主观性,主要考察人们对城市各方面的整体印象。因此,广州应当通过各类活动以及各种途径丰富城市国际化活动,提升城市国际知名度与国际美誉度。

1. 全面实施旅游国际化战略,增强国际旅游吸引力

广州每年接待大量国际游客,加快实施旅游国际化战略,是提升城市国

际化的重要内容。实施"旅游+"战略，进一步推动旅游业与其他产业的深度融合；打造国际商务、会奖旅游名城和重要的国际旅游目的地、集散地，提升旅游优质名片；加强与"一带一路"沿线重要旅游国家及城市的合作，构筑"海上新丝路旅游合作圈"，借助旅游城市合作网络打造世界知名的旅游区域合作品牌。打造国际购物天堂，优化商贸业布局，深入推进珠江新城、天河等重点商圈融合发展，完善中转服务体系，加快建设免税购物中心和进出口商品展示交易中心，建立与国际接轨的消费领域标准体系，实现稳增长、促消费、调结构，加快广州融入世界市场的步伐。进一步擦亮美食之都名片，打造粤菜国际品牌，引进国外知名餐饮品牌和菜系，建设汇聚全球美食、满足多元美食消费需求的美食之都。

2. 积极开展文化交流合作活动，打造国际文化交流品牌

广州独特的文化底蕴带有浓厚的国际化色彩，一直是融合中西的重要国际文化交流枢纽，要传承和发扬广州本土文化传统，加快国际文化交流与合作。塑造岭南文化品牌个性，传承弘扬岭南著名非物质文化遗产和优秀传统文化，加大对"三雕一彩"等非物质文化遗产的传承、保护、利用和发展，采取创新方式结合现代和传统文化。坚持做好文化交流合作活动"引进来""走出去"，深化国际文化交流与合作，举办具有国际影响的重大文化活动，办好中国音乐金钟奖、中国（广州）国际纪录片节、羊城国际粤剧节、中国国际漫画节、广州国际艺术博览会等重大文化活动，引进邀请国际知名的艺术团体、博物馆、演艺经纪公司来粤举办展览或演出。推进国际体育名城建设，加强体育领域的国际交流合作，增强国际体育赛事组织能力，利用体育赛事提高广州国际知名度。按照国际一流水准推进重点体育、文化场馆的建设和升级改造。加强与国际性体育赛事组织的联系与合作，策划合作举行具有国际影响力的重大赛事。

3. 汇聚与培育国际化人才，建设海外人才高地

充分发挥国际人才在推进广州国际交往枢纽进程中的资源性作用，加大国际化人才的引进和培训力度，构建国际化高端人才队伍。实施人才优先发展战略，推进人才发展体制改革和政策创新，扩大广州对全球人才的吸引力和影响力,形成具有国际竞争力的人才优势。建设领军人才集聚地,实施菁英计划、海外高层次人才、高层次金融人才等重大人才工程,大力培养集聚"高精尖缺"人才。大力引技引智,借助"海交会"打造海内外人才发展交流平台,发挥南沙国家级人才管理改革试验区、广州开发区国家级海外高层次人才创新创业基地的"千人计划"示范带动效应,集聚高端领军人才和重点发展领域急需人才,办好中国海外人才交流大会,提升南方创业服务中心留学人才服务水平。实施更加开发的人才政策,完善与广州发展相适应的人才政策,推进外国人来华专家证和就业证"两证合一"试点,进一步简化来穗创新创业的境外人士入境居留手续,健全海外人才服务保障机制,完善广州"人才绿卡"等政策制度的落实,加快实施人才强市战略,营造人才创新创业良好环境。不断提高公务员队伍的国际化水平,拓展相关人员的国际视野,丰富对外交往的知识和经验水平,形成建设枢纽型网络城市与全球资源配置中心的有力人才保障。

参考文献

屠启宇:《世界城市指标体系研究的路径取向与方法拓展》,《上海经济研究》2009年第 6 期。

周春山、王朝宇、吴晓松:《广州城市国际化发展水平比较研究》,《城市观察》2016 年第 9 期。

周振华:《全球化、全球城市网络与全球城市的逻辑关系》,《社会科学》2006 年第10 期。

吕大乐:《对全球城市社会文化发展的一些看法》,《科学发展》2015 年 6 月第79 期。

〔美〕萨斯基娅·萨森:《全球城市:战略场所,新前沿》,《国际城市规划》2011 年第 6 期。

易斌、于涛、翟国方:《城市国际化水平综合评价体系构建与实证研究》,《经济地理》2013 年第 9 期。

沈铭辉、李天国:《韩国对外贸易战略与 FTA 政策的演变》,《亚太经济》2017 年第2 期。

李天国：《"中等收入陷阱"与经济结构改革：来自韩国的经验》，《亚太经济》2016年第6期。

肖挺：《制造业国际贸易对服务化就业结构变迁影响的实证研究》，《世界经济研究》2016年第11期。

钱进、王庭东：《环亚太重叠式自贸区对中国双边经济的效应分析——基于GMM的实证研究》，《亚太经济》2017年第2期。

张二震：《从贸易大国走向贸易强国的战略选择》，《世界经济研究》2016年第10期。

温珺、王健、尤宏兵：《电子商务能否促进外贸增长——来自我国的证据》，《国际贸易问题》2015年第6期。

贾怀勤、吴珍倩：《我国贸易质量综合评价初探》，《国际贸易》2017年第4期。

葛顺奇、沈玉昊：《贸易便利化措施比较及中国自贸区的实践》，《国际经济合作》2017年第4期。

巫强、徐子明、顾以诺：《制度环境与交易历史视角下外贸公司出口结算方式的选择机制研究》，《国际贸易问题》2017年第4期。

北京大学"一带一路"五通指数研究课题组：《"一带一路"沿线国家五通指数报告》，经济日报出版社，2017。

国家信息中心"一带一路"大数据中心：《"一带一路"大数据报告》，商务印书馆，2016。

专题篇：枢纽型网络城市

Special Reports: Hub and Network City

B.2
广州建设枢纽型网络城市与
提升全球资源配置能力研究

张强　覃剑*

摘　要：　枢纽型网络城市是全球城市体系中的枢纽城市、网络城市、
　　　　　开放城市和中心城市，是全球资源融汇、集聚与配置的关键
　　　　　节点。广州建设枢纽型网络城市，提升全球资源配置能力，
　　　　　不仅是传承城市发展脉络、实现国家赋予定位的内在要求，
　　　　　也是前瞻性战略布局建设全球资源配置中心、迈向全球城市
　　　　　的必然选择。本文从广州建设枢纽型网络城市角度出发，为
　　　　　广州进一步提升全球资源配置能力提供战略性建议。

* 张强，广州市社会科学院城市战略研究院执行院长、副研究员；覃剑，博士，广州市社会科
学院广州城市战略研究院副研究员。

关键词： 广州　枢纽型网络城市　全球资源配置

枢纽型网络城市是全球城市体系中的枢纽城市、网络城市、开放城市和中心城市，是全球资源融汇、集聚与配置的关键节点。响应全球超级城市和超级城市群发展新趋势，迎接新科技革命到来、面向未来智能社会时代，广州建设枢纽型网络城市，提升全球资源配置能力，不仅是传承城市发展脉络、实现国家赋予定位的内在要求，也是前瞻性战略布局建设全球资源配置中心、迈向全球城市的必然选择。

一　枢纽型网络城市与全球资源配置能力的内涵与特征

（一）枢纽型网络城市的内涵与特征

在全球化、信息化和区域化背景下，中心城市尤其是超级大城市逐步从单中心城市形态向巨型城市区域形态演进，城市的综合实力强弱越来越取决于其在全球城市网络体系中的枢纽地位、网络联通和功能等级。枢纽型网络城市正是新时期城市发展演变的新形态，它既是城市空间组织结构的集中反映，也是城市功能的重要体现。总体上，枢纽型网络城市是指城市整体、城市区域或者城市某些功能区在特定空间尺度下其能级足以强大到成为经济和服务的"枢纽"，并通过中枢式的交通、信息、经济和文化轴线联系和网络联系，实现腹地空间和功能向外拓展和双向开放，进而成为高端要素资源集聚地、中转站、增值屋和调控室。显然，点、轴、网是枢纽型网络城市的基本构成要件，空间与功能尺度则是理解枢纽型网络城市的基本前提条件。

1. 枢纽型网络城市是复合化、柔性化、智能化的枢纽城市

从城市的功能尺度来看，枢纽及其衍生出来的网络功能是枢纽型网络城市的标志性功能。实践中，枢纽型网络城市往往首先是交通枢纽型城市，如航空枢纽城市、航运枢纽城市、高铁枢纽城市、物流枢纽城市等，这些城市

主要依托发达的交通基础设施而成为较高等级与能级的交通枢纽。但是，随着城市发展阶段演进以及信息技术的深入影响，枢纽型网络城市不再只局限于交通枢纽型城市，其城市功能和城市形态逐渐呈现复合化、柔性化和智能化特征，催生出创新枢纽型城市、贸易枢纽型城市、文化枢纽型城市、信息枢纽型城市等，城市对高端要素的吸引力、影响力和竞争力大幅提升。

2. 枢纽型网络城市是多中心、多轴线、多组团的网络城市

从城市的空间尺度来看，不同规模等级的经济功能区或者重大发展平台构成了城市的"增长点"或者"增长极"，"点"和"极"的能级达到一定规模后即成长为城市的"增长枢纽"。"点"与"点"之间、"点"与"枢纽"之间通过经济轴线、交通线路、城市轴线、生态轴线等实现有机联系和协调互动。在"点""轴"的共同串联下，城市最终形成多中心、多轴线、多组团、网络式空间和功能结构，进而形成枢纽型网络城市发展的基本格局。

3. 枢纽型网络城市是区域城市网络的中心城市

从区域的空间尺度来看，枢纽型网络城市内部的经济和服务"枢纽"乃至"点"的能级足以在区域城市网络各个"增长点"或者"增长极"中都具有明显优势。通过交通设施网络、企业组织网络、区域创新网络、要素流动网络的架接和建设，中心城市与区域不同等级城市实现全方位互联互通和开放合作，其经济和服务"枢纽"乃至"点"成长为区域城市网络的"枢纽"。总体而言，从区域的视野，枢纽型网络城市是区域城市网络的中心城市，并以其为核心推动区域城镇体系构建形成巨型城市区域，实现功能强化和空间外拓。

4. 枢纽型网络城市是全球城市网络的开放城市

从全球的空间尺度来看，枢纽型网络城市携领以其为核心的巨型城市区域成长为全球城市网络中的经济和服务"节点"乃至"枢纽"，其某些领域能级或者综合能级相对全球其他城市具有明显优势。通过中枢式的交通网络、信息网络、产业网络、交流网络等网络建设与完善，在市场化、国际化、法治化营商环境的支持下，城市经济、城市人口、城市对外联系、城市文化和城市政策制度高度全球化,成为全球各种高端要素资源集聚地、中转站、增值屋和调控室。总体而言,从全球的视野,枢纽型网络城市或以其为核心的巨型城市区域是全球城市体系的高等级城市,是全球城市网络的中心城市和开放城市,其城市空间腹地和功能影响拓展至全球。

(二)全球资源配置能力的内涵与特征

城市是集政治功能、经济功能、社会功能、文化功能、枢纽功能等于一体的综合型功能体。其中,资源配置功能是城市发展高级阶段的核心功能。资源配置能力直接决定了城市的引领、集聚、辐射和带动能力,是城市竞争力的关键要素。在全球化、信息化背景下,一个城市的全球资源配置能力是指在全球范围内对资源用途、布局和流向进行整合、创新、决策、控制、分配和激活的能力。配置方式、配置行为、配置机制和配置对象是理解资源配置能力的四个维度。

1. 从配置方式看全球资源配置能力

从动态过程来看,城市的资源配置主要有两种方式。一是"在岸配置",即城市必须首先集聚、生产或创造资源,然后再就地对资源进行配置。二是"离岸配置",即城市无须"输入"资源,而是直接通过提供信息决策服务、系统解决方案等方式对城市以外的全球资源进行远程调控和配置。显然,相对于"在岸配置","离岸配置"是更加高级的资源配置方式。如伦敦国际航运中心对全球航运资源的配置,就经历了从典型的"在岸配置"方式向"离岸配置"方式的演进过程。

2. 从配置行为看全球资源配置能力

综合两种资源配置方式,可以把资源配置行为划分为集聚创造资源、整合创新资源、营销增值资源和管理控制资源等四种。其中,集聚创造资源即城市集聚、生产和创造资源的行为,是"在岸配置"方式的前提条件。整合创新资源即城市对全球资源流量进行合理搭配、重新组合乃至加工创新的行为。营销增值资源即对资源进行品牌塑造、营销推介、市场和价格发现的行为。管理控制资源即城市快速、准确对资源的最终流向和用途进行决策和控制，确保资源实现最优配置的行为。

3. 从配置机制看全球资源配置能力

从配置机制来看，城市资源配置是由配置主体、配置平台、配置网络、配置服务和配置环境等协同完成的。资源配置的主体包括市场、政府和机构组织，在市场经济体制下，企业——尤其是总部企业——是资源配置的主导力量，机构组织的作用日趋明显，政府对资源配置具有引导作用。配置平台包括各种线上和线下资源交易平台、大宗商品交易所、金融交易所、产权交易所等，是资源配置的重要场所。配置网络包括交通网络、信息网络、经贸网络、创新网络、组织与机构网络、交流网络等，这些网络既有实体网络，也有虚拟网络，是各类资源输入输出的通道。配置服务是指配置资源所需要的各种专业服务，包括法律、会计、广告、咨询、商务、知识产权、科技服务等，这些服务是资源配置的重要支撑。配置环境主要是城市的营商环境，市场化、国际化、法治化的营商环境显然有利于资源集聚与配置。

4. 从配置对象看全球资源配置能力

从资源类别来看，主要包括资本、贸易、创新、信息、文化等。因此，资源配置能力又可视为资本资源配置能力、贸易资源配置能力、创新资源配置能力、信息资源配置能力、文化资源配置能力等各个分项资源配置能力的结构组合与综合体现。显然，资源配置能力具有结构性，城市可根据自身优势建构全球资源配置能力，形成适宜的资源配置能力结构，即可能不必对所有资源都具有很强的配置能力，但必须对某类资源具有独一无二的配置能力。

（三）枢纽型网络城市建设与全球资源配置能力的关系

根据枢纽型网络城市和全球资源配置能力的内涵与特征，枢纽型网络城市建设与全球资源配置能力具有互为支撑、互为促进的关系。

1. 集聚、流动、开放、创新和控制是共同功能特征

枢纽型网络城市和全球资源配置能力虽为两个不同概念，但是集聚、流

动、开放、创新和控制是它们共同的功能特征。集聚是枢纽型网络城市枢纽设施建设的必然结果，是全球资源配置能力的初级功能。流动是枢纽型网络城市网络设施建设的落脚点，是全球资源配置能力的基本条件。开放是枢纽型网络城市的气质与活力所在，是全球资源配置能力的必然要求。创新是枢纽型网络城市抢占区域或全球价值枢纽的关键，是全球资源配置能力的高级功能。控制是枢纽型网络城市和全球资源配置能力的终极功能目标。

2. 枢纽型网络城市是全球资源配置能力的重要支撑

枢纽型网络城市的点、轴、网是全球资源配置能力的基础支撑。枢纽型网络城市的空间增长极或者枢纽是全球资源的吸附器和辐射源，没有枢纽就没有资源配置。枢纽型网络城市的相对广阔空间和腹地可以为集聚过来的全球资源提供足够的容纳之所，各种开放网络则提供了高效快捷全球资源的输入通道和输出通道，枢纽性企业是市场经济体系下全球资源配置的主体。另外，枢纽型网络城市提供各种高端专业服务和对接全球的一流制度环境也是全球资源配置能力的重要保障。

3. 全球资源配置能力是枢纽型网络城市的高级功能

枢纽型网络城市通过枢纽和网络设施建设及功能完善，最终目标是在更大范围内集聚和掌控更多高端资源，提升城市经济发展主导权，增强城市综合竞争力。与此同时，全球资源配置能力的增强也会反过来进一步提升枢纽型网络城市的枢纽带动力、网络连接力和全球影响力，倒逼枢纽型网络城市内部空间结构优化、外部腹地拓展和发展制度改革，从而推动枢纽型网络城市的发展。

二 建设枢纽型网络城市，提升广州全球资源配置能力的战略目标

广州顺应全球化、信息化、城市化发展新趋势，坚持以建设全球城市和全球资源配置中心为目标导向，以全球视野、国际标准、开放思维谋划城市发展大格局，以"强枢纽、建网络、促联动"为核心推动枢纽型网络城市

建设，全面提升在全球城市体系中的位势，强化对全球资源的集聚功能、整合功能、创新功能和控制功能，提升全球资源配置能力。具体而言，广州建设枢纽型网络城市、提升全球资源配置能力可分"三步走"。

（一）近期目标

到 2020 年，城市内部枢纽型网络格局基本建成，国家资源配置能力凸显。围绕"三大战略枢纽"、两个"黄金三角"、"一江两岸三带"和其他战略平台和增长极，基本建成枢纽型网络城市空间结构，城市全球联系度指数达到 0.7 左右。确立航运、航空和商贸三大亚太枢纽功能地位，成为亚太航运、航空和商贸的资源配置中心。强化创新、信息等国家枢纽功能地位，成为国家创新、信息的资源配置中心。

（二）中期目标

到 2030 年，城市区域枢纽型网络格局更加成熟，国际资源配置能力凸显。通过交通网络、产业网络和要素网络等网络紧密连接，携领周边区域基本建成巨型城市区域系统，城市对外开放程度进一步提升，城市全球联系度指数达到 0.8 左右。在城市区域的支撑下，城市对国际要素资源的吸引力、影响力和竞争力大大增强。确立航运、航空、商贸、信息四大国际枢纽功能地位，成为航运、航空、商贸、信息的全球资源配置中心。强化创新、文化、金融的国家枢纽功能地位，成为国家创新、文化、金融的资源配置中心。

（三）远期目标

到 2040 年，全球城市网络的枢纽地位不断强化，全球资源配置能力凸显。城市发展全面融入全球化进程中，成为全球城市网络中的枢纽城市和开放城市，城市全球联系度指数达到 0.9 左右，城市决策与控制能力大幅提升。确立航运、航空、商贸、信息和文化五大全球枢纽功能地位，成为航运、航空、商贸、信息和文化的全球资源配置中心。

三 建设枢纽型网络城市，提升广州全球资源配置能力的战略思路

围绕实现资源"容纳多、流动快、靶向准、增值高、控制强、成本低"的目标，坚持新发展理念，实施创新驱动发展战略，系统推动枢纽型网络城市的枢纽建设、网络建设、经济建设、功能建设和环境建设，强化枢纽型网络城市功能对全球资源配置能力的支撑作用。

（一）完善城市枢纽空间，拓展资源吸纳容量

加强顶层设计和统筹谋划，综合运用土地空间管制、重大项目建设、重大基础设施建设等手段，选择资源环境承载能力较强、集聚开发水平较高或潜力较大的地区，实施集中布局、据点开发，引导人口、要素和产业有序集聚，构建形成集疏适度、优势互补、集约高效、协调联动的城市枢纽体系，拉开城市发展空间框架，提升对全球高端资源的集聚和承载能力。

1. 打造辐射全球、面向未来的国际高端枢纽

按照重大标志性工程建设要求推动小黄金三角地区、广州白云机场地区、南沙港口地区和科技创新走廊建设成为全市最强大的增长动力源和高端资源集聚主枢纽。其中，小黄金三角地区要着力实现一体化、规模化发展，加快低端要素和产业的疏解，建设形象鲜明的地标性建筑，引进一批全球标杆性企业总部群，大力发展国际高端商务服务和信息服务业，打造世界超级CBD，成为未来全球资源配置决策与控制的"心脏"地区。国际航空枢纽要按照国际航空大都市理念推动开发建设，拓展航空运输与产业新领域新业态，推动其成为区域乃至国家发展的新动力源、全球高端资源的新吸附器。国际航运枢纽要叠加南沙新区、南沙自贸试验区、周边港口群、粤港澳大湾区的资源优势、空间优势和制度优势，按照高水平国际化城市建设理念加快建设成为高水平对外开放门户枢纽。国际科技创新枢纽将建设成为全市导入新一轮科技革命的前沿地区，成为与美国硅谷、以色列特拉维夫等世界创新

活跃地区科技创新的合作高地，打造广州面向全球的"开放式创新"示范区。

2. 打造特征鲜明、功能强大的战略发展节点

加快推动中新广州知识城、广州高新区、增城经济技术开发区、生物岛、天河智慧城、花都汽车城、国际创新城等国家级、省级、市级重大战略平台体制机制创新，主动探索复制自贸试验区、国家自主创新示范区等经验政策，从国家和区域大战略中寻找发展新动力，突破各种发展束缚和障碍；顺应全球经贸发展新趋势，营造国际一流营商环境，进一步充实国际朋友圈，实施面向全球的引资引技引智计划，加速成长为国家级、洲际级知识、创新、信息等新枢纽。

3. 推动枢纽与枢纽、枢纽与节点高效互联互通

围绕三大枢纽、战略增长极和主要经济功能区着力构建四方八面、四通八达的综合交通体系，强化枢纽与枢纽之间、枢纽与节点之间、中心城区与外围区互联互通，促进各类"轻质量"高端要素通过机场、高铁站力争在30分钟内零换乘到达市内主要重大战略平台，以"交通响应"实现"空间响应"和"资源响应"，提升重大战略平台对人才等资源要素的集聚和吸引能力。规划建设直通三大枢纽的快速地铁、快速公交和快速公路线，通过站点、路口和线路设置，实现对不同类型人口的分流，促进商务人士和办公人士快速便捷地在三大枢纽之间进出流动。结合"一江两岸三带"建设推动小黄金三角道路和相关交通辅助设施智能化再造，创造条件率先应有无人驾驶等新技术，凸显永立时代前沿的现代化广州城市特质。通过交通微循环改造、多式联运发展，促进共享、定制等新兴交通模式发展，进一步完善连接各个中心组团及全市其他区域的快速便捷通道网络，加速要素流通。

（二）完善内连外通网络，加快资源开放流动

网络既是枢纽型网络城市的基本构成，也是资源高效流动的通道。建设面向未来全球城市和全球资源配置中心，广州应着力建设内连外通的物质网络和虚拟网络。

1. 构建高度一体化的超级城市区域网络

以"大黄金三角"、"小黄金三角"和"一江两岸三带"建设为引领，依托珠江水系和重要交通干线，由中心区向外围区形成以点带线、由线到面的层次分明、结构清晰的新经济增长极和增长带体系，塑造要素有序自由流动、主体功能约束有效、基本公共服务均等、资源环境可承载的多中心网络型发展格局。推动城市交通网、要素网和产业网向外拓展延伸，构建基础设施最便利、供应链网络最发达的全球地理节点，吸引全球的资金、资源、人才和技术，引领建设功能强劲的全球性巨型城市区域系统。

2. 构建通达全球的中枢式国际交通网络

一是加快建设"快进快出"的国际航空网络，预判深中通道、粤港澳大桥等区域交通设施、粤港澳大湾区和区域新机场建设的影响，积极争取国家在空域管理、航权分配、时刻资源市场化配置方面的试点支持，强化广州白云机场在珠三角机场群的枢纽地位和引领地位。依托广州优势区位，开辟澳新、非洲、东盟、西欧、印度、中东、海丝沿线等重点城市国际航线，增加欧洲、拉美、北美等主要城市航班，把广州打造成为中国通往世界、世界来到中国的空中南大门。二是加快构建"大进大出"的国际航运网络，借鉴上海经验，加快制订与周边港口、珠江流域中上游港口的战略重组、合作与控制方案，广泛布局无水港，通过组合港建设推动广州港客货运吞吐量名列全球港口前茅。借鉴新加坡国际航运中心政策经验，集聚国际知名航运货运、航运服务企业，强化在国际航运物流网络和服务网络中的枢纽地位。三是加快构建"多来多往"的高速陆路网络，强化国家铁路和高速公路主枢纽的地位，提升与"一带一路"沿线国家和地区的连接联通能力。

3. 构建面向未来智能社会的国际信息网络

要加快推进接入发达国家的国际海底光缆建设，配备全球顶级的宽带网络、大数据基础设施条件，打造高速度、高普及、高容量、更广泛的国际网络环境。大力推动移动互联网、下一代网络、云计算和物联网等新兴技术的创新和应用，在全球范围内实现人与人之间、人与物之间、物与物之间的全面互联，促进经济与文化的更好沟通。借鉴新加坡经验，建设国际性大数据中心产业园，吸引世界级的互联网及媒体公司在广州设立大数据中心，提供信息存储、数据内容、数据服务、数据分享、信息安全等系统解决方案，建立全球可信赖的大数据市场，向实现更美好的全连接的世界持续迈进。

4. 构建多元包容、汇融世界的国际交流网络

以世界旅游目的地城市、国际交往门户城市、高端国际会议目的地城市建设为切入点，加快搭建国际交流的"广州中心大舞台"。围绕世界旅游目的地城市建设，重点是积极引进大型品牌主题公园，汇聚全球文化精华，打造一批世界级旅游产品、品牌和地标，全面推进旅游产品、营销、功能、服务、管理、环境国际化，主动担当全球城市"展示厅"。围绕国际交往门户城市建设，重点是发挥驻穗领馆、国际友城、国际民间组织、海外华人华侨、在穗外籍人员等桥梁纽带作用，搭建广州对话世界的国际交流平台和机制，主动担当全球城市的"会客厅"。围绕高端国际会议目的地城市建设，重点是谋划建设展览与会议功能高度融合、管理服务水平先进的大型国际会展中心，加快培养国际会议专业人才和专业化服务机构，多方面积极争取举办大型国际会议、重大国际活动，发布具有世界直接影响力和约束力的研究成果、行动宣言、思想共识和技术标准等，主动担当全球城市的"发布厅"。

（三）聚焦高端高质高新产业，靶向集聚激活资源

围绕形成高端高质高新现代产业新体系，根据不同类别产业特征，创新资源配置政策、导向和方式，盘活低效闲置资源，增加高效优质资源供给，优化资源投入结构，全面提升产业资源的保障能力和配置效率。

1. 聚焦渠道和网络资源推动商贸流通业发展

把握"互联网＋"契机，加快推动唯品会、广百等商贸龙头企业"走出去"，到高铁沿线和"一带一路"沿线城市建设商贸城、电商海外仓储、电商海外平台、总部经济园，进行产业链、供应链布局，提升对区域和国际商贸流通资源的掌控能力。推动大宗商品交易市场平台向电子商务综合服务商、创新服务商和跨界投资供应商转变，加强与国内外、多层次、区域间市场协调联动，更好地跨界连接实体经济和虚拟经济、现货市场和期货市场，

强化全球商品资源的集散、交易、定价、物流、金融、信息功能。推动以批发市场等为代表的传统商贸流通业转型升级，释放低效利用空间和资源建设全球购物中心、高端商贸综合体、总部经济园区、主题商务中心、文化创意园区等，提高资源投入产出效益。

2. 聚焦总部和平台资源推动金融服务业发展

对照全球金融中心指数，加快金融体系、金融设施、金融人才和金融环境建设，继续保持金融规模和金融结构等指标向好势头不减。利用南沙自贸试验区金融改革创新体制机制优势，继续向国家申请设立期货交易所等国家级交易所平台，弥补广州在资本市场上的弱势。积极培育和引进金融机构总部或者区域总部，争取在银行、证券、保险、公募基金、私募基金、信托、融资租赁等金融市场主体数量和实力再上一个新台阶，缩小同北京、上海和深圳的差距。围绕推动"三中心一体系"和国家科技创新中心建设，大力发展贸易金融、航运金融、航空金融、科技金融、互联网金融等新兴金融业态，引导金融资源向重点发展的产业以及社会民生领域集聚，推动金融资本与产业资本深度融合，为实体经济发展注入强大动力。

3. 聚焦软硬资源推动文化旅游业发展

积极盘活相对闲置的文化、旅游、体育等基础设施，通过产业化、专业化和国际化二次开发运营和品牌策划实现资源效益提升。深入挖掘和全面整合遗产遗址、粤剧粤曲、广东音乐、"三雕一彩一绣"、西关文化等历史文化资源，加强保护开发、利用、展示和传播，提升广州历史文化资源在全球的价值认同度。高起点、高标准地建设一批特色鲜明、功能完善、品位高雅的文化基础设施项目，集聚一批海内外文化大咖，建设一批规模较大、带动力强、影响力大、特色鲜明的文化创意产业园区，强化区域文化中心枢纽地位。

4. 聚焦能源和技术资源推动高端装备制造业发展

以能源供应清洁化、能源配置智能化、能源消费电气化、能源服务共享化为导向，推动能源供给、能源合作、能源消费、能源技术、能源体制变革，打造国际能源变革的思想发源地、理念传播地、技术推广地、产品应用地、产业集聚地,保障高端重型装备制造业发展的能源需求。完善以企业为主体、市场为导向、产学研用相结合的制造业创新体系,健全技术引进、消化、吸收、再创新体制机制,强化与国际制造业先进地区技术合作。支持制造业大企业"走出去",并购有品牌、技术、资源和市场的国外企业,开展全球资源和价值链整合。鼓励有条件的企业在海外建立研发机构,充分利用海外研发资源,最大限度地突破技术壁垒限制。

5. 聚焦全球科技和人才资源推动战略新兴产业发展

围绕打造新一代信息技术、生物与健康、新能源汽车、新能源与节能环保、时尚创意产业等战略性新兴产业集群,依托中新广州知识城、中以生命科技园、中乌巴顿焊接研究院、通用电气公司(GE)生物产业园等载体,以国际科技创新合作平台为导向大力引进全球前沿的科技创新资源,强化创新驱动发展能力。组建专业化的国际人才引进组织机构,追踪和研究国际高端人才流动趋势以及国家人才政策最新动向,探索制定实施更加开放的国际人才政策,为战略新兴产业发展提供人才资源保障。

(四)提高全球创新与服务位势,推动资源价值跃升

实施科技创新和高端服务驱动发展战略,推动产业分工从价值链中低端向价值链中高端转变,全面提升广州在全球创新和服务网络中的位势,从配置过程全方位推动资源创新增值。

1. 建设引领新科技革命的全球创新网络枢纽

及时跟进并导入新一轮科技革命,打造全球创新的汇聚地和策源地,从源头增强集聚创造高端资源能力和促进"流经"的资源增值能力。一是以高水平创新型大学、科研院所等为主体,通过学术会议、科技论文、专利获得、人员访学、合作研究等载体推动知识流动,打造全球知识创新枢纽。二是借鉴美国硅谷等地区发展模式,以创业者为主体,建设国际性专业园区、孵化器等创新创业载体,引进培育高度全球化的风险投资、天使投资、私募股权投资等创新创业融资体系,前瞻布局一批可能引起现有投资、人才、技术、产业、规则"归零"的颠覆性技术研发,打造全球集聚活力和吸引力

的创新创业网络枢纽。三是以全球跨国公司和本土大型总部企业为主体，集聚全球企业研发中心，强化承接全球研发服务外包能力，打造全球研发产业化网络枢纽。

2. 构建链接国际资源市场的全球服务网络枢纽

顺应服务全球化、融合化发展趋势，大力发展支撑资源品牌增值、资源市场交易、资源配置管理等高端专业服务业，从末端推动资源价值提升和转化，实现资源最终优化配置。一是建设各类国际性大宗商品交易市场、金融证券交易市场、知识产权交易市场、高端人才市场等要素市场，为全球资源配置提供价格发现功能，促进全球资源在广州加速集散。二是发展创意、广告、营销、策划等国际高端专业服务业，为全球资源提供品牌塑造、营销设计等提供服务。三是举办更多的国际性高端展览会、发布会、行业峰会等，为全球资源宣传推介提供极具国际影响力的"广州舞台"。四是发展与国际标准高度对接融合的信息、决策、咨询、法律、会计等高端专业服务业，为全球资源配置提供决策管理功能。

（五）培育枢纽组织与企业，增强资源配置主导权

构建功能强大、充满活力的枢纽型企业、枢纽型平台、枢纽型组织体系，强化资源配置的市场主体能力，提高全球资源配置的主导权。

1. 大力发展开放合作的枢纽型企业

围绕未来以"IAB"为代表的新型主导产业体系，汲取引进富士康、思科公司等重大项目的成功经验，面向全球500强企业、世界知名媒体、行业领导型企业开展战略招商行动。围绕大型枢纽型企业，高标准建设国际性高端专业园区，对全球产业链上相关高端配套企业形成引力，拓展与国际配套商开放合作网络，着力构建若干集产、学、研、商于一体的具有国际范的产业集群枢纽，在全球范围内配置资源、开拓市场，拓展企业发展新空间。持续增强本土大企业素质，支持企业间战略合作和跨行业、跨区域兼并重组，提高规模化、集约化经营水平，形成一批枢纽型骨干企业，推动跨行业、跨区域的高效资源配置。

2. 大力发展虚实结合的枢纽型平台

顺应新经济发展趋势，重点推动"互联网＋"平台、要素市场交易平台、供应链服务平台、电子商务平台、社会资讯服务平台、分享经济平台等实体平台和虚拟平台的发展，高效链接全球资源创造者和使用者两端。加快促进各高端服务领域与信息技术服务、互联网服务的融合创新，充分整合各类信息资源，引进平台型企业探索开发新型商业模式，推动建立多层次、多元化的平台服务体系，增强对产业链、价值链、供应链的参与和主导能力。

3. 大力发展强整合性的枢纽型组织

积极争取各类国际性组织、联合国机构落户广州，大幅提升广州国际事务交流协商平台的功能，提升国际话语权。遵循国际惯例，重点培养一批运作基础良好和经验相对丰富的本土枢纽型非政府组织，搭建非政府组织国际交流平台，鼓励其积极参与到国际事务中去，深度参与全球人力、物力和公共资源的整合分配。提高政府服务购买强度，给予枢纽型组织更多参与承办政府重大经济社会活动、对外交流活动等机会，加速推动其成长。

（六）完善国际一流环境，降低资源配置成本

对标新加坡、中国香港等标杆城市，建立健全市场化、法治化、国际化营商环境，着力降低全球资源在广州流转、配置的成本。

1. 建立最严格的知识产权保护环境

引进国际知识产权先进经验和做法，加快推动中新广州知识城开展知识产权运用和保护综合改革试验取得实质性突破，建立重点产业、重点专业市场和重点企业知识产权保护机制，争取建设国家知识产权快速维权中心，建立知识产权涉外应对和援助机制，实行最严格的知识产权保护制度，保证各类高端资源在广州的知识产权安全。完善知识产权评估定价机制、知识产权交易市场和知识产权转化机制，吸引全球资源在广州发现价值、转化价值和提升价值。

2. 建立最便利的要素双向通关环境

借鉴迪拜自贸区和上海自贸区经验，依托南沙自贸区和临空经济示范区

的开放优势，对标国际最高水平，进一步推动口岸监管系统智能化、信息化升级，实施更高标准的"一线放开""二线安全高效管住"的贸易监管制度，降低要素入关出境的时间成本和费用成本，促进各类国际高端要素在广州高效流转。

3. 建立最国际的资源配置规则环境

紧紧把握国际通行规则，推动改革创新行政管理体制、投资管理体制、贸易监管服务模式、社会信用和市场监管体系、国际商事法律服务等领域改革与创新，加快建设与国际高标准规则相对接的资源配置规则环境，促进各类国际资源在广州"无障碍"集聚与配置。积极参与国际投资、贸易和服务新规则的制定，强化在国际规则制定中的话语权，提升全球资源配置主导权。

参考文献

广州市政协：《广州建设国家重要中心城市：既要重视 GDP 增长更要重视国际影响力提升》，2017 年 1 月 4 日，http：//dhzw.gzzx.gov.cn/cf131/dhfy/201701/t20170104_39800.htm。

魏绍琼：《走新型城市化发展道路 建设国家中心城市》，《广东经济》2012 年第10 期。

向勇、陈娴颖：《基于新都市主义的北京文化立市战略内涵探析》，《北京联合大学学报》（人文社会科学版）2014 年第 3 期。

谢雨评、邓祝仁：《中国优秀旅游城市会展旅游之定位》，《地域研究与开发》2002年第 4 期。

姚战琦、张玉静：《文化旅游产业融合发展的进程、战略目标及重点领域探讨》，《学习与探索》2016 年第 7 期。

黄卫平、陈文：《论 30 年改革开放中的"解放思想"》，《江西社会科学》2008 年第1 期。

B.3

广州建设国际航空枢纽的战略
布局与建设路径研究

白国强　葛志专　姚　阳　程风雨*

摘　要： 广州建设国际航空枢纽具有较强优势和基础，但也存在设施
建设不足、航空经济滞后、网络不够健全、体制机制不畅等
问题。要围绕建设成为面向亚太、影响世界的国际航空大都
市的总体定位，大力推动设施服务、航空网络、临空经济和
制度环境四个层面战略部署，不断推进广州国际航空枢纽建
设的国际化、规模化、便利化、一体化、智慧化、枢纽化、
产业化、集群化。

关键词： 广州　国际航空枢纽　战略布局

　　航空枢纽是促进特大城市迈向全球城市、提升城市配置全球资源能力的
重大基础条件之一。广州建设国际航空枢纽已经拥有良好的基础和优势，但
与国际一流的航空枢纽还有多个方面的差距，需要补足短板，形成综合优
势，瞄准全球市场，开展前瞻性战略布局，选择科学的发展路径，打造成为
全球重要的国际枢纽城市之一。

---

* 白国强，广州市社会科学院区域经济研究所所长、研究员；葛志专，广州市社会科学院区域
经济研究所助理研究员；姚阳，广州市社会科学院区域经济研究所副研究员；程风雨，博士，
广州市社会科学院区域经济研究所助理研究员。

一 基础条件与主要问题

（一）基础条件

1.具有独特的地理区位优势

从国内区域格局看，广州白云国际机场位于珠三角和广东省的地理中心地带，与珠三角主要城市中心的距离在 130 公里以内，便于航空旅客和物流的集散；也位于华南经济圈和南中国—东南亚区域中心地带，与广西、福建、湖南等省区交通联络便捷而密集。从国际版图看，广州白云机场是亚太地区能够同时服务太平洋、大洋洲、印度洋区域内国家和地区的航程最短、国际服务功能最完善的枢纽机场之一，4～6 小时航程半径内可以通达多个亚洲、大洋洲、非洲以及"21 世纪海上丝绸之路"沿线城市和地区，国际绕航系数①明显较小（见表 1），特别是中国大陆面向东南亚和澳洲的最佳门户枢纽，具备发展第六航权的独特条件，而通过近年来着力部署澳洲战略的实施，广州白云机场已成为中国大陆与澳新之间最重要的航空中转枢纽。

表 1　全国经北京、上海、广州中转绕航率比较

单位：%

到达区域＼机场所在地	北京	上海	广州
日韩	1.52	1.32	2.15
东南亚	1.57	1.30	1.07
欧洲	1.06	1.16	1.24
北美	1.07	1.09	1.25
大洋洲	1.24	1.09	1.05
中东	1.19	1.25	1.22
非洲	1.08	1.13	1.12
南亚	1.35	1.41	1.34
中西亚	1.21	1.39	1.48

资料来源：何国柱《南航广州国际航空枢纽建设战略研究》，广西师范大学硕士学位论文，2013，第 23 页。

---

① 绕航系数是中转航班经过枢纽机场中转的飞行距离之和与始发机场直飞目的机场的飞行距离之间的比值。

2. 具备较强的航空通达能力

广州白云国际机场硬件基础设施和保障能力国际一流，是国家三大枢纽机场之一，航线网络已经覆盖全球主要地区和热点城市，至 2016 年，已开通国际航线 149 条，国际通航点 86 个。2016 年，旅客吞吐量达 5973 万人次，在全国排名第 3 位，全球排名第 16 位；货邮吞吐量为 165.2 万吨，在全国排名第 3 位，全球排名第 19 位（见表 2）。

表 2　广州白云国际机场主要指标国际排名

年份	旅客吞吐量（万人次）	增长率（%）	世界主要机场排名	货邮吞吐量(万吨)	增长率（%）	世界主要机场排名
2008	3345	8.0	32	93.0	1.3	26
2009	3705	10.8	23	95.5	39.3	21
2010	4098	10.6	19	114.5	19.8	21
2011	4504	9.9	19	119.3	4.2	21
2012	4855	7.8	18	124.7	5.6	21
2013	5245	8.6	16	131.0	4.9	18
2014	5478	4.4	15	145.4	11.0	19
2015	5521	0.8	17	153.8	5.8	19
2016	5973	8.2	16	165.2	7.4	19

资料来源：根据 ACI 数据，由笔者整理而得。

3. 具有广阔的腹地市场

广阔的腹地市场是支撑广州国际航空枢纽做大做强、可持续发展的强劲动力。珠三角、泛珠三角、我国西南区域、高铁网络沿线区域组成的圈层腹地和延伸带都将是广州成为枢纽机场的主要客流、货流的来源地。珠三角地区常住人口超过 5800 万，人均 GDP 达到 10.6 万元（约合 16920 美元），是具有全球影响力的先进制造业和现代服务业基地，是我国最重要的出入境旅游市场之一，是广州的首要腹地；广东省内的"广佛肇、云清韶、珠中江"经济圈的整体实力都在快速提升，航空消费市场潜力庞大，广州应是该圈层航空出行的首选；泛珠三角人口庞大、高消费群体多、国际贸易企业众多等也使得广州未来航空需求巨大，广州将引领高铁经济带和珠江—西江经济带建设，贵广高铁等西部线路的相继建成，广州与西部高铁网及东南亚的大通道初步形成，穗港澳深度合作的示范效应逐步显现，广州的腹地市场和经济空间也可以得以不断拓展，将强化广州作为枢纽城市的地位。

（二）主要问题

1. 航空资源承载力难以提升

当前，白云国际机场容量难以大幅提升，空域时刻资源日趋紧张。随着航空枢纽建设带动航线发展，航班、运力大幅增加，对机场停机位、廊桥位、行李盘、值机柜台、候机区等基础设施的需求也随之增加，以上设施均已出现日益不足的趋势，预计到 2025 年将会呈现超负荷运转状态。因此，必须前瞻性地谋划建设广州第二机场以疏解白云国际机场的压力。然而，有关广州第二机场的选址与建设却一直悬而未决，成为媒体及社会高度关注的热点话题。由于新机场从选址论证、施工建设到试航调试再到投入运营通常需要耗费 5～10 年的时间，尽快确定广州第二机场建设方案尤为紧迫。

2. 以机场为中心的综合交通体系不完善

首先，机场与城市中心区的衔接不畅，供给不足。以公路、地铁、城际轨道为主要骨架的综合交通密度低、流量大。目前，白云国际机场进入广州主城区方向主要依靠机场高速公路和地铁 3 号线。机场高速为主要的公路通道，客流货流早已饱和，第二机场高速建设进展缓慢；地铁线网仅一条，承载力十分有限。其次，与腹地的连接通道不够便利，高铁、城际轨道均不经过白云国际机场周边或无停留站点，广州南站远离机场，换乘功能薄弱、便利性差，与粤西、粤北、粤东的通道都比较单一，导致周边其他大中型机场承接了许多客货资源，从航空客流分布构成看，珠三角其他地区客流占客流总量仅为 18%，足见广州白云机场的区域交通辐射能力还比较薄弱。相比于国际一流的航空枢纽，东京羽田机场、伦敦希斯罗机场等都已经具有以空港为中心、辐射周边的轨道网络、高速网络，十分便利（见表3）。

表3 国际枢纽机场与高速铁路衔接情况对比

机场	高铁车站	空间距离	衔接方式与时间	备注
北京首都国际机场	北京南站	38千米	城市地铁、1小时	须两次换乘
伦敦希斯罗国际机场	王十字车站	24千米	城市地铁、1小时	机场快速轨道仅衔接至普铁车站帕丁顿
东京羽田国际机场	机场站	100米	与机场一体化、0	京滨急行线机场支线
戴高乐国际机场	机场站	100米	与机场一体化、0	地区快速铁路(RER－B)、高铁(TGV)的两条线路、TVG不经巴黎市区
法兰克福国际机场	远途火车站	350米	与机场一体化、0	与1号航站楼一体化设置
广州白云国际机场	广州南站	62千米	城市地铁、1.5小时	地铁3号线转2号线
	广州北站	15千米	无衔接	地铁9号线(在建)

资料来源：根据相关网站资料整理。

3. 国际业务发展软硬件条件不足

首先，国际航线网络覆盖面不够广泛。广州枢纽国际长航线少、国际网络覆盖不全。如南航目前航线网络以国内短途航线为主，国际航线比例较低，特别是欧洲、美洲航线网络稀缺，低于国航、东航；在国际上，与澳航与阿联酋航空相比差距更大，品牌国际认知度低。其次，国际化服务环境需要培育完善。以Skytrax星级评价标准为对照，白云国际机场还在努力争取为四星级，而上海虹桥、北京首都机场等已经是四星级，与新加坡樟宜机场、香港机场和首尔仁川机场等五星机场差距不小，特别是中转流程、服务设施、旅客体验效果差距大。此外，中转流程烦琐及服务保障水平低，供给能力无法满足客货需求。在此方面，广州白云机场落后于中国香港、新加坡等枢纽机场（见表4）。休息室面积不足，靠桥率国际差距大，入境"通程航班"旅客候检区人流大、空间小、服务设施稀缺、等待时间长，直接影响"门户枢纽"形象。可见，虽然新白云国际机场是按中枢理念设计，但经过近10年的快速发展，已经不能满足广州建设国际航空枢纽的需要。

表4 广州白云机场与国际枢纽机场中转流程及服务设施对比

地区	基地公司	基地公司独立使用候机楼	功能齐全的基地公司专用高端休息室	中转捷运系统	基地公司航班靠桥率	中转旅客休息室	中转旅客专用通道	第六航权免签证旅客休息区
亚特兰大	DELTA	有	8个,4800平方米	有	自主安排	有	有	有
香港	国泰航空	有	2个,4500平方米	有	98%	有	有	有
新加坡	新加坡航空	有	2个,5500平方米	有	自主安排	有	有	有
法兰克福	汉莎航空	有	9个,7000平方米	有	大于95%	有	有	有
广州	南方航空	无	4个,3750平方米	无	80%	有	无	无

资料来源：何国柱《南航广州国际航空枢纽建设战略研究》，广西师范大学硕士学位论文，2013，第37页。

表5 广州白云机场与主要枢纽机场最短衔接时间（MCT）比较

单位：分钟

主要枢纽机场	国内转国内	国内转国际	国际转国内	国际转国际
新加坡机场	—	—	—	45
香港机场	—	—	—	50
仁川机场	40	70	90	60
亚特兰大机场	55	60	90	60
巴黎机场	45	45	45	45
广州白云机场	50	100	90	60

资料来源：何国柱《南航广州国际航空枢纽建设战略研究》，广西师范大学，2013，第38页。

4. 航空经济发展相对滞后

一是空港经济区产业集群尚未形成。缺乏成规模、高水平、有国际竞争力的产业链、供应链，与城市和区域主导产业布局联系不紧密，辐射带动作用弱，"机场孤岛"现象明显。二是通用航空产业有待培育壮大。广州通用航空产业规模小、分布散、运营和配套服务不完善，在通用航空制造、维修、航空金融服务等高附加值产业上还刚起步。三是航空经济发展关键要素稀缺。广州航空领域的专业技术人才（飞行、机务、航务、技术研发、管理）不足，创新型企业和企业家稀缺，航空资本集聚度低，临空经济土地空间的畅顺利用障碍多。四是非航产业不够强大。以航空经济为带动的关联产业发展相对滞后，会展、酒店、商务、旅游、休闲、文化等现代服务业以及金融、租赁、信息、法律、培训等生产性服务业都还没有快速发展。

5. 管理体制机制尚待协调理顺

一是大通关缺乏深入有效合作。随着国际中转业务量的大幅增长，广州白云机场相应的场地、设备、流程管理挑战日益凸显，大通关政策功效和作用未充分发挥，广州白云机场、各联检单位以及各航空公司之间仍缺乏深度的协调、精细化对接以及数据信息的共享。二是免签政策支持力度不够强。广州作为改革开放的前沿地、"一带一路"建设的核心城市之一、国家三大国际性综合交通枢纽之一，却未能率先享受 144 小时或更长时间的过境免签政策，而上海、南京、杭州口岸已经实现对 51 个国家和地区实施 144 小时过境免签政策。

二 总体定位与战略布局

（一）总体定位

1. 面向亚太、影响世界的国际航空大都市

以国内外先进航空大都市为标杆，充分发挥广州的区位、交通、商贸和开放特色优势，以白云国际机场扩容提升和空港经济区建设为重点，完善基础设施体系，大力发展与航空相关联的先进制造业和现代服务业，提升国际航线枢纽功能、临空经济增长极功能、国际航空资源配置功能，促进机场与城市、产业与城市融合发展，建设国际空港新城。依托广州作为国家重要的中心城市优势，增强组织协调区域航空客货资源功能，推动大珠三角机场群一体化发展，打造海陆空联运综合服务中心，大幅提升航空软实力，构建高水平对外开放体制机制，努力把广州建设成为面向亚太、影响世界的国际航空大都市，为建设具有全球影响力的枢纽型网络城市提供强有力支撑。

2. 中国通往世界、世界来到中国的空中南大门

充分发挥广州地理区位优势和国际综合交通枢纽优势，把握国家积极推动建立自由贸易区、"一带一路"等重大对外开放战略，推动广州白云国际机场扩容提升和功能配套，重点补齐国际航空枢纽地位不突出、国际通达水

平不高、机场基础设施不完善、大机型长航线不足、机场及城市软实力不强等短板。统筹推进空港、海港、保税区、公路港、铁路港建设，打造航空－铁路－公路－海港多式联运的现代综合交通。围绕增强国内直达、国际转国际、国内至国际、国际转国内四种能力，着力优化国内外航线网络布局，打造"泛珠三角、中西部城市群－广州－境外""澳新、东盟、非洲－广州－中国内陆"等内外型品牌航线，开辟更多澳新、非洲、东盟、西欧、印度、中东、"一带一路"沿线等重点城市国际航线，增加欧洲、北美、拉美等主要城市航班，把广州打造成为中国通往世界、世界来到中国的空中南大门。

3. 国内领先、世界一流的区域航空服务中心

坚持以机场服务航空公司为导向，进一步激发南航等主基地航空公司参与建设的积极性和能动性，打造世界一流的航空地面综合服务。叠加广州建设世界旅游目的地城市、国际交往门户城市、高端国际会议目的地城市等战略优势，形成聚合效应全力吸引国内外航空公司、国际航空联盟和国际航空组织在广州开展航空研讨会议、航空教育培训、航空展览营销、航空研发设计等。发挥广州作为珠三角城市群核心城市优势，强化与大珠三角五大机场城市快捷化交通设施建设，提升对区域航空客流资源和货运资源的整合、组织和协调能力，探索构建区域一体化航空口岸通关模式，创新旅客中转和异地值机监管模式，携领区域构建跨市域世界级多机场体系。

4. 航空元素浓厚的国际商贸物流中心

发挥广州"千年商都"、经济腹地广阔等优势，加快广州白云机场国际航空货运基础设施建设，进一步拓展与全球枢纽机场、主要经济体的航空货运通道，扶持国际货运航线运营，完善陆空衔接的现代综合运输体系，大幅提升货运中转和集疏效率。壮大和培育航空物流龙头企业，带动跨境电商、服务贸易等新兴商业业发展。依托航空航线集散全球资源要素，加快建成世界旅游目的地城市、国际交往门户城市和国际消费城市，形成机场与城市经济发展相互支撑、相互促进，协同打造具有浓厚航空元素的国际商贸物流中心。

5. 海空铁高度融合的国际航空经济中心

把握航空、航运和高铁经济发展新趋势，融合集成海港、空港和高铁优

势，致力于打造海空铁高度融合的国际航空经济中心。充分发挥南沙作为珠三角几何中心，70千米范围内有五大国际机场的优势，探索发展航空保税物流、海陆空物流、客货中转、大宗商品交易、航空航运服务、商贸会展、电子商务、跨境电商等产业，探索打造海空融合型经济示范区。充分发挥广州北站与白云国际机场相邻的区位优势，增强广州北站候机功能，推动广州北站商圈和空港经济区一体化发展，形成以航空先进制造、现代物流、商贸服务、总部经济、服务贸易、跨境电商和新兴业态等为主的空铁融合型经济示范区。依托两大示范区，融合、集成和叠加全市商贸经济发展优势，形成贯穿南北的海、空、铁城市发展主轴，协同构建创新、商业、物流、知识、信息、服务交换、配置、创造或扩散的国际航空枢纽，增强对区域和全球资源的配置能力。

（二）战略布局

总体的战略布局是：以建设国际航空大都市为总目标，着力在设施服务、航空网络、临空经济和制度环境等四个层面进行战略性布局，构筑起配套完善、网络发达、产业完备、国际接轨的国际航空服务体系。

1. 设施服务：配备配套先进的基础设施、高质高效的航空服务

一要前瞻布局战略性航空设施。加紧谋划建设第二机场、通用机场，突出先行的占位优势，抢占航空枢纽建设的制高点。二要配套完善基础设施。积极协调设施能力建设，配套完善机场各种服务设施，建设高水平的机场集疏运体系。三要着力提供高质高效的航空服务。围绕客货服务环节，设计人性化、现代化、高效率的服务流程。

2. 航空网络：形成内外融合、相互支撑的航空网络体系

在市域、区域和国际三个层面上，构建具有国际竞争力的航空网络布局体系。一要在市域建设世界级多机场服务体系，其基本格局是以广州白云机场临空经济示范区为核心，以第二机场、通用机场为辅助，构建以枢纽机场、干线机场、通用机场为支撑的"一主三辅多节点"的世界级多机场体系。二要在区域形成分工明晰的航空网络。强化白云国际机场与香港、澳门及深圳、珠海、汕头、湛江、惠州等机场的分工合作，打造"泛珠三角、中西部城市群—广州—境外"航空战略大通道，提升广州白云机场与省内城市的快捷化交通连接，增强广州对区域航空客流资源和货运资源的组织协调功能。三要在全球构建通达全球的国际航空网络。继续拓展国际客运航线和货运航线，增强机场的国内直达、国际转国际、国内至国际、国际转国内服务功能，运营更多的国际品牌航线，形成客流、物流、资金流、技术流、信息流等要素集聚的中枢，提升广州作为世界级航空枢纽的地位。

3. 临空经济：打造链条整固、高端高质的产业业态

一要促进临空经济与城市经济的协同发展。探索临空经济与城市经济协同发展的新模式，以航空业为依托，汇聚资金、技术、信息、人才等航空优质资源，形成临空型现代服务业和先进制造业聚集发展新态势，成为城市高端高质产业成长的新支柱。二要整固和延伸航空产业链条。依托已有的飞机维修、公务机运营等航空产业基础，整固和延伸产业链条，发展航空维修制造、航空零部件制造、航空电子研发制造、复合材料航材生产、飞机改装、拆解等业务，推动航空金融、航材租赁、零配件物流、航空研发等配套发展。三要创新发展临空经济新业态。依托广州白云机场世界级航空枢纽，跟踪和创新临空经济发展的新业态，推动航空旅游、航空培训、航空播种、航空金融、空陆联运、航空情报服务、航空总部经济等临空经济新业态。

4. 制度环境：营造协同有序、国际接轨的营商环境

一是推动航空相关部门的协同配合。从纵向看，需要中央、省及中央驻广州的垂直管理部门的支持，以解决广州机场空域资源、时刻资源及机场能力等的不足和问题。从横向看，需要推动机场、港口、基地航空公司、海关、边检、检疫、公安、国家行业管理部门和地方政府等各个部门的高效协同，以促进枢纽机场的高效运作。二是塑造国际接轨的航空营运环境。加大改革创新力度，在提高通关效率、口岸建设、扩大开放、金融税收政策、简化审批等方面，形成引领全国、具有国际竞争力的政策环境，促进航空枢纽运营环境的国际化、市场化、法治化。

三　建设的主要路径

在广州国际航空枢纽建设目标的设定上，要厘清近期目标、中期目标和远期目标的相互关系，逐级递进地推动广州国际航空枢纽朝着更高的目标迈进。

（一）国际化

以国际旅客、国际物流、国际航线、国际航空公司、国际化服务体系为重点，加速提升广州国际航空枢纽国际化水平。着力改善机场和地面相关设施的国际化服务水准，积极引进国内外大型航空公司和综合物流服务商，鼓励支持航空公司持续拓展国际航线，增强航线网络覆盖面和通达性，提升机场国际旅客中转服务能力和国际货运中转能力。

（二）规模化

优化升级广州白云机场 T1 航站楼基础设施和服务水平，加快推动第四、第五跑道以及 T2 航站楼等机场基础设施建设，增加机场货运设施和资源供给。积极推动广州白云机场 T3 航站楼前期研究和广州第二机场选址建设，不断增加机场承载能力，满足未来客货运流量增长需求，保证机场客货运吞吐能力始终保持在全球先进水平。

（三）便利化

完善航空口岸通关环境，积极探索运用口岸通关技术和流程的信息化、网络化。进一步推动旅客签证政策优化，提升旅客中转和异地值机监管能力和管理流程，加快国际旅客中转手续便利化、简单化。支持增强航空口岸一线执法力量，适应航空业务规模增长。借鉴新加坡、迪拜等机场经验，探索对中转货物实行抽样检验、快进快出的运营监管模式，提升货物中转效率。

（四）一体化

着力构建以机场为中心的地面综合交通运输体系。加快完善机场与广州北站、广州南站、南沙新区等主要地面交通枢纽的轨道交通和快速运输体系，加快第二机场高速建设，建设更多连通机场的地铁、城际轨道、快速公路，形成以白云国际机场为中心到中心城区半小时生活圈、珠三角1小时经济圈、泛珠三角3小时经济圈，提升机场与城市融合深度以及与腹地的互联互通能力，不断增强机场对区域客货运资源的集聚和中转能力。

（五）智慧化

充分利用大数据、智能机器人、信息技术等优势，全面推动"互联网＋机场"改造升级，推进空管新技术的应用，建立完善的空管保障体系，科学合理调配时刻资源，提升航班起降架次和准点率，为旅客提供便捷易懂的航班信息、位置方向信息、登机口步行时间及距离信息、机场布局信息以及其他信息咨询等，建设智慧机场。

（六）枢纽化

充分发挥广州国际航空区位和航线优势，围绕建设国内至国际、国际转国内、国际转国际和国内直达的航线网络，支持国内外大型航空公司优先发展国际长航线和国际国内中转衔接航线，吸引国内外公务航空运营机构及配套服务机构在本市开展业务，支持低成本航空业务发展，加快提升广州白云机场作为国际、国内客货运资源转换枢纽能力。

（七）产业化

发挥机场带动作用，依托空港经济区建设，加快培育和引进航空关联产业，形成集聚效应。加快推进空港经济区与清远、佛山等周边地区的融合发展，探索通过开放合作突破空港经济区行政边界限制，做大做强空港经济。把航空航天制造、航空物流、航空旅游、航空服务等航空产业镶嵌到全市高端高新高质产业体系当中，实现航运产业与城市经济发展深度融合。

（八）集群化

把握国家推进"一带一路""粤港澳大湾区"建设的契机，争取广州白云机场与香港机场、澳门机场、深圳机场、珠海机场以及省内其他干支线机场共同合作申请空域管理、航权分配、时刻资源市场化配置等政策支持，落实国家低空空域开放政策，推动公务航空、城市公共服务飞行等通用航空领域合作，形成共生共融发展新模式，打造世界级机场群体系。

参考文献

何国柱：《南航广州国际航空枢纽建设战略研究》，广西师范大学硕士学位论文，2013。

苏千：《航空城空间发展结构分析》，《交通企业管理》2016年第1期。

孙维佳：《中国枢纽机场发展探讨》，《中国民用航空》2008年第3期。

刘明：《构建枢纽机场研究》，《经济问题探索》2007年第2期。

中国民用航空局：《2016年民航机场生产统计公报》，2017年2月24日。

高启明、金乾生：《我国通用航空产业发展特征、关键问题及模式选择》，《经济纵横》2013年第4期。

B.4

广州建设国际交往中心推进
枢纽型网络城市研究

广州市社会科学院课题组*

摘　要：　建设枢纽型网络城市是广州适应全球城市发展新趋势，继承城市对外开放的发展脉络，实现国家赋予广州的城市定位，巩固提升国家重要中心城市地位的内在要求。枢纽功能的发挥，不仅要突出"物"的方面，还要注重考虑"人"的角度。建设国际交往中心强调从"人"的角度，从交往的层面提升广州国际化水平，提升广州在全球城市体系中的地位，对丰富枢纽型网络城市的内涵和功能有着重要意义。

关键词：　交往中心　广州　枢纽型网络城市

　　改革开放以来，我国在新形势下开展了全方位、多层次、宽领域的对外交往工作，取得了巨大的成就。随着中国国力不断增强，国际地位不断提升，在国际事务中的影响力越来越强大，对外交往的作用更加突出，对外交往事务更加繁重，对外交往的形式也更加多样。随着经济、社会、技术的全球化，城市日益成为全球政治、经济和社会活动的重要参与方，城市在对外交往中发挥着越来越重要的作用。

＊　课题组成员：伍庆，博士，广州市社会科学院国际问题研究所所长、副研究员；姚宜，广州市社会科学院国际问题研究所副所长、研究员；邓丹萱，博士，广州市社会科学院国际问题研究所助理研究员；胡泓媛，广州市社会科学院国际问题研究所助理研究员。

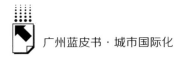

一 广州建设国际交往中心的重要意义

广州作为我国改革开放的前沿，在对外交往领域也走在全国城市的前列。广州在多年的对外交往工作中积累了丰富的资源，具备了在新的历史条件下积极开展对外交往活动、建设国际交往中心的有利条件。广州建设国际交往中心，可以为国家对外交往工作的大局提供有力的支撑，进一步提升对外开放的崭新形象；同时，能够增强广州国际交往能力，丰富枢纽型网络城市的内涵，使得广州逐步增加国际经济、科技、文化方面的话语权，成为我国与世界交往的桥梁和纽带，提升广州在世界城市体系中的地位。

（一）进一步巩固对外开放的龙头地位

广州作为我国的"千年商都"，具有国际交往的悠久历史与传统，改革开放以后更是我国最重要的对外开放窗口之一。建设国际交往中心能够促进广州发展与具有广泛国际影响力的世界性国际组织的交往，举办更多高端国际会议，通过集聚各国政要、高端人才等战略性人力资源，加快掌握制定国际规则的话语权，提高广州在相关领域和区域的国际地位和国际影响力，达到服务国家总体外交的高度，对进一步巩固广州对外开放的龙头地位具有重大战略意义。

（二）强化提升国际影响力和城市形象

建设国际交往中心能够帮助广州密切与国际社会的往来，帮助提升城市知名度、美誉度，拓展人员、信息、资金流动的规模与渠道。在国际组织入驻、国际会议和展览举办、国际交流合作等方面的发展，尤其是举办在政治、经贸、科技、文化等方面有重大影响力的国际性活动能够聚集大量国际高端资源，对提升广州国际影响力具有重要推动作用。同时，国际交往中心有利于广州促进对外关系，塑造良好的外交形象。作为国际交往中心，举办的大量国际会议，各成员国领导人参会，可以借此加强双边、多边对话，让各国的政要、媒体和宾客感受和熟悉广州的风土人情、经济水平、社会制度等情况，可以更广泛有效地推介广州的城市形象。

（三）为"三大战略枢纽"建设提供充足动力

国际航运枢纽、国际航空枢纽和国际创新枢纽的"三大战略枢纽"发展定位，突出了广州作为国家中心城市向区域性国际中心城市迈进的战略方向。国际交往中心聚集大量外交机构，也是大型国际会议的主要举行地，吸引来自世界各国的专业人士，能够促进双边、多边的经贸合作、文化和科技交流、人员交往，为广州创造与世界其他国家和地区开展全方位、多领域合作的契机。因此，国际交往中心从交往的层面促进了整个城市在人流、物流、资金流、信息流方面的资源集聚能力，为广州打造"三大战略枢纽"建设增添新的动力。

（四）对"一带一路"枢纽城市建设具有支撑作用

国际交往中心是广州建设"一带一路"枢纽城市，贯彻实施"一带一路"国家战略的重要支撑。历史上，海上丝绸之路的兴起和发展，造就了岭南地区悠久的经商传统和频繁的对外交流，而新时期广州国际交往中心的建设正是为了抓住"21世纪海上丝绸之路"重新启动的重大历史机遇，为广州再度引领沿线港口城市、建设"21世纪海上丝绸之路"重要枢纽注入强大动力。广州建设国际交往中心，能够进一步协助发挥华南经济圈和中国—东南亚区域的中心作用，是南中国最重要的海陆空交通枢纽中心，对内辐射华南以及西南、中南等广泛地区，对外在中国与东盟、环印度洋南亚地区以及西亚、非洲等"一带一路"重要节点地区的经济文化往来中扮演关键角色。与其他丝路沿线港口城市相比，广州拥有不可比拟的地缘优势，并将伴随"一带一路"的深化发展继续发挥巨大的潜力。因此，继往开来，建设国际交往中心，做好对外交流的重要窗口角色，可以进一步深化广州的对外开放程度，为建设"21世纪海上丝绸之路"枢纽城市提供有力支撑。

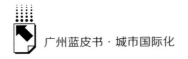

（五）推动更高层次的城市国际化

广州建设国际交往中心，利用海外市场、国际资源、体制机制等优势，具有增强国家中心城市国际竞争的重要作用，是发展更高层次城市国际化的重要推手。2010年广州成功举办第十六届亚运会，吸引了亚洲45个国家和地区的12000多名运动员参加比赛，赛事规模与北京奥运会接近，创历届亚运会之最。亚运会塑造了广州城市的良好形象，提高了城市知名度，传承了城市文化遗产，增强了广州的国际交往与交流能力，将广州的国际化水平推上了一个新台阶。建设国际交往中心是广州瞄准未来发展，加强与世界在经济、科技、文化等领域的相互往来与交流活动的推手，有利于在更高层次上提升广州城市的国际化水平。

二 广州建设国际交往中心的现状与优势

广州历来重视城市对外交往工作，以友好城市、国际组织、国际会议为重要平台，开展了形式多样而富于成效的互动合作，构建起日益完善的城市国际交往合作网络。

（一）开放型经济为国际交往中心建设奠定坚实基础

广州作为国家中心城市和对外开放的门户，改革开放以来不断加快经济国际化步伐，日益融入世界经济大循环，高度参与世界产业分工。特别是中国加入世界贸易组织后，广州抓住与世界接轨的机遇，进一步提高对外开放程度，充分利用国外市场和资源，开放型经济取得了重大成效，为国际交往中心建设打下了坚实的基础。从对外经贸方面来看，广州近年来适时调整工作重心和发展目标，面对国内外环境深刻变化的复杂局面，对外经贸合作呈现出新的发展局面，进出口总额、出口额增速都显著高于全省水平和全国平均水平，对广东省乃至整个国家的外贸"稳增长"提供了强有力的支撑。截至目前，广州与全球220多个国家和地区保持双边贸易往来，投资落户广州的外商投资企业达 2 万多家。不仅如此,广州总部经济发展迅速,成功引进中远海运散货总部、东方航空广东分公司、思科中国创新中心、微软移动应用孵化平台、IDG 南方总部、GE 生物医疗总部等一大批枢纽型总部企业,充分体现了广州的城市竞争力和吸引力。作为我国历史最久、规模最大、商品种类最全、到会客商最多、成交效果最好的综合性展会,中国进出口商品交易会(简称"广交会")从 20 世纪 50 年代至今一直在广州举办,至今已举办超过 120 届,成为中国第一大展会,大大提升了广州的对外开放度和国际影响力。对外经贸合作为广州建设国际交往中心提供了充足动力和重要载体。

(二)基本形成友城交往大格局

国际友好城市是广州城市对外交往的重要资源和开放合作的重要平台,广州一向重视发展国际友好城市的交往。经过多年发展,友城为广州多层次、宽领域、全方位对外开放开辟了宽广、持续和稳定的合作渠道,推动了对外经贸、文教卫体、人才培训、城市建设、社会管理服务等多领域的交流与合作,促进了城市国际化发展。从友城网络方面来看,广州持续完善国际友好城市网络。结好城市扩大到全球六大洲 47 个国家和地区,逐步建成了规模适中、布局合理的全球友城网络,确立了友好城市—友好合作交流城市—友好城区—友好单位"四位一体"的大友城立体交往格局。从友城合作形式方面来看,广州在巩固友城网络的基础上,整合友城优势资源,积极搭建友城合作创新平台,建立了广州—奥克兰—洛杉矶"三城经济联盟"并开展多领域实质性合作。在深化友城交往方面取得了一系列进展,加强友城经贸联系与合作优化境外投资布局,加强友城科技交流申报多项友城合作科技项目,加强友城教育合作,创新友城接触方式举办"国际友城市长面对面"等活动,打造了零距离接触国际友城的新平台、开展公共外交和人文交流的新载体,形成了友城交往的良好格局。

(三)致力发展与世界性国际组织的交往

在服务中央总体外交的大前提下,广州积极参与国际组织交往,提高城市国际影响力。作为世界大都市协会的创始会员和联合主席城市,广州同时也是世界大都市协会亚太地区办公室所在地,在世界大都市协会中具有一定影响力。至2016年,广州已连续三届成为世界城地组织(UCLG)联合主席城市。2012年,广州在UCLG框架下成功创设面向全球城市和地方政府的"广州国际城市创新奖"(简称"广州奖"),至今已经成功举办三届评选及颁奖活动,聚焦全球城市创新发展范例,获得全球高度关注和认可,成功展示了广州作为创新城市的良好国际形象。作为凝聚全球最新城市发展创意的基地,广州奖的案例资料库向世界每一个城市开放,为城市提供创新发展的优秀理念和实践,成为城市多边交往的重要平台和城市创新发展的智慧源泉。

(四)积极举办或承办具有重大影响的国际盛会

广州作为国家中心城市,具有良好的会议基础和较强的办会能力,广州举办重大国际会议的数量在亚运会后增多,在举办国际重大活动方面,广州一直保持着较高的活跃度。2015年举办"2015城市发展与规划大会"、"海博会"及国际港口城市合作发展论坛等高端国际会议,2016年举办G20协调人会议、亚欧互联互通媒体对话会、国际移民组织移民和城市政策研讨会,会议层次日益深化。已初步形成了涵盖多种行业和领域、形式多样、内容丰富的国际会议格局,在举办规模和层次上取得了明显进展。

(五)加大国际旅游推广力度国际旅游品牌形象更加清晰

广州作为中国重要国际旅游城市,国际旅游推广网络建设和国际旅游品牌建设成效逐步显现。从入境旅游方面来看,随着城市形象的上升和旅游宣传推广力度的持续加大,广州国际旅游业日益兴旺。入境旅游人数在2010年广州亚运会时达到峰值,随后平稳波动,2016年城市接待过夜入境旅游者861.87万人次,比2015年增长7.3%,首次超过2010年广州亚运会时的水平,创历史新高。其中,外国人入境旅游人数增长势头良好,2016年达到329.68万人次,已超越2010年,成为新的峰值。从国际旅游推广来看,广州建立与各类国际旅游推广平台的密切联系。以赴境外参展及举办推介会、大型活动为契机,通过加强双向交流合作,促进广州旅游品牌宣传营销。通过在境外旅游推广中心宣传,不断提升广州城市的旅游形象和品牌,目前已在美国、英国、澳新、日本、韩国、东南亚等主要客源地成立六个境外旅游推广中心。此外,广州参加了多个重要国际旅游组织并充当重要角色,连任四届亚太城市旅游振兴机构(TPO)会长城市,同时是亚太旅游协会(PATA)和世界旅游城市联合会(WTCF)成员。从国际旅游品牌形象方面来看,广州品牌旅游产品体系建设逐步成熟,形成了以"海上新丝路""千年商都"两大世界级旅游名片为引领,以"珠江画廊""食在广州""会奖之都""南国花城""创意广州""革命之都"六大旅游优质名片为支撑体系,实现从"景点旅游"向"全域旅游"的转型升级的品牌旅游产品体系,突出广州旅游特色,强化旅游吸引力。

(六)对外开放政策优势为国际交往中心建设增添动力

广州是我国改革开放的重要龙头城市,对外开放政策优势明显。从2010年广州成为全国5个国家中心城市之一,城市的引领、辐射和集散功能获得了国家层面上的肯定和支持;到2012年南沙新区成为新一批的国家级新区,2013年粤港澳全面合作开展国家级新区和珠三角世界级城市群新枢纽建设,2015年,中国(广东)自由贸易试验区南沙片区正式挂牌,成为广州对外开放以及参与国际竞争的重要平台。2017年国务院《政府工作报告》中指出"研究制定粤港澳大湾区城市群发展规划,提升在国家紧急发展和对外开放中的地位与功能",为广州继续作为中国改革开放近40年的前沿阵地和经济增长的重要引擎起到引领作用铺设了道路。从一系列政策资源积累来看,广州建设国际交往中心优势明显。

(七)华侨华人资源为国际交往中心建设增添特色

广州是著名的传统侨乡,目前有海外华侨华人超过100万,每年往来广州和海外的华侨不计其数,华侨文化已成为广州文化的组成部分和重要特色。经过长期发展，海外华侨华人数量快速增长，实力逐渐增强，社会影响力逐步提高，成为所在国家和地区重要的社会力量。长期定居海外，华侨华人在所在国拥有广泛的社会关系资源、经济资源、政治资源、人才资源和信息资源，是广州"走出去"发展和促进与世界交流合作的宝贵资源。许多华侨华人保留粤生活文化，与广州人民之间基于相同的语言和文化认知形成的粤语文化圈，以及近年来越来越多的华人华侨回国参与本地建设和经济交流、商贸交流、文化交流，是广州对外交往的宝贵有利条件，发挥海外华侨华人资源优势服务广州国际交往中心建设，是广州特有的强大优势资源。

（八）国际性综合交通枢纽提供强有力支撑

国家"十三五"规划纲要提出要优化枢纽空间布局，建设北京、上海、广州等国际性综合交通枢纽。这是在国家规划中广州被首次明确定位为全国三大国际性综合交通枢纽之一，这表明了国家对广州城市建设发展的高度重视，这为广州建设国际性综合交通枢纽提供了重要战略机遇。广州未来将建设通达全球的国际化空港、海港、铁路港、高速路港和信息港，全面提升综合交通运输供给服务水平和综合交通枢纽内外辐射能力，更好地支撑广州国际交往中心功能的实现。

三　广州建设国际交往中心面临的挑战与不足

在看到广州建设国际交往中心的优势和机遇的同时，也要正确认识到广州与国际知名的交往枢纽城市还存在较大差距。即使在国内，与国际化程度更高的先进城市，如北京和上海相比，广州仍然面临着对外交往的层次相对不高、交往半径相对较短、交往支撑能力不足等问题，具体体现在国际组织入驻情况、游客现状、友好城市和领事馆分布情况、国际会议和博览会举办数量以及通航点分布等方面，同时国内许多城市在对外交往工作方面也取得了明显成效，对广州建设国际交往中心形成了挑战。

（一）没有国际组织总部入驻，区域性总部较少

衡量城市国际化或者说国际竞争力的一个重要指标是其对国际性组织的吸引力，包括国际组织在城市设立的总部机构或办事处的数量，是城市在区域和国际政治经济中的地位和影响力的直接反映。从当前我国整体情况来看，国内城市在吸引和利用国际组织发展城市国际化影响力这一发展领域中尚处于起步阶段，得到认可的国际组织总部也只有设在北京的三个。国际竹藤组织是由中国政府和加拿大政府共同发起的，于1997年11月6日宣告成立，目前有20余个成员国，是第一个总部设在中国的独立的、非营利的政府间国际组织。联合国亚太农业工程与机械中心（APCAEM）2002年总部迁址北京，是继国际竹藤组织之后第二个在我国设立总部机构的官方国际组织，是首家在中国设立总部的联合国官方机构。上海合作组织的常设机构称为秘书处，也可以算是总部在北京。广州目前还没有国际组织总部入驻，在这一方面与国际知名城市还存在较大差距。

广州的国际组织区域性总部较少。目前重要国际组织在我国设立的办事处或秘书处绝大多数在北京，这主要是因为北京是我国的首都和政治中心。2014年10月，广州正式成为世界大都会协会亚太地区总部的所在地，统筹负责64个亚太城市的国际交往与合作事务。但就目前看来，重要国际组织区域性总部设在广州的仍然较少，这在一定程度上说明广州的国际交往水平还不够高。广州如何借鉴国际经验吸引国际组织和机构，至少是区域性总部入驻成为广州建设国际交往中心的一项重点任务。这不仅有利于促进城市公共对外往来，加强与国际组织的互动合作，提升广州的城市国际形象，也是广州进一步推进对外交往与开放的关键举措。

（二）入境游客中外国游客比例较少且集中于亚非两洲

一个城市的来自境外的游客人数和游客构成情况往往可直接反映其国际交往水平。广州每年接待大量境外游客，但是外国人占比相对不高，而其中较多来自亚洲、非洲的游客，欧美地区旅客占比较小。广州作为

国际化大都市，交往、交流活动频繁，每年都接待大量来自境外的游客。但是，与上海、北京相比，尽管接待入境旅游者人数更多，但其中大部分其实是港澳台同胞，外国人来广州人数远远少于去上海和北京的人数。广州接待入境旅游者数量近年持续增加，与上海相当，但是外国旅游者仅为上海的一半；2016 年广州接待入境旅游者超过北京的两倍，但是外国人旅游者少于北京。

表1　2011～2016 年广州、上海与北京接待入境旅游者的构成

单位：万人

广州	入境旅游者	外国人	港澳台
2011 年	778.7	276.3	502.4
2012 年	792.2	290.3	501.9
2013 年	768.2	279.0	489.2
2014 年	783.3	300.3	483.0
2015 年	803.6	308.0	495.6
2016 年	861.9	329.7	532.2
上海	入境旅游者	外国人	港澳台
2011 年	817.6	648.3	169.3
2012 年	800.4	633.0	167.4
2013 年	757.4	597.6	159.8
2014 年	791.3	611.1	180.2
2015 年	800.1	614.6	185.5
2016 年	854.3	659.8	194.5
北京	入境旅游者	外国人	港澳台
2011 年	520.4	447.4	73.0
2012 年	500.8	434.4	66.4
2013 年	450.1	387.6	62.5
2014 年	427.5	365.5	62.0
2015 年	420.0	357.6	62.4
2016 年	416.6	354.8	61.8

资料来源：广州、上海、北京历年统计公报。

广州接待外国游客集中在非洲和东南亚地区。广州、上海和北京等城市是接待入境游客最多的城市，但是从前十大客源地情况来看，除了港澳台地区作为最主要的入境游客来源地之外，北京接待入境游客的主要客源地，除

亚洲的日韩以外，都是欧美国家，上海也集中在欧美国家以及澳大利亚，而广州的入境客源地主要是东南亚国家，非洲作为一个地区，也非常醒目地排在前列。

可以看到，广州尽管每年接待大量境外游客，但是外国人占比相对不高。而其中较多来自亚洲、非洲的游客，欧美旅客占比较少，是广州外国游客客源地结构的显著特点，显示出广州国际交往范围相对狭窄，交往半径相对较短的不足，广州建设国际交往中心应增加城市魅力并提升国际形象，吸引更多来自世界各地的游客。

（三）友城影响力与北京、上海存在差距

将友好城市与友好交流城市均考虑在友城范围内来看，尽管广州的友城数量并不逊色于北京和上海两地，但是从友城的类型来看，广州目前在这方面表现出的国际交往层次和北京、上海仍存在较大的差距，这也是广州在建设国际交往中心时面临的挑战之一。

从友城地域分布的角度分析，广州与北京、上海友城工作开展较早，数量也较多。三地的友城均主要集中在亚洲和欧洲，其次是美洲和非洲，大洋洲的最少。广州在北美洲、南美洲、大洋洲和非洲的友城数量均不少于上海和北京，而在亚洲的友城数量比上海少。广州与北京、上海友城分布差距主要在欧洲，后两者在欧洲的友城数量多于广州。

表2　广州、上海、北京友城情况（截至 2017 年 1 月）

地区	北京	上海	广州
亚洲	15	21	19
欧洲	23	28	20
北美洲	5	6	8
南美洲	5	6	7
大洋洲	3	2	4
非洲	3	5	7
合计	54	68	65

资料来源：各城市外办网站。

从友城的城市地位角度来看，尽管广州的友城数量及分布情况与北京、上海相当，但从具体的城市类型来看，却差异很大。在亚洲，广州的友城主要是日本、韩国和东南亚的一些城市。广州在日本的友城包括福冈市、大分市和登别市，相比之下，与北京建立友城关系的东京和与上海建立友城关系的横滨、大阪等城市在日本更为发达且更为知名。同样的，广州在韩国的友城包括光州和仁川，相比之下，与北京建立友城关系的首尔和与上海建立友城关系的釜山的城市地位相对更高。与在亚洲的情况相同，广州在其他各大洲的友城的整体发展程度以及知名度也低于北京和上海的友城，特别的，与北京建立友城关系的主要是各国的首都及一些发展程度较高的城市。

综上所述，目前与广州建立友城关系的城市层次与北京、上海的友城的层次存在很大差异，广州在这方面还有很大的提升空间，若能更多地与发展程度较高或知名度较高的城市建立友城关系将会有助于广州建设国际交往中心。

（四）举办重要国际会议相对较少

举办大型国际会议的数量是城市对外交流频率和深度的重要标志，也是城市对外交往的主要支撑力。然而广州举办的国际会议不仅在数量上远远低于国际上的重要交往枢纽城市以及北京、上海等城市，在规模和影响力上也有较大差距，这一点可以从近年来我国举办的重要国际会议情况看出。

表3　近年我国城市举办高端国际会议情况

举办地点	举办时间	会议名称
北京	2012 年	中非合作论坛第五届部长级会议
	2012 年	上合组织成员国元首理事会第十二次会议
	2013 年	中阿合作论坛第十次高官会
	2014 年	APEC 会议
	2014 年	中阿合作共建"一带一路"专题研讨会
	2014 年	中阿合作论坛第十一次高官会
	2014 年	中阿合作论坛第六届部长级会议
	2015 年	中国—阿拉伯国家产能合作与投资促进研讨会
	2015 年	中国—西共体首届经贸联委会

举办地点	举办时间	会议名称
北京	2015 年	中国—拉共体论坛首届部长级会议
	2015 年	中拉政党论坛首次会议
上海	2014 年	亚信第四次峰会
	2015 年	世界港口大会
杭州	2016 年	G20 峰会
苏州	2015 年	中国与中东欧国家首脑峰会
天津	2012 年、2014 年、2016 年	夏季达沃斯论坛
郑州	2015 年	上合组织政府首脑会议

大部分高端国际会议，尤其是政治性较强的会议，其决定权都在中央，总的来说，影响力越大的国际会议，中央的主导性越强。涉及国家政治敏感问题的高层领导人会议基本选址在首都北京，北京一直是在我国举办的政府领导人参加的高端国际会议的主要举办地。值得注意的是，与此同时，地方政府在积极争取甚至主办高端会议上，也逐步出现了较大的空间，近年来郑州、苏州、杭州相继举办高端会议，对提升国际交往能力作用明显。广州在这方面严重缺失，短板非常明显。

（五）国际通航点集中在亚洲

城市国际通航点的数量和分布决定着城市对外交往的辐射范围和支撑能力。广州国际通航点的数量远低于北京和上海，且过于集中在亚洲尤其是东南亚地区，在欧美发达国家的通航点明显较少。

广州通航点数量相对较少，尤其欧洲地区是明显短板。从数量上来看，北京的通航点最多，其次是上海，广州最少。从分布来看，北京的通航点基本覆盖各大洲，其通航点分布最为广泛。具体来看，相比其他各洲，北京、上海和广州在亚洲的通航点数量均最多。北京的通航点数量除了在大洋洲比上海、广州少之外，在其他各大洲均居首位。

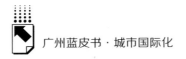

表4　广州与北京、上海国际通航点分布比较

单位：个

地域	北京通航点	上海通航点	广州通航点
北美洲	21	19	5
大洋洲	3	4	7
非洲	8	2	3
南美洲	2	0	0
欧洲	40	20	9
亚洲	62	61	49
东南亚	20	17	25
东亚	21	33	12
南亚	7	6	7
西亚	8	5	5
中亚	6	0	0
总计	136	106	73

从分布来看，北京、上海和广州的通航点均在亚洲分布最多。广州的通航点分布上，亚洲和欧洲占比差异较大，亚洲达67%，这个比例超过了北京和上海通航点在亚洲的比例。与北京、上海相比，大洋洲是广州更有通航优势的地区之一，近年来打造"澳洲之路"取得明显成绩，广州在大洋洲的通航点数量最多，广州的通航点在大洋洲的占比为10%。然而广州在欧洲的通航点占仅有9个，仅为上海的一半不到，不到北京的1/4。广州相较于北京和上海，通航点更集中于亚洲地区，多元化的布局还有提升空间，尤其是欧洲地区是非常明显的短板。

广州在亚洲地区通航点集中于东南亚。具体来看，我国与亚洲国家的联系更为紧密，因此相比于其他各洲，北京、上海和广州都是在亚洲的通航点数量最多。广州在诸如越南、老挝、泰国和菲律宾等东南亚国家的通航点数量多于北京和上海，但在经济更为发达的日本和韩国等东亚国家的通航点数量少于北京和上海，甚至比上海少一半。从占比来看，广州相较于北京和上海，在亚洲的通航点主要集中在东南亚地区，其在东南亚地区通航点占亚洲通航点的51%，远高于上海和北京。

综上所述，广州的通航点数量相对较少，范围也不够广泛，主要集中在亚洲，与北京和上海相比，在欧洲地区形成非常明显的差距，且在亚洲的通航点主要集中在东南亚国家和地区。广州通航点现状所体现的对外交往范围和支撑能力明显弱于北京和上海。

四　广州建设国际交往中心的目标定位

（一）打造区域特色国际交往中心丰富枢纽型城市的功能内涵

以世界先进城市为标杆，把握国家重大战略机遇，发挥广州的传统优势，进一步提升广州城市国际化和对外交往的各项工作水平，提升广州在国际城市体系中的地位，推动广州跨越式发展为具有较大国际影响，代表国家在国际交往领域发挥重要作用的具有特色的区域国际交往中心，丰富枢纽型网络城市的功能内涵。

（二）以国际交往中心引领城市国际化上水平

以建设国际交往中心为抓手，引领提升超大城市城市国际化水平，以广泛开展各个领域的交往活动为手段，努力成为在世界范围有一定影响，现代化、综合型国际交往中心，增加在人、财、物、信息及整体文化等方面进行的跨国界的相互往来与交流活动，使城市的辐射力、吸引力扩展到全球范围，为推进广州的国际化水平提供有力支撑。

（三）将国际交往中心提升为与三大枢纽并列的城市定位

广州提出建设枢纽型网络城市，其中国际航运枢纽、国际航空枢纽和国际科技创新枢纽是重要的内涵。这三大枢纽是广州在全球城市体系中竞争的有力支撑，强调的主要是"物"方面的发展。而国际交往中心建设强调的是从"人"的角度，即从交往的角度提升广州的国际化水平，丰富枢纽型网络城市的内涵。广州未来可将国际交往中心提升为与三大枢纽并列的城市定位，全方位强化广州的枢纽功能和对外交往能力，提升在全球城市体系中的地位和影响力。

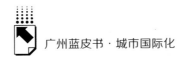

五　广州建设国际交往中心推进枢纽型
网络城市建设的重点任务

基于广州长久的开放优势和对外开放现状，借鉴国内外城市国际交往中心的建设经验和战略理念，广州建设国际交往中心应推进枢纽型网络城市建设，须明确六大重点任务：制定战略规划、提升交往层次、扩大交往范围、形成交往特色、巩固交往支撑和完善交往服务。

（一）制定战略规划

广州应将建设国际交往中心上升到战略高度，根据国际交往活动的发展规律和趋势，结合广州发展实际，聘请国内外专业机构制定广州建设国际交往中心发展规划，明确广州建设国际交往中心的发展目标以及实施步骤，制定广州建设国际交往中心的重点任务，并在此基础上制定开展具体工作。同时，结合广州建设国际交往中心的实际目标需求，制订阶段性和整体性的广州建设国际交往中心的行动计划，明确政府各部门和社会各界的责任，在开放型经济、对外宣传、外事工作、旅游、文化交流等领域制订具体行动方案，有序推进广州国际交往中心的建设工作。加强领导、统筹协调，建立国际交往中心协调议事机制，外办、侨办、商务委、文广新局、旅游局、人社局、科技创新委、贸促会等相关职能部门作为成员单位，形成国际交往管理动态信息交换机制，促进部门间沟通协调、信息共享。各部门按季度将本部门计划举办的与国际交往相关的活动信息、工作重点和动态、宣传热点和推广焦点等信息内容报送联席会议，根据工作进展整合资源、指导工作。适时召开国际交往工作联席会议和业务工作会议，发布最新管理动态和业务热点，保持信息畅通，促进工作顺利开展。

（二）提升交往层次

积极争取国家支持吸引国际组织或区域性总部以及高端国际会议，并将广州纳入外国领导人访华的参观考察地,从国家外交层面提高对外交流与合作的层次和水平,进而提升广州的国际影响力以及在相关国际事务中的话语权。在服务国家外交方针大略的基础上,争取来自中央层面的更多支持,利用各类合作机制、合作平台等国家资源更好地发展对外交往活动。紧跟国家外交节奏,紧贴国家领导人的出访路线开展城市高层交往,形成"国家—城市国际合作之路"的出访模式。争取将广州更多地纳入国外领导人访华的行程安排中,借助国家间合作的"东风"促成城市高水平、高质量的合作和交流机会。广州要积极举办更多高峰论坛,集聚各类资源建设"会议之都"。应坚持分类推进,突出重点,统筹资源,形成品牌的原则。以加快广州城市国际化发展为宗旨,以助推国际交往中心为目标,区分层次、多元发展,构建金字塔形的国际会议体系,服务全市对外开放。根据中国举办国际会议的趋势,从统筹国家不同区域协调发展的大局,考虑选择适当的时机,将中国主办的国际组织领导人峰会交由广州承办。也可以尝试争取一次中国与国际区域合作的领导人会议或部长级会议,如中欧领导人会晤或中非合作论坛部长会议。以广州国际城市创新大会为框架,拓展主题、扩大主体、提升影响,每两年举办一次,打造广州品牌高端国际会议。围绕中心工作,加强与国际组织、行业协会、跨国公司合作,在国际商贸、航运、航空、港口、金融等领域争取多承办国际会议。统筹协调,提供支持,鼓励相关部门、行业协会、高校科研机构、公司企业每年举办一批行业性、专业性国际会议,形成广州作为国际会议重要举办地的集聚效应。

(三)扩大交往范围

广州要拓展友城交往范围,应当整合对外交往资源,加强统筹利用。依托外交部、全国友协、我国驻外使领馆和省外办等上级部门资源,充分发挥驻穗领馆资源优势,为广州开拓新的高层次的友好城市创造条件。善用海外华侨华人团体和民间友好团体力量,为友城结好和深化交流合作牵线搭桥。要注重国内外知名人士和国际友好人士效应,发挥广州荣誉市民作用,为友城发展增添能量。适度调整优化友城布局,构筑全方位、多元化、强辐射的国际友城网络。

广州要扩大交往范围，除了积极加强旅游宣传和拓展友城数量以吸引国外公众关注外，还应当增设更多的通航点，积极支持开拓国际客货航线，提升航线网络通达水平，以方便与国外游客来往，增强国际航运中心的全球影响力。吸引更多航空公司入驻，加大对72小时过境免签政策的境外宣传推广力度，为做大做强"广州之路"品牌、搭建以广州为起点的"空中丝路"创造有利条件。

（四）形成交往特色

友好城市、领馆资源是扩大开放、深化合作和提升城市对外交往发展水平的有效途径，广州的友城、领馆资源具有较强的比较优势，在开发利用外事资源上占有先发优势并积累了丰富的实践经验。广州建设国际交往中心，需要提高和加大对开发利用外交外事资源的认识与力度，实施友好城市双边外交网络、驻穗领馆多元互动资源的整合开发、协同利用的发展战略，盘活在穗外事资源，为对外交往创新发展增添新动力。深化友城间多边交往品牌建设，继续发展广州—奥克兰—洛杉矶"三城经济联盟"深层合作，强化国际友城强强联合、互补发展。创新区域友城发展合作，举办如环太平洋、"21世纪海上丝绸路"等国际友城等会议品牌，推动同一地区友城的共同发展。推动创设国际港口城市联盟，加强与国际港口城市交流合作，密切与"21世纪海上丝绸之路"沿线国家和地区港口城市和港口园区交流往来，服务国际航运中心建设。此外，华侨华人是广州国际交往中心建设中不可忽视的重要中介力量，他们分布于所在国社会的经济、科技、教育、传媒等各个领域，是经济文化往来和民心交流的天然"桥梁"，是打造广州特色对外交往网络建设的重要助推者。要更有针对性和富有成效地开展侨务工作，明确目标和方法，积极采取措施，调动华侨华人的积极性，让海外华侨华人成为推动广州国际交往中心建设的积极参与者，最大限度地发挥他们的独特优势，打造广州特色对外交往网络。加强有效的沟通交流和舆论宣传，增强华侨华人对广州国际交往中心建设的了解，动员其更多地参与。发挥侨乡特色，打好广州特色"侨资源""粤语文化圈"牌，通过华人华侨在世界各地的交往网络，传播广州城市文化、塑造城市形象，培育对穗友好力量。

（五）巩固交往支撑

广州目前在大型国际会议中心硬件设施条件上还有所不足，而这是举办国际会议的重要支撑条件。在充分调研考察的基础上，瞄准未来承办高端国际会议的需求，对新建符合大型国际会议和展览要求的国际展览中心进行可行性研究。以国际化的标准鼓励要求会议场馆完善相关基础设施条件，争取更多酒店、会议中心等场馆都具备举办国际会议的条件，包括同声翻译系统、图文传输系统和网络会议系统等，提升广州国际会议的承载力和容纳力。大量的国际交往必然带来人员以及商品的频繁流动，这对广州的国际航空与航运基础设施的承载与辐射能力提出了较高的要求。广州在国际航空枢纽以及国际航运枢纽建设中，应当适当超前建设一批先进的基础设施，充分发挥广州的交通枢纽地位以及综合优势，同时有针对性地拓展国际航线，重点推进海港、空港、铁路等交通枢纽设施的互联互通以及集疏运基础设施建设，提升广州交通基础设施对国际交往的总体支撑能力。海运方面，通过开拓国际航运线路，增加国际航运的班次密度，主动融入国际化货运物流体系；陆运方面，加强内接周边及内陆腹地的公路、铁路的联通和口岸基础设施建设，打造便捷高效的通关体系；空运方面，推进白云国际机场扩建工程建设，扩大吞吐能力，加密与沿线国家的航空客货航线，增强白云国际机场的航空枢纽功能。

（六）完善交往服务

国际交往中心城市一般有完善的交往服务系统。要开展城市英语标识和外语咨询体系建设，建立英语标识相关标准，开展公共场所英语标识专项整治工作，促进外语标识的规范化，建立行之有效的城市外语咨询与公共服务体系。要提高涉外公共服务信息化水平，充分利用新媒体的优势，扩大在广州的外国人信息获取渠道，增强便利性，提高广州公共服务的国际化水平。充分发挥国际人才在推进广州国际交往中心进程中的资源性作用，加大国际化人才的引进和培训力度，构建国际化高端人才队伍，实现海外人才强市战略。要积极吸引海外人才进驻广州就业创业，以企业为主体，以"留交会"

为平台，以优惠的政策和良好的工作、生活环境吸引国际人才，重点引进专业技术人才、管理人才和经营性人才。鼓励广州地区的高校、科研机构、企业开展连续性境外合作交流，联合培养培训高精尖国际化人才。要实施党政人才开发计划和公务员素质提升计划，形成广覆盖、多层次、多领域的国际化教育培训模式和渠道，强化业务培训，开展国际交往政策法规和保密、安全教育，提高涉外部门外事人员的管理服务水平和应对国际交往业务往来的专业素养。不断提高公务员队伍的国际化水平，拓展相关人员的国际视野，丰富对外交往的知识和经验水平，形成建设国际交往中心有力的人才保障。

参考文献

Sassen，S.，*The Global City：New York，London，Tokyo*（Princeton：Princeton University Press，1991）.

Trujillo，J.，Parilla，J.，*Redefining Global Cities：the Seven Types of Global Metro Economies*（Washington：The Brookings Institute，2016）.

McDearman，B.，Clark，G.，Parilla，J.，*The 10 Traits of Globally Fluent Metro Areas*（Washington：The Brookings Institute，2013）.

Clark，G.，*Global Cities：A Short History*（Washington：The Brookings Institute，2016）.

Hall，P.，*The World Cities*（London：Weidenfeld and Nicolson Ltd.，1984）.

Friedmann，J.，Wolff，G.，"World City Formation：An Agenda for Research and Action"，*International Journal of Urban and Regional Research* 3（1982）：309 – 344.

赵可金：《中国城市外交的若干理论问题》，《国际展望》2016 年第 1 期。

于宏源等：《城市对外交往活力指数的初步构建》，《国际观察》2015 年第 5 期。

杨毅：《全球视野下的中国城市外交》，《理论视野》2015 年第 8 期。

来丰：《全球化时代的城市交往规律——公共外交的视角》，《上海师范大学学报》（哲学社会科学版）2015 年第 3 期。

赵启正等：《中国城市外交的实践》，《公共外交季刊》2014 年第 6 期。

李利国：《中国国际友城工作发展现状与总体目标》，《公共外交季刊》2013 年第 13 期。

余万里等：《城市外交的理论与实践》，《公共外交季刊》2013 年第 2 期。

赵可金等：《城市外交：探寻全球都市的外交角色》，《外交评论》2013 年第 30 期。

国际经贸

International Economics and Trade

B.5

广州外贸发展状况及其对策

陈万灵　吴喜龄*

摘　要：　尽管国内外环境不确定因素增多，但仍旧对广州的外贸发展起
　　　　　到了一定的支撑作用，同时得益于广州自身的抗跌性，2016年
　　　　　进出口贸易表现整体好于全国平均水平和全省平均水平。整体
　　　　　而言，广州的贸易结构进一步优化，贸易伙伴多元化继续提
　　　　　升。同时，外贸主体分化加剧，外资企业和国有企业双双出现
　　　　　负增长，民营企业突起并持续释放活力。虽然一般贸易和加工
　　　　　贸易"双下滑"，但贸易新业态给对外贸易注入了新的活力。
　　　　　2017年是供给侧结构性改革深化之年，广州站在新的起点上，
　　　　　在转型升级政策的支持下，新的竞争优势正在形成，结构优化

---

*　陈万灵，博士，教授，广东省普通高校人文社会科学重点研究基地——广东外语外贸大学国
际经济贸易研究中心主任，主要研究方向为国际贸易与经济发展；吴喜龄，中山大学新华学
院经济与贸易学院教师，国际贸易专业副主任。

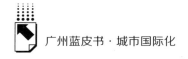
和市场多元化继续深化，外商投资将出现一定增长，推动加工贸易转型升级，对外贸易有望继续高于全国水平，稳中有进。

关键词：　区域外贸　广州　贸易新业态

一　2016年广州外贸发展现状①

（一）广州外贸增长总体稳健，季度波动较大

2008年国际金融危机导致广州外贸2009年跌入低谷。之后，进出口贸易连续维持正增长，直到2016年出现负增长，其中，2011~2015年出口保持正增长，进口在2012年、2013年、2015年、2016年出现负增长。2016年，进口和出口出现了"双双下滑"局面，分别为-3.01%和-3.16%，直接导致进出口贸易增速为-3.10%，出现了危机后七年来第一次负增长，显示了广州外经贸形势的严峻态势（见图1）。

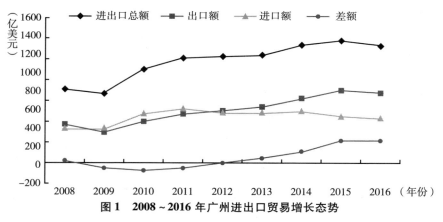

图1　2008~2016年广州进出口贸易增长态势

资料来源：根据《广州外经贸白皮书》（历年）、广州市商务委《广州进出口统计简报》等资料整理。

---

① 本文以美元为计价单位，由于汇率变化因素，以美元计价数据与人民币计价数据存在不同。

近几年，广州外贸形势总体不稳定，增长率有一定的波动。2014年获得了比较快速的增长，增速达到了9.85%，远远超过了全国（3.4%）和广东（-1.37%）的增速。2016年，广州外贸增速出现下滑趋势，但是增速仍然高于全国（-6.8%）和广东（-6.7%），顺差相比2015年有所下降，为275.08亿美元（见表1）。

表1　2016年广州进出口贸易与全国和广东的比较

单位：亿美元，%

地区	进出口		出口		进口	
	金额	同比	金额	同比	金额	同比
全国	36849.25	-6.80	20974.44	-7.70	15874.81	-5.50
广东	9542.2	-6.70	5975.60	-7.10	3566.6	-6.00
广州	1297.06	-3.10	786.07	-3.16	510.99	-3.01

资料来源：根据广东省商务厅、广州市海关和统计局统计简报数据整理。

从2016年的月份数据可以看到，年内波动变化呈W形，趋于回暖的特点。具体而言，全年各月度数据与上年同期相比较，上半年呈现低速增长态势，年中5~7月出现大幅度下降，6月份最低，增速为-19.26%，12月份进出口增速最高，为12.37%。其中，从出口看，1月和3月出口增长较快，分别增长17.87%和12.33%，年中5~7月，出口下降幅度较大，6月份最低，增速为-21.57%；从进口看，前期多数月份为低速增长，1月份增速降到最低，为-26.49%，年末翘尾明显，11月和12月的增速达到17.89%和17.30%。12月进出口各项指标都实现了正的增长，显示广州外贸逐渐回升（见图2）。

（二）广州进出口产品结构进一步优化

随着世界经济复苏和需求缓慢恢复，广州进出口产品结构进一步优化调整。从出口结构来看，2016年高新技术产品实现了2.26%的增速，较2015年同比增速有所放缓，下降了6.39个百分点，占广州出口总额的17.9%，比重较上年提高0.95个百分点；机电产品的增速已由2015年15.02%的高

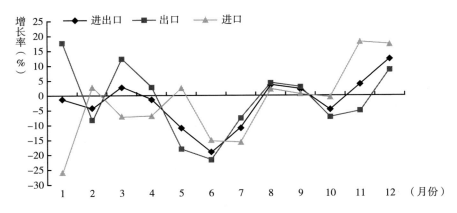

图2 广州2016年月度变化态势

速增长转为负增长，为－0.87%，占出口总额的"半壁江山"以上，为51.92%；农产品继2015年出口增速负增长，2016年增速继续"负"重前行，为－2.09%，占比进一步下降，为0.89%（见表2）。随着"一带一路"的建设，高新技术产品稳步增长，机电产品的出口总体稳定，出口结构得到进一步优化。

表2 2014～2016年广州出口产品结构变化

单位：亿美元，%

年份	出口额	农产品		机电产品		高新技术产品	
		金额	比重	金额	比重	金额	比重
2014	727.15	8.41	1.16	357.94	49.22	126.66	17.42
2015	811.9	7.35	0.91	411.69	50.71	137.61	16.95
2016	786.07	7.20	0.89	408.11	51.92	140.71	17.90
2015年增长率	11.66	－12.6		15.02		8.65	
2016年增长率	－3.16	－2.09		－0.87		2.26	

资料来源：根据《广州地区历年进出口简报》（2014～2016年）数据整理。

从进口结构变化看，农产品进口增速放缓，为0.35%，但比上年减少12.25个百分点；机电产品和高新技术产品进口再现负增长，机电产品增速

为 - 6.98%，较上年减少 0.29 个百分点，高新技术产品增速为 - 9.56%，较上年减少 4.05 个百分点（见表3）。

表3 2014~2016 年广州进口产品结构比较

单位：亿美元，%

年份	进口额	农产品		机电产品		高新技术产品	
		金额	比重	金额	比重	金额	比重
2014	578.85	53.70	9.28	255.47	44.13	160.73	27.77
2015	527.30	60.48	11.47	238.38	45.21	151.88	28.8
2016	510.99	60.66	11.87	221.70	43.39	137.33	26.88
2015 年增长率	- 8.9	12.6		- 6.69		- 5.51	
2016 年增长率	- 3.01	0.35		- 6.98		- 9.56	

资料来源：根据《广州海关广州地区进出口简报》（2014~2016 年）数据整理。

值得注意的几点如下：一是高新技术产品出口保持正增长，出口增速进一步降低，说明广州创新驱动发展取得一定成效；二是机电产品与高新技术产品出口保持稳定，进口增速持续下滑，农产品出口占比略微下降，进口增速较 2015 年有所下降，与广州优化进出口结构的政策导向基本一致。

（三）外贸主体调整加快

在"互联网＋"的环境下，民营企业得到政策的支持，表现活跃。国有企业、外资企业等主体受到不同因素影响，增速调整较大，明显下滑。从总趋势来看，国有企业和外资企业贸易均出现了负增长，而民营企业一枝独秀。2011 年以来，广州国有企业进出口额在全市的占比逐年下降，从 2011 年的 19.27% 下降到 2016 年的 15.95%；外资企业进出口额占比从 56.77% 下降到 46.19%；民营企业进出口持续攀升，2016 年同比增长 8.46%，其占比不断上升（见表4）。这表明民营企业在世界经济复苏乏力、需求不足的情况下，拥有巨大的出口竞争力和发展潜力。

表4　2011～2016年广州进出口主体结构情况

单位：亿美元，%

年份	进出口额	国有企业		民营企业		外资企业	
		进出口额	比重	进出口额	比重	进出口额	比重
2011	1161.72	223.88	19.27	263.06	22.64	659.50	56.77
2012	1171.31	220.32	18.81	269.35	23.00	666.12	56.87
2013	1188.88	229.17	19.28	297.27	25.00	644.27	54.19
2014	1306.00	233.35	17.87	377.38	28.90	678.05	51.92
2015	1339.24	241.01	17.99	450.04	33.61	644.90	48.16
2016	1297.06	206.82	15.95	488.13	37.63	599.14	46.19
2015年增长率	2.55	3.28		19.25		-4.89	
2016年增长率	-3.15	-14.19		8.46		-7.10	

说明：比重为某类贸易主体的贸易额占广州贸易总额的比重，民营企业包括集体企业、私营企业。
资料来源：根据《广州海关广州地区进出口简报》（2011～2016年）数据整理。

外资带动外贸发展，合同利用外资变化预示企业对未来形势的利弊判断。2016年广州的外商直接投资项目1757个，同比增长22.95%，合同利用外资金额达到99.01亿美元，同比增长18.39%；实际利用外资金额57.01亿美元，同比增长5.26%。外商对广州投资稳定，且质量不断提升、结构更加优化，这与广州着力营造市场化、法治化、国际化营商环境，不断提升投资贸易便利化水平，充分利用其独特的区域优势、完备的产业基础、完善的基础设施、雄厚的产业配套、巨大的市场规模、丰富的人力资源以及稳定的政治环境和良好的营商环境密不可分。

（四）外贸市场多元化水平进一步提升

2016年，广州外贸市场多元化水平进一步提升，市场分布为：欧盟13.84%、美国13.08%、东盟12.04%、中国香港11.64%、日本9.84%，依然是广州前五大贸易伙伴（见图3）。从动态比较看，2016年，广州对欧盟进出口总值同比增长2.09%，其外贸规模超过美国，对欧盟进出口比重上升0.7个百分点，跃居广州的第一大贸易伙伴；对中国香港进出口比重上升0.34个百分点，对日本进出口比重上升0.82个百分点，同期，对美国和东盟进出口比重分别下降0.03个百分点和0.69个百分点。非洲稳居第六，进出口总值同比上升0.47%，比重达到8.95%，这说明欧洲经济有所复苏，而非洲等新兴市场仍然是广州进出口保增长的重要市场。

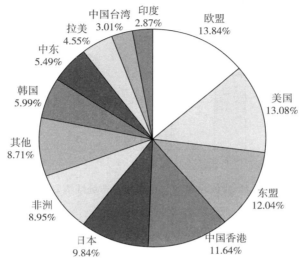

图3 2016年广州对外贸易市场结构

此外，受全球经济形势进一步下滑的影响，"一带一路"国家经济出现负增长，广州与陆上"丝绸之路经济带"沿线国家进出口总值同比下降2.95%，海上丝绸之路沿线国家进出口总值同比下降6.07%，特别是中亚和西亚国家，美国市场阴晴不定，东盟部分国家受南海事件影响使东盟总体出现了8.41%的负增长。而陆上"一带"南亚6国和欧洲19国、海上"一路"的南亚5国和东北非6国保持了稳步的增长，这些新兴市场的增量一定程度上可弥补美国、韩国、中国台湾传统市场的贸易下降。

从出口市场看，广州对中国香港、美国、欧盟三大市场出口合计占比逐年下降，2011～2015年分别为65.57%、64.60%、60.61%、55.55%和45.3%，2016年三大市场贸易总量比重较2015年略微上升1.11%，为46.41%。中国香港、欧盟、非洲、日本和韩国市场有所回温，欧盟上升最快，占比上升0.86个百分点。美国、东盟、中东和印度占比略有下降，拉美市场降幅较大，为-1.39%。

2012～2016年广州出口市场结构变化见图4。

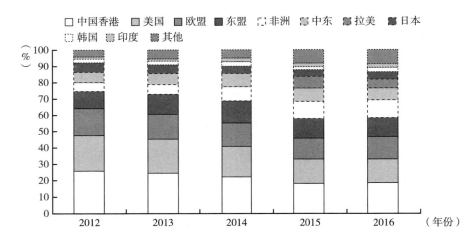

图4 2012～2016年广州出口市场结构变化

广州进口来源与出口市场不同，2016年广州进口规模排名前五的市场分别是日本、欧盟、东盟、美国、韩国，市场进口量依然较大，进口比重与2015年相比不变，依然为67.6%，与2014年比较，从这五大市场进口占比下降20.05%。广州与新兴市场如非洲、中东、印度等保持一定进口规模，从拉美进口占比继续减少，中国香港略微下降。

2012～2016年广州进口市场结构变化见图5。

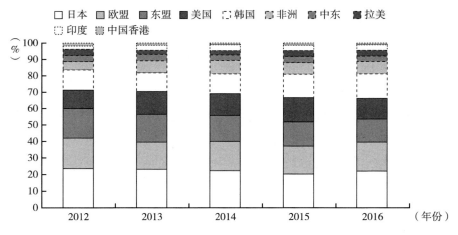

图5 2012～2016年广州进口市场结构变化

（五）一般贸易与加工贸易进一步下滑

受国内外各种因素的综合影响，广州加工贸易不断下滑，一般贸易在连续几年增长后也开始连续两年负增长。2015 年，广州加工贸易进出口增速为 -4.42%，较上年下降0.54 个百分点，一般贸易进出口呈现负增长，增速为 -1.18%，下降3.07 个百分点。2016 年，广州加工贸易较大幅度下滑，增速为 -10.34%，比重进一步下降为 32.21%，一般贸易进出口增长再现负增长，增速为 -2.87%（见表5）。

表5　2014～2016 年广州贸易方式变化

单位：亿美元，%

年份	贸易总额	一般贸易		加工贸易	
		金额	比重	金额	比重
2014	1306.00	591.48	45.29	487.50	37.33
2015	1339.24	584.51	43.66	465.97	34.81
2016	1297.06	567.73	43.77	417.81	32.21
2015 年增长率	2.55	-1.18		-4.42	
2016 年增长率	-3.15	-2.87		-10.34	

资料来源：根据《广州海关历年统计简报》数据整理。

从出口方面看，从 2013 年开始格局发生了变化，在总量和占比上，一般贸易均超过了加工贸易。2014 年一般贸易出口增速远超加工贸易，一般贸易出口 306.22 亿美元，增长 4.81%，快于加工贸易出口增速。2015 年，一般贸易出口增长 2.49%，远超加工贸易出口增速。2016 年，一般贸易出口和加工贸易出口出现增速双负增长，分别为 -8.01% 和 -8.86%，二者所占比重都稳步下降，一般出口贸易略高于加工贸易，分别为 36.73% 和 32.41%，这两种贸易方式只占 69.14%，为 2/3 强（见表6）。这说明广州的自主出口能力不断增强，而新兴贸易方式在 2016 年得到了快速发展，贸易方式更加多元化，特别是跨境电商的崛起，使得贸易增长下降趋势得到缓解。

表6 2013~2016年广州出口的贸易方式变化

单位：亿美元，%

年份	出口额	一般贸易出口		加工贸易出口	
		金额	比重	金额	比重
2013	628.07	292.16	46.52	289.73	46.13
2014	727.15	306.22	42.11	284.31	39.10
2015	811.90	313.84	38.67	279.50	34.43
2016	786.07	288.69	36.73	254.74	32.41
2015年增长率	11.66	2.49		-1.69	
2016年增长率	-3.16	-8.01		-8.86	

资料来源：根据《广州海关统计简报》2013~2016年数据整理。

从进口方面看，一般贸易进口近年来连续下降，2013~2015年增速分别为：-0.66%、-1.06%和-5.11%，2016年却逆势增长，为3.09%。加工贸易进口除2015年略有增长外，同样持续负增长（见表7）。可见，2013年以来一般贸易进口与出口基本同步持续负增长，增长乏力，波动较大。加工贸易受国际市场需求影响，总体呈现进口、出口同步变化，出口大于进口的特征。

表7 2013~2016年广州进口的贸易方式变化

单位：亿美元，%

年份	进口额	一般贸易进口		加工贸易进口	
		金额	比重	金额	比重
2013	560.82	288.32	51.41	204.41	36.45
2014	578.85	285.26	49.28	203.19	35.10
2015	527.30	270.67	51.36	186.47	35.38
2016	510.99	279.04	54.61	163.07	31.91
2015年增长率	-8.9	-5.11		-8.23	
2016年增长率	-3.04	3.09		-12.55	

资料来源：根据《广州海关统计简报》2013~2016年数据整理。

2016年，广州外贸出现了自国际危机后首次负增长（-3.10%），但总体降幅低于加工贸易单项降幅，说明其他贸易方式可能出现了一定程度的拉升。近几年，依托互联网兴起的其他贸易方式，如跨境电商、保税贸易、租赁贸易、市场采购等，进出口迅猛增长。据海关统计，2016年广州跨境电商业务规模在全国60个开展跨境电商进出口业务的城市中继续稳居全国首位，进出口总值达146.8亿元，增长120%，在中国跨境电商贸易499.6亿元中占29.4%[①]。广州海关大力推进跨境电商通关"广州模式"促进了广州跨境电商快速发展，吸引聚集各类跨境电商企业，有望弥补广州外贸下滑的缺失。

（六）服务贸易保持快速增长

广州作为全国服务外包示范城市，服务贸易呈现持续平稳发展态势。首先，服务贸易规模不断扩大。2014年，广州服务贸易进出口总额243.6亿美元，同比增长22.5%；2015年为291.72亿美元，同比增长19.75%，占比21.78%；2016年为378.1亿美元，同比增长29.61%。服务贸易规模在全国城市中名列第4位，而服务外包规模在21个服务外包示范城市综合评比中排第二名。其次，产业集聚效应显著增强。截至2015年，广州已认定8个服务外包产业园、5个服务外包示范区、2个粤港澳服务贸易自由化示范平台，集聚了一批世界500强企业、全球外包100强企业、中国服务外包领军企业及大型跨国公司。

广州服务贸易发展具备良好的基础。一是广州生产性服务业比较有特色，依托制造业，以专业市场和电子商务服务为特色的商贸服务得到良好发展。二是跨境电商、旅游购物、融资租赁等新业态发展迅猛，服务贸易潜力比较大。三是广州重点领域突出，已形成软件研发、电信服务、金融服务、供应链管理、工业设计、医药研发和对外工程设计等七大重点发展领域，基于"互联网＋"、云服务、大数据等技术的外包新业态不断涌现，加快了向知识密集型业务升级，促进了广州产业结构优化和服务业升级转型。

广州服务贸易的未来发展获得一系列政策支持。一是广州获国务院批准成为服务贸易创新发展试点城市（2016年2月），将力争在两年试点期

---

① 林键滨、谢莹：《2016年广州跨境电商业务规模全国居首》，《经济参考报》2017年2月8日。

内，实现服务贸易年均增长20%，穗港澳服务贸易自由化有新突破。二是到"十三五"规划期末，将广州建成市场开放度与贸易便利化程度更高、国内国际两个市场资源配套功能更完善的国际商贸中心，引领华南地区、聚焦港澳、辐射东南亚、面向全球市场的服务贸易发展高地和综合服务枢纽，实现服务贸易总额比2015年翻一番。三是借助于南沙自由贸易区片区创新体制，推动广州外贸体制机制创新，成为推动服务贸易发展的强大动力。

二 广州外贸的影响因素及其2017年发展趋势

2017年世界经济仍然处于国际金融危机后的低速增长时期，基本走势将呈疲弱和不稳定状态，新兴经济体总体增长率下滑趋势难以得到有效遏制，发达经济体总需求不足和长期增长率不高现象并存。国际市场大宗商品和原材料价格下跌、要素成本持续上升，逆全球化思潮抬头，各种贸易保护、贸易壁垒趋向增强和国际金融市场剧烈振荡，贸易保护和汇率竞争性贬值的风险上升。中国国际分工地位和外贸竞争优势正在发生变化。这些对广州外贸都会产生影响，主要从以下几方面进行梳理。

（一）主要影响因素

世界经济仍然缓慢回升，还没有从国际金融危机中完全恢复，仍然处于低速增长期。国际货币基金组织（IMF）2017年1月发布《世界经济展望》，估计2016年全球经济增长3.1%，与前次2016年10月预测基本一致，其中，发达经济体为1.8%，新兴经济体为4.1%；应特别注意的是IMF将美国2016年增长率从2015年的2.6%基础上下调至1.6%，欧元区经济增长1.6%，英国为2.0%，日本为0.9%。IMF预计2017年趋势为：全球经济增长3.4%，修正调低0.1个百分点，其中，发达经济体为1.9%，新兴经济体为4.5%，分别比前次预测调高0.1个百分点和调低0.1个百分点左右。由于美国政府推行新政带来不确定性，估计美国经济增长为 2.3%；由于英国"脱欧"事件的影响，欧元区经济增长 1.6%，英国为 1.5%，日本为 0.8%。同时，IMF 预测中国 2016 年增长率为 6.7%，2017 年为 6.5%，比前次预测上调 0.1 个和 0.3 个百分点[①]。可见，全球经济增长的不确定性仍然存在，构成了中国外贸发展的主要环境。主要有以下几方面因素。

1. 严峻复杂的世界经济形势必然导致全球总需求不足

全球贸易仍处于国际金融危机后的深度调整期，货物贸易增速继续回落，连续 3 年低于全球经济增长速度。货物贸易低速增长成为新常态，全球贸易大幅度放缓。与 2012～2015 年全球贸易 2%～3% 的增速相比，世界贸易组织（WTO）2016 年 9 月预测的 2016～2017 年贸易增速进一步放缓。2016 年全球贸易增幅为 1.7%，比同年 4 月预测的 2.8% 增幅还要低 1.1 个百分点，其中，发达经济体增长 2.1%，新兴经济体增长 1.2%。受到中国、巴西等新兴经济体经济增速放缓的影响，WTO 预计 2016 年增速或成为 2009 年金融危机以来的最低增速，并下调 2017 年全球贸易增长预期，从 3.6% 下调至 3.1% 以下[②]。国际经贸形势低迷是影响广州外贸出口的重要因素。国际金融危机以后，欧美等发达经济体经济增长缓慢，消费能力减弱，贸易低速态势明显，加上高端制造业回流，导致外需大幅减少，对广州出口带来了较大影响。

2. "逆全球化"升温，国际贸易投资环境恶化

当前世界经济增速放缓，需求回升乏力，国际市场竞争加剧。受政治和意识形态的影响，发达经济体民粹主义思潮盛行，美国意识形态分化以及特朗普当选为总统后，公开强调"令美国再度伟大"，英国正式启动脱欧"拿回控制权"等事件，把世界经济推向"逆全球化"方向。欧盟倒退，诸边、多边贸易体制的权威性被严重削弱，新一轮谈判进展胶着。这些混乱现象反

---

① 周艾琳：《IMF 预测：2017 年全球经济增长 3.4% 中国增长 6.5%》，《第一财经日报》2017 年 1 月 17 日。

② 王欢：《WTO 大幅下调 2016 年全球贸易增长预期至 1.7%》，环球网，http://finance.huanqiu. com/gjcx/2016－09/9494737.html。

映了当前世界经济的一系列深层次结构性失衡，对国际贸易持续稳定增长构成威胁。美国倡导"美国优先"，美联储加息预期增强，资本流动加快，投资方向不明；美国、欧洲移民及其难民问题持续发酵引起各国政治不稳定，发达经济体经济回升受阻的可能变小；新兴市场和发展中国家结构问题依然突出，经济增长面临诸多困难，资本外流风险不可小觑。

3. 不断盛行的国际贸易保护主义出现新特征

国际金融危机后，贸易保护主义出现新特征，全球性和区域性、多变性和复杂性、强硬性与柔和性等并存，其方式更加多样和隐蔽，导致贸易停滞，对中国贸易造成严重的危害，对广州外贸形成较大的抑制作用。2016年末，欧盟、美国和日本等发达经济体纷纷表示不承认中国市场经济地位；而且美国明确提出美国利益优先。这势必引发新的贸易保护行为。各国不仅采取了通常使用的反倾销、基于环保和安全的进口限制措施等，而且不少国家针对中国使用了较少使用的反补贴、一般保障措施、WTO特殊保障措施等。近几年，中国频繁遭遇其他国家施行的各种贸易保护措施的损害。2016年前三季度，中国出口产品共遭遇91起贸易救济调查案件，同比上升44%，涉及21个国家（地区），涉案金额达109亿美元，同比上升90%。其中，贸易摩擦的重灾区为钢铁、光伏和铝业等领域，相关出口受到重创。广东遭遇贸易摩擦的案件数增多，出口企业频遭技术壁垒，损害较大。广东有约2/3出口企业的产品频繁遭遇美国、欧盟、日本技术性贸易壁垒，涵盖高新技术、家电、农产品、纺织、玩具、食品、家具等行业，范围从产品本身的性能、质量标准到产品生产、加工、包装、标签标识、运输等全过程，技术性贸易壁垒形式不断更新，出口企业损失巨大。

4. 国内经济贸易对广州外经贸发展有一定促进作用

坚持改革开放的大环境不变，而且不断加大对外开放力度。一是近几年中国供给侧改革逐步取得成效，经济和金融体系的风险有所释放，国内经济环境逐步好转，社会各方对经济增长预期稳定，仍然能够保持6.5%的经济增长。首先人民币汇率获得稳定支撑，外资流出趋缓，中国对外投资稳步发展；其次物价指数和就业率基本稳定，为外经贸发展创造了稳定环境。二是外贸结构转型升级出现一定成效，利用外资的产业结构进一步优化。内生增长因素发挥了重要作用，一般贸易比加工贸易抗跌能力强，民营经济得到发展，成为重要外贸主体，未来"民营企业＋一般贸易"将会带动外贸发展。

从广州本地看，政府坚持营造稳定环境，有利于外贸发展。一是坚持"稳增长、促改革、调结构、惠民生"，大力推进供给侧结构性改革，加快信息化与工业化深度融合，经济结构不断优化、发展质量稳步提升，经济增长平稳推进。二是坚持改革创新，加快实现外贸发展方式的转变，确保了外贸的稳定持续发展，主要是大力降低制度性交易成本，加大清费减负力度。体现在外贸方面，聚焦南沙自由贸易试验区建设，不断提升投资贸易便利化水平，加快构建高水平对外开放体系；进一步推动跨境贸易电子商务扶持政策，推动外贸新业态发展。三是主动参与"一带一路"建设合作，扩大广州"引进来"和"走出去"的机遇。2016 年《广州国家自主创新示范区建设实施方案》开始实施，全年新增高新技术企业 2800 多家，总数达到 4700 多家，广州高新技术产品产值占规模以上工业总产值比重升至 46%（尚黎阳，2017）。

（二）发展趋势展望

根据上述外贸回稳趋势，同时考察广东（南沙）自由贸易试验区建设的推进、对外贸易的转型升级，以及"十三五"规划的重点部署和实施，广州对外贸易形势有望扭负为正。

1. 2016 年广州对外贸易基本走势

从 2008 年以来的月度数据看，出口总额呈现周期性上升的态势。国际金融危机后，广州出口在 2009 年上半年跌至低谷，下半年缓慢回升；2010 年整体冲高，2011 年 12 月下降；2012～2013 年，出现比较平稳的增长。但是，2014 年月度出口波动幅度较大，2～3 月和 5 月出现负增长，7～9 月出现高速增长，整体来看出口在波动中实现新增长；2015 年，季度波动幅度较大，呈现大幅下降，大幅上升，继而保持平稳，最后有所下降，但总体处于高位的特点。从较长时期看，2009 年以后，广州出口贸易呈现出台阶上升态势。尽管年内各月份出现了较大波动，但是全年上升的态势比较明显（见图 2 和图 6）。

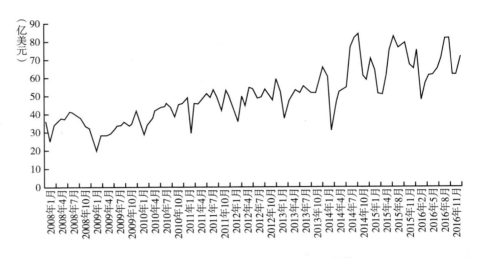

图 6　2008～2016 年广州月度出口变化态势

2. 广州出口贸易将会有小幅上升

2016 年，广州对外贸易增速为 - 3.10%，高于全国和全省的平均水平。2017 年增长速度将保持在 2% 左右，其依据如下分析。

（1）世界经济增长出现严重分化，但触底反弹空间较大。尽管 IMF 预计 2017 年全球经济增速将会降至 3.4%，世界各国经济增长分化；美欧中"三极"的结构性改革将对全球经济的中长期发展起决定性作用。从 2016 年数据显示广州与欧盟的外贸进一步提升，欧盟跃居广州第一大外贸出口市场；与广州进行贸易的前五大贸易伙伴仍然保持稳定增长。而对"一带一路"沿线国家贸易额有所下降，但广州与非洲贸易达到 116 亿美元以上，比上年快速提升。无论是从战略看还是从近期看，非洲等新兴市场仍然是广州进出口增长的重要来源地。大宗商品近几年的价格持续下降，大宗商品生产商将把产量降至低谷，刺激供给价格回升，推动部分新兴经济体实现正增长。

（2）广州出口仍然保持一定增长基础和潜力。从长远来看，广州外贸仍有较大成长空间，对外贸易转型升级仍有待深化。随着创新驱动战略的推进，中国正由"中国制造"向"中国智造"转型，外贸新的增长点正不断涌现；从优势来看，新的技术竞争优势逐步形成，2016年，广州由"技术引进"向"技术输出"转型，同时借助智能化设备，使得劳动力在制造业成本中所占比重下降；从制度层面来看，中国政策效应的逐步弱化，将使改革红利效应逐步强化。新的区域合作机制、双边合作机制正在逐步形成，将构成广州2017年外贸增长的支撑点。

（3）出口企业得到两大优势的支撑。一是广东自由贸易试验区南沙片区建设，将增强广州与"一带一路"沿线国家的经贸合作。广州借助自贸试验区、广州港和白云空港及其综合保税区，作为"一带一路"建设平台将在新一轮对外开放大格局中发挥重要作用，凸显国际性战略平台的功能。二是跨境电商助推广州外贸升级转型。广州跨境电子商务规模稳居全国第一，进出口146.8亿元，增长120%，占全国跨境电商进出口总值29.4%；2016年1月，广州市获准设立"跨境电子商务综合实验区"，广州海关大力推进跨境电子商务"B2B"及"特殊区域出口"等业务模式，支持外贸优进优出、升级发展，以更高效便捷的通关模式，促进了外贸新业态发展。

3. 广州出口增速有望扭负为正

2016年，广州出口贸易增速首现负增长，但转型升级进一步加快，结构进一步优化，新型动力也在不断积聚。首先，随着"一带一路"建设逐步推进，广州作为"国家'一带一路'海上战略支点城市"和广东自由贸易试验区南沙新区片区建设的效应将逐渐显现，与新兴经济体的经贸合作得到加强。其次，广州对外贸易格局不断优化，进口商品结构中，农产品、矿产品、能源及初级产品进口规模进一步扩大。再次，广州相较北京、上海、深圳等城市，投资环境得到不断改善，成为最受国内外投资者青睐的中国城市之一。广州六年已五度获评《福布斯》"中国大陆最佳商业城市"第一名。吸引大量国内外投资的同时，也会引致进口的增加。此外，受益于国家稳增长政策效果的逐步显现，"去产能、去库存、去杠杆、降成本和补短板"及其供给侧改革不断推进，以及大宗商品低价位带来的低成本效应，综合经营成本保持低位，将会推动进口规模的扩大。预计2017年，广州进口增速将有望转负为正。

4. 广州服务贸易继续快速发展

近年来，广州国际化水平进一步提高，强化了国际商贸中心和国际航运中心功能。广州服务设施和条件不断改善，国际交通枢纽功能增强。广州白云机场不断增加国际航线，旅客吞吐量达到5973人次，居全国第三位。便捷的空运条件初步形成了国际货运网络，推进了跨境电商业务、物流服务等的发展；广州港口条件不断改善，集疏运能力不断增强，广州港口货物和集装箱吞吐量分别达5.44亿吨和1884.97万标准箱，位居全球前列。金融服务实体经济功能增强。金融业增加值达1800亿元，占比（9.18%）同比提高0.18个百分点；增长11.1%，快于GDP增速①。

广州大交通枢纽地位的强化，将会推动服务贸易快速发展。依托制造业的生产性服务业获得快速发展，跨境电商、融资租赁等新业态不断涌现，能够有力推动服务贸易发展。紧抓建设"一带一路"和自贸试验区战略机遇，推进穗港澳服务贸易自由化。预计到2020年、2025年广州市服务业增加值将达到1.96万亿元和2.8万亿元。2020年，服务业增加值占地区生产总值的比重、现代服务业增加值占服务业增加值比重将分别达到70%的基础上，2025年继续提升到71.5%左右②。

广州未来将重点打造琶洲互联网创新集聚区、国家临空经济示范区、国际创新城、中新广州知识城等一批重大服务业集聚区，进一步优化软硬环境，为服务经济发展提供更多优质空间。预计到2020年，广州力争培育出3家千亿级服务业龙头企业③。

---

① 该数据为广州市统计局发布2016年广州市经济运行情况公布的数据。
② 该数据为《广州服务经济发展规划（2016~2025年）》的预测数据。
③ 该数据为《广州服务经济发展规划（2016~2025年）》的预测数据。

5. 吸引国内外投资将出现大幅增长

2016 年，广州全力服务供给侧结构性改革，落实税费优惠政策，实际减免各项税费 337 亿元。广州开发区聚集了 3000 多家外资企业，其中世界 500 强企业 120 多家，高新技术企业 400 多家（占全市的 25%）。持续拓展广州"税融通"服务项目，帮助中小企业解决贷款难的问题。截至目前，已与 7 家银行签订合作协议，累计给予 1309 家中小企业及个人核定授信额度 34 亿元，贷款金额达 21.6 亿元，有力地扶持了中小企业发展。同时，广州从 2016 年起不惜重金招揽人才，对杰出产业人才给予一次性薪酬补贴最高达每人 500 万元，广州开发区吸引了 40 多万名包括两院院士在内的高端人才①。广州通过国际重大会议宣传广州及南沙自贸区相关政策及跨境电商、融资租赁、机器人及智能装备、新能源及节能环保产业的发展商机，必将吸引更多外资来广州投资，将大大促进广州外贸的发展。广州密集出台相关政策，并大手笔投入扶持资金，将为招才引智提供强大的助力。

三 广州推动外贸发展的对策建议

从国内外经贸形势看，广州外贸存在一系列问题。首先，出口产品竞争力不足，出口结构仍然不能及时对接国际市场变化，包括设计、质量、生产型服务、品牌等都有待提高。其次，加工贸易萎缩，直接导致了广州外贸下滑，必须稳定加工贸易规模，深化加工贸易转型升级。再次，外贸主体分化加剧，在利用外资方面有待进一步突破，推动已有外资企业的转型升级，加大高端资本的引进力度；在发展民营企业方面，需要大力改善营商环境，大幅度降低企业的制度性成本。最后，开放型经济体制改革创新仍然受制于行政观念，部门体制相互制约，广东（南沙）自由贸易试验区仍然有不少限制需要突破。广州必须加大创新驱动的力度，推动外经贸发展。

---

① 李文、裘萍：《广州奖励产业领军人才　每人最高加薪 500 万元》，《南方都市报》2016 年 3 月 1 日。

（一）继续推进供给侧结构性改革，提升先进制造业与高端服务业的主导力量

构建开放型经济新体系要求培育具有较强竞争力的产业，必须通过供给侧结构性改革推动产业结构转型升级。近几年，广州积极打造"三中心一体系"，不断提升其国际城市的地位，加快现代服务业发展，积极培育新业态和新商业模式，构建高端、高质、高新现代产业新体系，进一步推进有市场、有技术、有基础、有潜力的支柱产业的发展。在优化传统支柱产业方面，广州必须抓住新一轮科技革命机遇，强化工业基础能力，加快推进新一代信息技术与制造业深度融合，推动制造业向价值链、供应链、产业链高端发展；在培育新型支柱产业方面，大力发展服务型制造业，做大做强新一代信息技术、生物与健康、新材料与高端装备制造、新能源与节能环保等战略性新兴产业，加大力度培育发展个体化医疗、机器人、可穿戴设备、云计算与大数据、3D打印等新兴业态；在服务业发展方面，大力发展现代服务业，特别是现代金融服务业，重点发展跨境金融、航运金融、融资租赁、大宗商品交易等特色金融业，为广州经济发展提供低成本、高服务、高效率的金融服务。

（二）加快贸易与投资的双向开放，培育国际竞争新优势

广州正在积极推进高水平开放型经济新体系建设，不断丰富开放型经济的开放与发展的双重内涵。必须更加注重贸易的双向开放与优进优出，促进加工贸易转型升级，引导外贸企业加强技术改造，提升研发与创新能力，培育自主优质品牌；推动服务贸易发展，开展服务贸易创新发展试点，通过大力服务外包扩大技术、文化等服务出口。促进企业"走出去"，通过对外投资产能合作支持广州企业到境外直接投资建厂、设立研发机构、建立营销网络、获取国际品牌和技术，培育国际经济合作新优势，形成内外联动的一体化生产与服务网络。

（三）扶植培育具有创新活力和国际竞争力的民营企业

培育多元化经济主体是广州开放型经济新体系的必然要求。广州民营企业已经显示出一定活力，成为广州外经贸发展的重要主力，推动了广州经济主体多元化。广州要进一步促进民营经济发展。一是支持民营经济参与国企改革重组，鼓励企业在市场竞争过程中不断增强竞争力。二是鼓励支持优质的民营企业大胆"走出去"，开拓国际市场、建立生产基地，提升国际竞争力，使之成为具有创新活力的国际化的市场主体。三是培育和形成一批具有自主品牌和知识产权的本土跨国公司，推动企业"走出去"进行投资，带动中间产品制造和出口，推进产品进口贸易的发展。

（四）从贸易本身角度看，必须大力发展高端加工贸易

近几年，加工贸易地位不断降低，但是与利用外资紧密相连，加工贸易在利用外资方面仍具有重要作用。可以采取以下举措。一是引进先进智能技术，或者对现有工厂生产线进行智能化改造，降低对外来工的过度依赖，从而降低人工成本。二是提升加工贸易商品通关便利化水平。借鉴广东自由贸易试验区加工贸易管理全程信息化、创新加工贸易监管模式，推行"联网监管"，提高加工贸易进出口贸易便利化水平。

（五）继续推进市场多元化战略，挖掘新兴市场潜力，培育新的市场需求

面对全球需求结构调整、市场竞争加剧和国际贸易保护主义抬头的新形势，要引导外贸企业深挖市场潜力，开发新兴国家市场和发展中国家市场。鼓励和支持大中型国有企业积极参与"一带一路"建设，通过产业投资项目带动广东中小企业配套产品出口、产品"回购"和进口增长。

（六）鼓励支持外贸新业态的发展

随着海关对旅游购物的贸易方式规范化管理，一些外贸新业态逐步发挥

其作用，推动外贸增长。2017年初，广州成为第二批国家"跨境电子商务综合试验区"城市，同时花都皮革皮具市场的"市场采购"贸易方式试点，将激励广州跨境电子商务和市场采购贸易方式发展，进一步发挥广州供应链服务和外贸口岸综合服务优势。一是积极推进跨境电商出口模式，重点推动跨境电商B2B出口业务的便捷化，完善展示平台和线上交易平台建设，进一步规范和提升跨境电商质量安全水平。二是促进跨境电商企业集聚发展，可利用广东自由贸易试验区南沙片区，通过跨境电子商务园区建设，构建跨境电子商务进出口交易集散基地。珠江三角洲经济腹地分布着门类齐全的网货供货商，为电子商务提供了品类丰富、质优价廉的网货产品，是全国最大的电子商务货源地。南沙处于穗、深、莞三地中心，有条件构建跨境电子商务进出口交易集散基地。

（七）强化南沙"门户枢纽"的功能定位，打造"一带一路"枢纽城市

南沙是广州对外经济开放的重要地区，具有良好的区位优势，必须发挥其"门户枢纽"在开放型经济和外经贸发展方面的引领作用。南沙作为"一带一路"的枢纽地区之一，具备了引领全国新一轮改革开放的条件。重点推动南沙跨越式发展，做大南沙经济规模。一是通过开放引进高质量的外商直接投资和高端产业，重点发展具有引领作用的"智能"制造以及智能技术的应用产业，充分发挥南沙作为区域中心的产业集聚与辐射效应。二是大力发展服务业，推进新型城市化建设。通过大力加强金融、运输及物流、信息服务、商务服务等生产性服务业，通过积极推动健康医疗、教育、社区服务、社会综合管理等生活性服务业，营造安全和谐的良好社会秩序，增强城市人口集聚力。三是构建粤港澳区域联动机制，强化广州（南沙）、香港与澳门要素集聚，加强南沙作为粤港澳大湾区核心区的建设，加大国际采购中心培育力度，增强商贸中心功能，推动南沙城市化水平和城市建设。

参考文献

李文、裴萍:《广州奖励产业领军人才　每人最高加薪 500 万元》,《南方都市报》2016 年 3 月 1 日。

林键滨、谢莹:《2016 年广州跨境电商业务规模全国居首》,《经济参考报》2017 年 2 月 8 日。

罗仕、黄巍俊:《世界 500 强项目密集落地广州,2016 年上半年投资总额超 272 亿》,《羊城晚报》2016 年 12 月 24 日。

裴萍:《广州 2016 年 GDP 达 1.96 万亿》,《南方都市报》2017 年 1 月 25 日。

尚黎阳:《2016 年广州新增高新企业 2800 多家》,《南方都市报》2017 年 1 月 8 日。

商务部综合司:《中国对外贸易形势报告(2016 年秋季)》,商务部网站,http://zhs.mofcom.gov.cn/article/cbw/201611/20161101564835.shtml。

王欢:《WTO 大幅下调 2016 年全球贸易增长预期至 1.7%》,环球网,http://finance.huanqiu.com/gjcx/2016-09/9494737.html。

颜少君:《世界贸易将呈两大趋势》,《经济日报》2017 年 2 月 18 日。

《广州再创服务贸易发展新优势》,中国产业经济信息网,http://mt.sohu.-com/20160415/n444348396.shtml。

周艾琳:《IMF 预测:2017 年全球经济增长 3.4% 中国增长 6.5%》,《第一财经日报》2017 年 1 月 17 日。

IMF:《2017 年世界经济展望报告》,http://www.mofcom.gov.cn/article/i/jyjl/k/201701/20170102502901.shtml。

B.6
关于加快广州空港跨境电子
商务产业发展的对策研究

林 静 王 宇 麦俊彦 赖素婷*

摘 要： 广州空港经济区依托广州白云机场综合保税区开展跨境电商
业务，具有较好的区位优势、政策优势和产业规模优势，目
前区内跨境电商产业业务模式齐全，在注册企业、备案商品
数量和业务量等方面均位于全国前列，而且增长较快。但是，
在产业迅猛发展的同时，还存在基础配套和政策扶持不足、
业务分散且缺乏统筹规划、监管政策未完善等方面问题，需
要有针对性地进行突破，以营造良好的产业发展环境，进一
步推动空港经济区跨境电商产业集聚、健康发展，将其打造
成国内跨境电商产业发展的示范区。

关键词： 空港 跨境电子商务 产业发展 广州

广州市于2013年9月获批成为跨境贸易电子商务（以下简称"跨境电
商"）服务试点城市，2016年1月获批成为第二批跨境电商综合试验区。从
2014年开始，广州空港经济区根据全市加快发展跨境电商的统一部署，充
分利用广州白云机场综合保税区（以下简称"机场综保区"）作为海关特殊

---

* 林静，广州空港经济区管理委员会保税业务管理局局长；王宇，广州空港经济区管理委员会
保税业务管理局副调研员；麦俊彦，广州空港经济区管理委员会保税业务管理局工作人员；
赖素婷，广州空港经济区管理委员会保税业务管理局工作人员。

监管区域的相关政策优势和"区港一体"的有利条件，努力克服国家政策调整、机场综保区红线范围调整、基础配套和政策扶持不足等各方面困难，在做大做强跨境电商进口业务基础上，积极创新拓展跨境电商出口业务发展模式，推动空港经济区跨境电商健康持续发展。

一 广州空港经济区跨境电商产业发展现状

（一）业务模式齐全

广州空港经济区范围内已成功大规模开展 B2B2C 网购保税进口、B2C 直购进口和 B2C 零售出口（通过邮政渠道）等三类跨境电商业务，并且已理顺了跨境电商 B2B 出口和 B2C 零售出口（非邮政渠道）业务流程，成为国内跨境电商业务模式最丰富的区域。

（二）注册企业多且类型多样

已获批在机场综保区开展跨境电商业务的企业超过 1000 家，包括电商企业、平台企业、物流配套企业和支付企业等，基本实现对跨境电商产业链的全覆盖。在区内实际开展业务的多为物流配套企业及少数自建平台的电商企业，全国知名的大型电商企业或平台大多是委托上述物流配套企业为其办理跨境电商业务。

（三）备案商品数量大且品类集中

可通过机场综保区进境的跨境电商商品备案项数超过 10 万项，主要涉及母婴用品（纸尿片、奶粉等）、服装鞋帽、护肤品、食品等类别，主要来源于欧盟、美国、澳大利亚、日本等地。出口商品主要涉及服装鞋帽、箱包、自动数据处理设备零件、塑料制品、汽车零配件等类别，主要输送于欧盟、美国、俄罗斯联邦、澳大利亚等地。

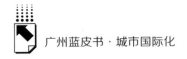

（四）业务总量增长空间大

2016 年，机场综保区办理跨境电商进出口业务货值超 25 亿元。同时，广州空港经济区新入区企业省邮政速递快件服务公司今后将月均办理跨境电商出口业务超 4 亿元。

二 广州空港经济区跨境电商产业发展的优势

（一）国家枢纽机场的区位优势

广州是我国"一带一路"建设的重要节点，广州白云机场是我国三大国际枢纽机场之一。2016 年广州白云机场旅客吞吐量 5973 万人次、货邮吞吐量 165.2 万吨，均位居全国第三；已开通国际航线 149 条，通达亚、非、欧、北美和大洋洲五大洲共 200 多个国家和地区。完善的航线网络为客源、货源的便利组织和高效集散创造了良好条件。同时，以广州白云机场为核心，汇集航空、公路、铁路、轨道等多种交通方式的综合交通枢纽日趋完善，交通组织十分便利，区位优势明显。机场综保区毗邻广州白云机场，与广州白云机场实现"无缝连接"，实现"区港一体化"运作，在货物进出境组织和口岸查验等方面十分便利。

（二）试点城市、综合试验区先行先试和海关特殊监管区域的政策优势

海关总署明确跨境电商网购保税进口业务应该在海关特殊监管区域或保税物流中心（B）型内开展业务试点，机场综保区是国务院批复的政策较优惠、功能较齐全、措施较便利的海关特殊监管区域。目前，机场综保区已纳入国家电子商务示范城市广州跨境电商服务试点范围，且是全国极少数可以同时试点直购进口、保税进口、零售出口、保税出口等多种模式的园区之一，也是中国（广州）跨境电商综合试验区实施方案中的重点发展区域之

一。广东出入境检验检疫局已将机场综保区作为省内跨境电商政策试点园区。此外，属地海关和检验检疫部门还主动创新监管方式，助力跨境电商行业发展，上海自贸试验区的所有海关和检验检疫监管创新政策都已在区内复制推广，区内跨境电商监管模式和流程已基本理顺。

（三）走在全国前列的电商产业优势

广东省是我国电商消费量最大、交易最活跃的地区，有着庞大的终端消费需求，2016 年广州市跨境电商交易额约占全国跨境电商交易总量的三成。同时，广州聚集了包括唯品会、梦芭莎、环球市场、卓志智慧供应链服务平台等行业领军企业在内的众多跨境电商平台企业。机场综保区及周边地区已吸引了菜鸟、亿赞普等优秀电商平台企业入驻，国内各大知名跨境电商企业都已委托区内物流企业办理业务。机场综保区内及周边还集聚了 FedEx、DHL、EMS、顺丰等一批世界级物流巨头，以及中远空运、威时沛运等跨境电商综合服务配套企业。目前，各种类型的电商企业及与电商业务相关联的企业已基本入驻机场综保区，空港经济区跨境电商全产业链的格局已基本形成，将随着业务的不断发展壮大而日趋完善和优化。

三　广州空港经济区跨境电商产业发展存在的问题

（一）园区现有基础配套不足

仓库容量不足，租金较高。毗邻广州白云机场货物进出境口岸的机场综保区中区现有保税仓库及周边海关监管仓库已经饱和，北区仓库面积萎缩，南区仓库还在进行规划建设，对空港经济区跨境电商业务的发展造成了限制。同时，由于空间严重不足，区内办公场地租金和仓库租金远高于国内其他同类区域，如办公场地租金高达 300 元/（平方米·月），仓库租金 60 ~ 70 元/（平方米·月）[杭州约 40 元/（平方米·月）、宁波约 30 元/（平方米·月）]，入区企业面临较大的运营成本压力。同时，口岸查验单位人手不足。机场海关和检验检疫局的人员编制已经多年没有增加，随着机场业务量的持续增长和跨境电商业务量的快速增加，口岸查验单位的监管任务日趋繁重，压力不断增大，人手不足的问题越发突出。

（二）业务发展分散，缺乏统筹规划

目前，广州空港经济区跨境电商主要处于市场主导、企业自发推动的发展局面，空港经济区跨境电商的统筹发展规划还未出台，由此出现跨境电商在空港经济区范围的主要作业区分散在四处：一处是机场综保区中区的快件区，主要开展 B2C 进口业务；一处是毗邻机场综保区中区的广州航空邮件处理中心，主要开展 B2C 出口业务；还有两处分别位于中区的保税仓储区、机场 1 号货站的海关监管库区，主要开展 B2B2C 进口业务。按照现在已知的有关企业业务发展计划，还会有多个不同区域将开展跨境电商业务。这种多点作业、布局分散的情况，一方面造成了口岸查验单位需要花费大量的人力和物力实施多点监管，直接影响监管效率；另一方面降低了企业的人员和设施使用效率，造成了人力资源和成本的增加。更重要的是产业没有形成集聚发展，不利于口岸查验单位创新推动监管措施的先行先试和制度创新。

（三）政策扶持力度明显不足

目前，国内其他跨境电商试点城市均已出台相关引导和扶持政策，如杭州、宁波、郑州等地更是直接采取减免企业仓库租金、承担商品检测费用、对每票商品的物流费用进行补贴等形式，扶持推动相关业务发展壮大。广州空港经济区层面于 2016 年底已专门针对跨境电商业务出台《广州空港经济区关于促进跨境电子商务健康快速发展的实施意见（试行）》和《广州空港经济区跨境电子商务专项资金扶持政策实施细则（试行）》等政策，对企业运营仓库租金、溯源系统使用费用等进行补贴，并在国内率先推行了备货模式检测费用减免政策，有效地吸引了一批电商企业落户。但是，广州全市层面还没有出台具体的扶持政策，企业为此反映强烈。由于地方配套政策扶持力度相对不足，企业的竞争力减弱，现已出现企业向国内其他试点城市转移业务的情况。

BY

1997~2017
皮书品牌20年
YEAR BOOKS

皮书系列

2017年

智 库 成 果 出 版 与 传 播 平 台

社会科学文献出版社
SOCIAL SCIENCES ACADEMIC PRESS (CHINA)

社长
致辞

　　2017年正值皮书品牌专业化二十周年之际，世界每天都在发生着让人眼花缭乱的变化，而唯一不变的，是面向未来无数的可能性。作为个体，如何获取专业信息以备不时之需？作为行政主体或企事业主体，如何提高决策的科学性让这个世界变得更好而不是更糟？原创、实证、专业、前沿、及时、持续，这是1997年"皮书系列"品牌创立的初衷。

　　1997～2017，从最初一个出版社的学术产品名称到媒体和公众使用频率极高的热点词语，从专业术语到大众话语，从官方文件到独特的出版型态，作为重要的智库成果，"皮书"始终致力于成为海量信息时代的信息过滤器，成为经济社会发展的记录仪，成为政策制定、评估、调整的智力源，社会科学研究的资料集成库。"皮书"的概念不断延展，"皮书"的种类更加丰富，"皮书"的功能日渐完善。

　　1997～2017，皮书及皮书数据库已成为中国新型智库建设不可或缺的抓手与平台，成为政府、企业和各类社会组织决策的利器，成为人文社科研究最基本的资料库，成为世界系统完整及时认知当代中国的窗口和通道！"皮书"所具有的凝聚力正在形成一种无形的力量，吸引着社会各界关注中国的发展，参与中国的发展。

　　二十年的"皮书"正值青春，愿每一位皮书人付出的年华与智慧不辜负这个时代！

社会科学文献出版社社长
中国社会学会秘书长

2016年11月

社会科学文献出版社简介

社会科学文献出版社成立于1985年，是直属于中国社会科学院的人文社会科学学术出版机构。成立以来，社科文献出版社依托于中国社会科学院和国内外人文社会科学界丰厚的学术出版和专家学者资源，始终坚持"创社科经典，出传世文献"的出版理念、"权威、前沿、原创"的产品定位以及学术成果和智库成果出版的专业化、数字化、国际化、市场化的经营道路。

社科文献出版社是中国新闻出版业转型与文化体制改革的先行者。积极探索文化体制改革的先进方向和现代企业经营决策机制，社科文献出版社先后荣获"全国文化体制改革工作先进单位"、中国出版政府奖·先进出版单位奖，中国社会科学院先进集体、全国科普工作先进集体等荣誉称号。多人次荣获"第十届韬奋出版奖""全国新闻出版行业领军人才""数字出版先进人物""北京市新闻出版广电行业领军人才"等称号。

社科文献出版社是中国人文社会科学学术出版的大社名社，也是以皮书为代表的智库成果出版的专业强社。年出版图书2000余种，其中皮书350余种，出版新书字数5.5亿字，承印与发行中国社科院院属期刊72种，先后创立了皮书系列、列国志、中国史话、社科文献学术译库、社科文献学术文库、甲骨文书系等一大批既有学术影响又有市场价值的品牌，确立了在社会学、近代史、苏东问题研究等专业学科及领域出版的领先地位。图书多次荣获中国出版政府奖、"三个一百"原创图书出版工程、"五个'一'工程奖"、"大众喜爱的50种图书"等奖项，在中央国家机关"强素质·做表率"读书活动中，入选图书品种数位居各大出版社之首。

社科文献出版社是中国学术出版规范与标准的倡议者与制定者，代表全国50多家出版社发起实施学术著作出版规范的倡议，承担学术著作规范国家标准的起草工作，率先编撰完成《皮书手册》对皮书品牌进行规范化管理，并在此基础上推出中国版芝加哥手册——《SSAP学术出版手册》。

社科文献出版社是中国数字出版的引领者，拥有皮书数据库、列国志数据库、"一带一路"数据库、减贫数据库、集刊数据库等4大产品线11个数据库产品，机构用户达1300余家，海外用户百余家，荣获"数字出版转型示范单位""新闻出版标准化先进单位""专业数字内容资源知识服务模式试点企业标准化示范单位"等称号。

社科文献出版社是中国学术出版走出去的践行者。社科文献出版社海外图书出版与学术合作业务遍及全球40余个国家和地区并于2016年成立俄罗斯分社，累计输出图书500余种，涉及近20个语种，累计获得国家社科基金中华学术外译项目资助76种、"丝路书香工程"项目资助60种、中国图书对外推广计划项目资助71种以及经典中国国际出版工程资助28种，被商务部认定为"2015-2016年度国家文化出口重点企业"。

如今，社科文献出版社拥有固定资产3.6亿元，年收入近3亿元，设置了七大出版分社、六大专业部门，成立了皮书研究院和博士后科研工作站，培养了一支近400人的高素质与高效率的编辑、出版、营销和国际推广队伍，为未来成为学术出版的大社、名社、强社，成为文化体制改革与文化企业转型发展的排头兵奠定了坚实的基础。

经 济 类

经济类皮书涵盖宏观经济、城市经济、大区域经济，
提供权威、前沿的分析与预测

经济蓝皮书

2017 年中国经济形势分析与预测

李扬 / 主编　2017 年 1 月出版　定价：89.00 元

◆　本书为总理基金项目，由著名经济学家李扬领衔，联合中国社会科学院等数十家科研机构、国家部委和高等院校的专家共同撰写，系统分析了 2016 年的中国经济形势并预测 2017 年中国经济运行情况。

中国省域竞争力蓝皮书

中国省域经济综合竞争力发展报告（2015～2016）

李建平　李闽榕　高燕京 / 主编　2017 年 5 月出版　定价：198.00 元

◆　本书融多学科的理论为一体，深入追踪研究了省域经济发展与中国国家竞争力的内在关系，为提升中国省域经济综合竞争力提供有价值的决策依据。

城市蓝皮书

中国城市发展报告 No.10

潘家华　单菁菁 / 主编　2017 年 9 月出版　估价：89.00 元

◆　本书是由中国社会科学院城市发展与环境研究中心编著的，多角度、全方位地立体展示了中国城市的发展状况，并对中国城市的未来发展提出了许多建议。该书有强烈的时代感，对中国城市发展实践有重要的参考价值。

人口与劳动绿皮书

中国人口与劳动问题报告 No.18

蔡昉　张车伟 / 主编　2017 年 10 月出版　估价：89.00 元

◆　本书为中国社会科学院人口与劳动经济研究所主编的年度报告，对当前中国人口与劳动形势做了比较全面和系统的深入讨论，为研究中国人口与劳动问题提供了一个专业性的视角。

世界经济黄皮书

2017 年世界经济形势分析与预测

张宇燕 / 主编　2017 年 1 月出版　定价：89.00 元

◆　本书由中国社会科学院世界经济与政治研究所的研究团队撰写，2016 年世界经济增速进一步放缓，就业增长放慢。世界经济面临许多重大挑战同时，地缘政治风险、难民危机、大国政治周期、恐怖主义等问题也仍然在影响世界经济的稳定与发展。预计 2017 年按 PPP 计算的世界 GDP 增长率约为 3.0%。

国际城市蓝皮书

国际城市发展报告（2017）

屠启宇 / 主编　2017 年 2 月出版　定价：79.00 元

◆　本书作者以上海社会科学院从事国际城市研究的学者团队为核心，汇集同济大学、华东师范大学、复旦大学、上海交通大学、南京大学、浙江大学相关城市研究专业学者。立足动态跟踪介绍国际城市发展时间中，最新出现的重大战略、重大理念、重大项目、重大报告和最佳案例。

金融蓝皮书

中国金融发展报告（2017）

王国刚 / 主编　2017 年 2 月出版　定价：79.00 元

◆　本书由中国社会科学院金融研究所组织编写，概括和分析了 2016 年中国金融发展和运行中的各方面情况，研讨和评论了 2016 年发生的主要金融事件，有利于读者了解掌握 2016 年中国的金融状况，把握 2017 年中国金融的走势。

农村绿皮书

中国农村经济形势分析与预测（2016 ～ 2017）

魏后凯　杜志雄　黄秉信 / 主编　2017 年 4 月出版　估价：89.00 元

◆　本书描述了 2016 年中国农业农村经济发展的一些主要指标和变化，并对 2017 年中国农业农村经济形势的一些展望和预测，提出相应的政策建议。

西部蓝皮书

中国西部发展报告（2017）

徐璋勇 / 主编　2017 年 7 月出版　估价：89.00 元

◆　本书由西北大学中国西部经济发展研究中心主编，汇集了源自西部本土以及国内研究西部问题的权威专家的第一手资料，对国家实施西部大开发战略进行年度动态跟踪，并对 2017 年西部经济、社会发展态势进行预测和展望。

经济蓝皮书·夏季号

中国经济增长报告（2016 ～ 2017）

李扬 / 主编　2017 年 9 月出版　估价：98.00 元

◆　中国经济增长报告主要探讨 2016~2017 年中国经济增长问题，以专业视角解读中国经济增长，力求将其打造成一个研究中国经济增长、服务宏微观各级决策的周期性、权威性读物。

就业蓝皮书

2017 年中国本科生就业报告

麦可思研究院 / 编著　2017 年 6 月出版　估价：98.00 元

◆　本书基于大量的数据和调研，内容翔实，调查独到，分析到位，用数据说话，对中国大学生就业及学校专业设置起到了很好的建言献策作用。

社会政法类

社会政法类皮书聚焦社会发展领域的热点、难点问题，提供权威、原创的资讯与视点

社会蓝皮书

2017年中国社会形势分析与预测

李培林　陈光金　张翼/主编　2016年12月出版　定价：89.00元

◆　本书由中国社会科学院社会学研究所组织研究机构专家、高校学者和政府研究人员撰写，聚焦当下社会热点，对2016年中国社会发展的各个方面内容进行了权威解读，同时对2017年社会形势发展趋势进行了预测。

法治蓝皮书

中国法治发展报告No.15（2017）

李林　田禾/主编　2017年3月出版　定价：118.00元

◆　本年度法治蓝皮书回顾总结了2016年度中国法治发展取得的成就和存在的不足，对中国政府、司法、检务透明度进行了跟踪调研，并对2017年中国法治发展形势进行了预测和展望。

社会体制蓝皮书

中国社会体制改革报告No.5（2017）

龚维斌/主编　2017年3月出版　定价：89.00元

◆　本书由国家行政学院社会治理研究中心和北京师范大学中国社会管理研究院共同组织编写，主要对2016年社会体制改革情况进行回顾和总结，对2017年的改革走向进行分析，提出相关政策建议。

社会心态蓝皮书
中国社会心态研究报告（2017）

王俊秀　杨宜音 / 主编　2017 年 12 月出版　估价：89.00 元

◆　本书是中国社会科学院社会学研究所社会心理研究中心"社会心态蓝皮书课题组"的年度研究成果，运用社会心理学、社会学、经济学、传播学等多种学科的方法进行了调查和研究，对于目前中国社会心态状况有较广泛和深入的揭示。

生态城市绿皮书
中国生态城市建设发展报告（2017）

刘举科　孙伟平　胡文臻 / 主编　2017 年 7 月出版　估价：118.00 元

◆　报告以绿色发展、循环经济、低碳生活、民生宜居为理念，以更新民众观念、提供决策咨询、指导工程实践、引领绿色发展为宗旨，试图探索一条具有中国特色的城市生态文明建设新路。

城市生活质量蓝皮书
中国城市生活质量报告（2017）

中国经济实验研究院 / 主编　2017 年 7 月出版　估价：89.00 元

◆　本书对全国 35 个城市居民的生活质量主观满意度进行了电话调查，同时对 35 个城市居民的客观生活质量指数进行了计算，为中国城市居民生活质量的提升，提出了针对性的政策建议。

公共服务蓝皮书
中国城市基本公共服务力评价（2017）

钟君　刘志昌　吴正杲 / 主编　2017 年 12 月出版　估价：89.00 元

◆　中国社会科学院经济与社会建设研究室与华图政信调查组成联合课题组，从 2010 年开始对基本公共服务力进行研究，研创了基本公共服务力评价指标体系，为政府考核公共服务与社会管理工作提供了理论工具。

行 业 报 告 类

行业报告类皮书立足重点行业、新兴行业领域，
提供及时、前瞻的数据与信息

企业社会责任蓝皮书

中国企业社会责任研究报告（2017）

黄群慧　钟宏武　张蒽　翟利峰 / 著　　2017 年 10 月出版　　估价：89.00 元

◆　　本书剖析了中国企业社会责任在 2016 ~ 2017 年度的最新
发展特征，详细解读了省域国有企业在社会责任方面的阶段性
特征，生动呈现了国内外优秀企业的社会责任实践。对了解
中国企业社会责任履行现状、未来发展，以及推动社会责任建
设有重要的参考价值。

新能源汽车蓝皮书

中国新能源汽车产业发展报告（2017）

中国汽车技术研究中心　　日产（中国）投资有限公司

东风汽车有限公司 / 编著　　　2017 年 7 月出版　　　估价：98.00 元

◆　　本书对中国 2016 年新能源汽车产业发展进行了全面系统
的分析，并介绍了国外的发展经验。有助于相关机构、行业和
社会公众等了解中国新能源汽车产业发展的最新动态，为政府
部门出台新能源汽车产业相关政策法规、企业制定相关战略规
划，提供必要的借鉴和参考。

杜仲产业绿皮书

中国杜仲橡胶资源与产业发展报告（2016 ~ 2017）

杜红岩　胡文臻　俞锐 / 主编　　2017 年 4 月出版　　估价：85.00 元

◆　　本书对 2016 年杜仲产业的发展情况、研究团队在杜仲研
究方面取得的重要成果、部分地区杜仲产业发展的具体情况、
杜仲新标准的制定情况等进行了较为详细的分析与介绍，使广
大关心杜仲产业发展的读者能够及时跟踪产业最新进展。

企业蓝皮书
中国企业绿色发展报告 No.2（2017）

李红玉　朱光辉 / 主编　　2017 年 8 月出版　　估价：89.00 元

◆　本书深入分析中国企业能源消费、资源利用、绿色金融、绿色产品、绿色管理、信息化、绿色发展政策及绿色文化方面的现状，并对目前存在的问题进行研究，剖析因果，谋划对策，为企业绿色发展提供借鉴，为中国生态文明建设提供支撑。

中国上市公司蓝皮书
中国上市公司发展报告（2017）

张平　王宏淼 / 主编　　2017 年 10 月出版　　估价：98.00 元

◆　本书由中国社会科学院上市公司研究中心组织编写的，着力于全面、真实、客观反映当前中国上市公司财务状况和价值评估的综合性年度报告。本书详尽分析了 2016 年中国上市公司情况，特别是现实中暴露出的制度性、基础性问题，并对资本市场改革进行了探讨。

资产管理蓝皮书
中国资产管理行业发展报告（2017）

智信资产管理研究院 / 编著　　2017 年 6 月出版　　估价：89.00 元

◆　中国资产管理行业刚刚兴起，未来将成为中国金融市场最有看点的行业。本书主要分析了 2016 年度资产管理行业的发展情况，同时对资产管理行业的未来发展做出科学的预测。

体育蓝皮书
中国体育产业发展报告（2017）

阮伟　钟秉枢 / 主编　　2017 年 12 月出版　　估价：89.00 元

◆　本书运用多种研究方法，在体育竞赛业、体育用品业、体育场馆业、体育传媒业等传统产业研究的基础上，并对 2016 年体育领域内的各种热点事件进行研究和梳理，进一步拓宽了研究的广度、提升了研究的高度、挖掘了研究的深度。

国际问题类

国际问题类皮书关注全球重点国家与地区，
提供全面、独特的解读与研究

美国蓝皮书

美国研究报告（2017）

郑秉文 黄平 / 主编　2017 年 6 月出版　估价：89.00 元

◆　本书是由中国社会科学院美国研究所主持完成的研究成果，它回顾了美国 2016 年的经济、政治形势与外交战略，对 2017 年以来美国内政外交发生的重大事件及重要政策进行了较为全面的回顾和梳理。

日本蓝皮书

日本研究报告（2017）

杨伯江 / 主编　2017 年 5 月出版　估价：89.00 元

◆　本书对 2016 年日本的政治、经济、社会、外交等方面的发展情况做了系统介绍，对日本的热点及焦点问题进行了总结和分析，并在此基础上对该国 2017 年的发展前景做出预测。

亚太蓝皮书

亚太地区发展报告（2017）

李向阳 / 主编　2017 年 4 月出版　估价：89.00 元

◆　本书是中国社会科学院亚太与全球战略研究院的集体研究成果。2017 年的"亚太蓝皮书"继续关注中国周边环境的变化。该书盘点了 2016 年亚太地区的焦点和热点问题，为深入了解 2016 年及未来中国与周边环境的复杂形势提供了重要参考。

德国蓝皮书

德国发展报告（2017）

郑春荣 / 主编　2017 年 6 月出版　估价：89.00 元

◆　本报告由同济大学德国研究所组织编撰，由该领域的专家学者对德国的政治、经济、社会文化、外交等方面的形势发展情况，进行全面的阐述与分析。

日本经济蓝皮书

日本经济与中日经贸关系研究报告（2017）

张季风 / 编著　2017 年 5 月出版　估价：89.00 元

◆　本书系统、详细地介绍了 2016 年日本经济以及中日经贸关系发展情况，在进行了大量数据分析的基础上，对 2017 年日本经济以及中日经贸关系的大致发展趋势进行了分析与预测。

俄罗斯黄皮书

俄罗斯发展报告（2017）

李永全 / 编著　2017 年 7 月出版　估价：89.00 元

◆　本书系统介绍了 2016 年俄罗斯经济政治情况，并对 2016 年该地区发生的焦点、热点问题进行了分析与回顾；在此基础上，对该地区 2017 年的发展前景进行了预测。

非洲黄皮书

非洲发展报告 No.19（2016～2017）

张宏明 / 主编　2017 年 8 月出版　估价：89.00 元

◆　本书是由中国社会科学院西亚非洲研究所组织编撰的非洲形势年度报告，比较全面、系统地分析了 2016 年非洲政治形势和热点问题，探讨了非洲经济形势和市场走向，剖析了大国对非洲关系的新动向；此外，还介绍了国内非洲研究的新成果。

地方发展类

地方发展类皮书关注中国各省份、经济区域，
提供科学、多元的预判与资政信息

北京蓝皮书

北京公共服务发展报告（2016~2017）

施昌奎／主编　2017年3月出版　定价：79.00 元

◆　本书是由北京市政府职能部门的领导、首都著名高校的教授、知名研究机构的专家共同完成的关于北京市公共服务发展与创新的研究成果。

河南蓝皮书

河南经济发展报告（2017）

张占仓　完世伟／主编　2017年4月出版　估价：89.00 元

◆　本书以国内外经济发展环境和走向为背景，主要分析当前河南经济形势，预测未来发展趋势，全面反映河南经济发展的最新动态、热点和问题，为地方经济发展和领导决策提供参考。

广州蓝皮书

2017年中国广州经济形势分析与预测

庾建设　陈浩钿　谢博能／主编　2017年7月出版　估价：85.00 元

◆　本书由广州大学与广州市委政策研究室、广州市统计局联合主编，汇集了广州科研团体、高等院校和政府部门诸多经济问题研究专家、学者和实际部门工作者的最新研究成果，是关于广州经济运行情况和相关专题分析、预测的重要参考资料。

文化传媒类

文化传媒类皮书透视文化领域、文化产业，
探索文化大繁荣、大发展的路径

新媒体蓝皮书

中国新媒体发展报告 No.8（2017）

唐绪军 / 主编　2017 年 6 月出版　估价：89.00 元

◆　本书是由中国社会科学院新闻与传播研究所组织编写的关于新媒体发展的最新年度报告，旨在全面分析中国新媒体的发展现状，解读新媒体的发展趋势，探析新媒体的深刻影响。

移动互联网蓝皮书

中国移动互联网发展报告（2017）

官建文 / 主编　　2017 年 6 月出版　　估价：89.00 元

◆　本书着眼于对 2016 年度中国移动互联网的发展情况做深入解析，对未来发展趋势进行预测，力求从不同视角、不同层面全面剖析中国移动互联网发展的现状、年度突破及热点趋势等。

传媒蓝皮书

中国传媒产业发展报告（2017）

崔保国 / 主编　2017 年 5 月出版　估价：98.00 元

◆　"传媒蓝皮书"连续十多年跟踪观察和系统研究中国传媒产业发展。本报告在对传媒产业总体以及各细分行业发展状况与趋势进行深入分析基础上，对年度发展热点进行跟踪，剖析新技术引领下的商业模式，对传媒各领域发展趋势、内体经营、传媒投资进行解析，为中国传媒产业正在发生的变革提供前瞻行参考。

经济类

"三农"互联网金融蓝皮书
中国"三农"互联网金融发展报告（2017）
著(编)者：李勇坚 王弢　2017年8月出版 / 估价：98.00元
PSN B-2016-561-1/1

G20国家创新竞争力黄皮书
二十国集团（G20）国家创新竞争力发展报告（2016~2017）
著(编)者：李建平 李闽榕 赵新力　周天勇
2017年8月出版 / 估价：158.00元
PSN Y-2011-229-1/1

产业蓝皮书
中国产业竞争力报告（2017）No.7
著(编)者：张其仔　2017年12月出版 / 估价：98.00元
PSN B-2010-175-1/1

城市创新蓝皮书
中国城市创新报告（2017）
著(编)者：周天勇 旷建伟　2017年11月出版 / 估价：89.00元
PSN B-2013-340-1/1

城市蓝皮书
中国城市发展报告 No.10
著(编)者：潘家华 单菁菁　2017年9月出版 / 估价：89.00元
PSN B-2007-091-1/1

城乡一体化蓝皮书
中国城乡一体化发展报告（2016~2017）
著(编)者：汝信 付崇兰　2017年7月出版 / 估价：85.00元
PSN B-2011-226-1/2

城镇化蓝皮书
中国新型城镇化健康发展报告（2017）
著(编)者：张占斌　2017年8月出版 / 估价：89.00元
PSN B-2014-396-1/1

创新蓝皮书
创新型国家建设报告（2016~2017）
著(编)者：詹正茂　2017年12月出版 / 估价：89.00元
PSN B-2009-140-1/1

创业蓝皮书
中国创业发展报告（2016~2017）
著(编)者：黄群慧 赵卫星 钟宏武等
2017年11月出版 / 估价：89.00元
PSN B-2016-578-1/1

低碳发展蓝皮书
中国低碳发展报告（2016~2017）
著(编)者：齐晔 张希良　2017年3月出版 / 估价：98.00元
PSN B-2011-223-1/1

低碳经济蓝皮书
中国低碳经济发展报告（2017）
著(编)者：薛进军 赵忠秀　2017年6月出版 / 估价：85.00元
PSN B-2011-194-1/1

东北蓝皮书
中国东北地区发展报告（2017）
著(编)者：姜晓秋　2017年2月出版 / 定价：79.00元
PSN B-2006-067-1/1

发展与改革蓝皮书
中国经济发展和体制改革报告No.8
著(编)者：邹东涛 王再文　2017年4月出版 / 估价：98.00元
PSN B-2008-122-1/1

工业化蓝皮书
中国工业化进程报告（2017）
著(编)者：黄群慧　2017年12月出版 / 估价：158.00元
PSN B-2007-095-1/1

管理蓝皮书
中国管理发展报告（2017）
著(编)者：张晓东　2017年10月出版 / 估价：98.00元
PSN B-2014-416-1/1

国际城市蓝皮书
国际城市发展报告（2017）
著(编)者：屠启宇　2017年2月出版 / 定价：79.00元
PSN B-2012-260-1/1

国家创新蓝皮书
中国创新发展报告（2017）
著(编)者：陈劲　2017年12月出版 / 估价：89.00元
PSN B-2014-370-1/1

金融蓝皮书
中国金融发展报告（2017）
著(编)者：王国刚　2017年2月出版 / 定价：79.00元
PSN B-2004-031-1/6

京津冀金融蓝皮书
京津冀金融发展报告（2017）
著(编)者：王爱俭 李向前
2017年4月出版 / 估价：89.00元
PSN B-2016-528-1/1

京津冀蓝皮书
京津冀发展报告（2017）
著(编)者：文魁 祝尔娟　2017年4月出版 / 估价：89.00元
PSN B-2012-262-1/1

经济蓝皮书
2017年中国经济形势分析与预测
著(编)者：李扬　2017年1月出版 / 定价：89.00元
PSN B-1996-001-1/1

经济蓝皮书·春季号
2017年中国经济前景分析
著(编)者：李扬　2017年6月出版 / 估价：89.00元
PSN B-1999-008-1/1

经济蓝皮书·夏季号
中国经济增长报告（2016~2017）
著(编)者：李扬　2017年9月出版 / 估价：98.00元
PSN B-2010-176-1/1

经济信息绿皮书
中国与世界经济发展报告（2017）
著(编)者：杜平　2017年12月出版 / 定价：89.00元
PSN G-2003-023-1/1

就业蓝皮书
2017年中国本科生就业报告
著(编)者：麦可思研究院　2017年6月出版 / 估价：98.00元
PSN B-2009-146-1/2

就业蓝皮书
2017年中国高职高专生就业报告
著（编）者：麦可思研究院　　2017年6月出版 / 估价：98.00元
PSN B-2015-472-2/2

科普能力蓝皮书
中国科普能力评价报告（2017）
著（编）者：李富 强李群　2017年8月出版 / 估价：89.00元
PSN B-2016-556-1/1

临空经济蓝皮书
中国临空经济发展报告（2017）
著（编）者：连玉明　2017年9月出版 / 估价：89.00元
PSN B-2014-421-1/1

农村绿皮书
中国农村经济形势分析与预测（2016~2017）
著（编）者：魏后凯 杜志雄 黄秉信
2017年4月出版 / 估价：89.00元
PSN G-1998-003-1/1

农业应对气候变化蓝皮书
气候变化对中国农业影响评估报告 No.3
著（编）者：矫梅燕　2017年8月出版 / 估价：98.00元
PSN B-2014-413-1/1

气候变化绿皮书
应对气候变化报告（2017）
著（编）者：王伟光 郑国光　2017年6月出版 / 估价：89.00元
PSN G-2009-144-1/1

区域蓝皮书
中国区域经济发展报告（2016~2017）
著（编）者：赵弘　2017年6月出版 / 估价：89.00元
PSN B-2004-034-1/1

全球环境竞争力绿皮书
全球环境竞争力报告（2017）
著（编）者：李建平 李闽榕 王金南
2017年12月出版 / 估价：198.00元
PSN G-2013-363-1/1

人口与劳动绿皮书
中国人口与劳动问题报告 No.18
著（编）者：蔡昉 张车伟　2017年11月出版 / 估价：89.00元
PSN G-2000-012-1/1

商务中心区蓝皮书
中国商务中心区发展报告 No.3（2016）
著（编）者：李国红 单菁菁　2017年4月出版 / 估价：89.00元
PSN B-2015-444-1/1

世界经济黄皮书
2017年世界经济形势分析与预测
著（编）者：张宇燕　2017年1月出版 / 定价：89.00元
PSN Y-1999-006-1/1

世界旅游城市绿皮书
世界旅游城市发展报告（2017）
著（编）者：宋宇　2017年4月出版 / 估价：128.00元
PSN G-2014-400-1/1

土地市场蓝皮书
中国农村土地市场发展报告（2016~2017）
著（编）者：李光荣　2017年4月出版 / 估价：89.00元
PSN B-2016-527-1/1

西北蓝皮书
中国西北发展报告（2017）
著（编）者：高建龙　2017年4月出版 / 估价：89.00元
PSN B-2012-261-1/1

西部蓝皮书
中国西部发展报告（2017）
著（编）者：徐璋勇　2017年7月出版 / 估价：89.00元
PSN B-2005-039-1/1

新型城镇化蓝皮书
新型城镇化发展报告（2017）
著（编）者：李伟 宋敏 沈体雁　2017年4月出版 / 估价：98.00元
PSN B-2014-431-1/1

新兴经济体蓝皮书
金砖国家发展报告（2017）
著（编）者：林跃勤 周文　2017年12月出版 / 估价：89.00元
PSN B-2011-195-1/1

长三角蓝皮书
2017年新常态下深化一体化的长三角
著（编）者：王庆五　2017年12月出版 / 估价：88.00元
PSN B-2005-038-1/1

中部竞争力蓝皮书
中国中部经济社会竞争力报告（2017）
著（编）者：教育部人文社会科学重点研究基地
南昌大学中国中部经济社会发展研究中心
2017年12月出版 / 估价：89.00元
PSN B-2012-276-1/1

中部蓝皮书
中国中部地区发展报告（2017）
著（编）者：宋亚平　2017年12月出版 / 估价：88.00元
PSN B-2007-089-1/1

中国省域竞争力蓝皮书
中国省域经济综合竞争力发展报告（2017）
著（编）者：李建平 李闽榕 高燕京
2017年2月出版 / 定价：198.00元
PSN B-2007-088-1/1

中三角蓝皮书
长江中游城市群发展报告（2017）
著（编）者：秦尊文　2017年9月出版 / 估价：89.00元
PSN B-2014-417-1/1

中小城市绿皮书
中国中小城市发展报告（2017）
著（编）者：中国城市经济学会中小城市经济发展委员会
中国城镇化促进会中小城市发展委员会
《中国中小城市发展报告》编纂委员会
中小城市发展战略研究院
2017年11月出版 / 估价：128.00元
PSN G-2010-161-1/1

中原蓝皮书
中原经济区发展报告（2017）
著（编）者：李英杰　2017年6月出版 / 估价：88.00元
PSN B-2011-192-1/1

自贸区蓝皮书
中国自贸区发展报告（2017）
著（编）者：王力　2017年7月出版 / 估价：89.00元
PSN B-2016-559-1/1

社会政法类

北京蓝皮书
中国社区发展报告（2017）
著(编)者：于燕燕　　2017年4月出版 / 估价：89.00元
PSN B-2007-083-5/8

殡葬绿皮书
中国殡葬事业发展报告（2017）
著(编)者：李伯森　　2017年4月出版 / 估价：158.00元
PSN G-2010-180-1/1

城市管理蓝皮书
中国城市管理报告（2016~2017）
著(编)者：刘林　刘承水　2017年5月出版 / 估价：158.00元
PSN B-2013-336-1/1

城市生活质量蓝皮书
中国城市生活质量报告（2017）
著(编)者：中国经济实验研究院
2018年7月出版 / 估价：89.00元
PSN B-2013-326-1/1

城市政府能力蓝皮书
中国城市政府公共服务能力评估报告（2017）
著(编)者：何艳玲　　2017年4月出版 / 估价：89.00元
PSN B-2013-338-1/1

慈善蓝皮书
中国慈善发展报告（2017）
著(编)者：杨团　　2017年6月出版 / 估价：89.00元
PSN B-2009-142-1/1

党建蓝皮书
党的建设研究报告 No.2（2017）
著(编)者：崔建民　陈东平　2017年4月出版 / 估价：89.00元
PSN B-2016-524-1/1

地方法治蓝皮书
中国地方法治发展报告 No.3（2017）
著(编)者：李林　田禾　2017年4出版 / 估价：108.00元
PSN B-2015-442-1/1

法治蓝皮书
中国法治发展报告 No.15（2017）
著(编)者：李林　田禾　2017年3月出版 / 定价：118.00元
PSN B-2004-027-1/1

法治政府蓝皮书
中国法治政府发展报告（2017）
著(编)者：中国政法大学法治政府研究院
2017年4月出版 / 估价：98.00元
PSN B-2015-502-1/2

法治政府蓝皮书
中国法治政府评估报告（2017）
著(编)者：中国政法大学法治政府研究院
2017年11月出版 / 估价：98.00元
PSN B-2016-577-2/2

法治蓝皮书
中国法院信息化发展报告 No.1（2017）
著(编)者：李林　田禾　2017年2月出版 / 定价：108.00元
PSN B-2017-604-3/3

反腐倡廉蓝皮书
中国反腐倡廉建设报告 No.7
著(编)者：张英伟　　2017年12月出版 / 估价：89.00元
PSN B-2012-259-1/1

非传统安全蓝皮书
中国非传统安全研究报告（2016~2017）
著(编)者：余潇枫　魏志江　2017年6月出版 / 估价：89.00元
PSN B-2012-273-1/1

妇女发展蓝皮书
中国妇女发展报告 No.7
著(编)者：王金玲　　2017年9月出版 / 估价：148.00元
PSN B-2006-069-1/1

妇女教育蓝皮书
中国妇女教育发展报告 No.4
著(编)者：张李玺　　2017年10月出版 / 估价：78.00元
PSN B-2008-121-1/1

妇女绿皮书
中国性别平等与妇女发展报告（2017）
著(编)者：谭琳　　2017年12月出版 / 估价：99.00元
PSN G-2006-073-1/1

公共服务蓝皮书
中国城市基本公共服务力评价（2017）
著(编)者：钟君　刘志昌　吴正杲　2017年12月出版 / 估价：89.00元
PSN B-2011-214-1/1

公民科学素质蓝皮书
中国公民科学素质报告（2016~2017）
著(编)者：李群　陈雄　马宗文
2017年4月出版 / 估价：89.00元
PSN B-2014-379-1/1

公共关系蓝皮书
中国公共关系发展报告（2017）
著(编)者：柳斌杰　　2017年11月出版 / 估价：89.00元
PSN B-2016-580-1/1

公益蓝皮书
中国公益慈善发展报告（2017）
著(编)者：朱健刚　　2018年4月出版 / 估价：118.00元
PSN B-2012-283-1/1

国际人才蓝皮书
中国国际移民报告（2017）
著(编)者：王辉耀　　2017年4月出版 / 估价：89.00元
PSN B-2012-304-3/4

国际人才蓝皮书
中国留学发展报告（2017）No.5
著(编)者：王辉耀　苗绿　2017年10月出版 / 估价：89.00元
PSN B-2012-244-2/4

海洋社会蓝皮书
中国海洋社会发展报告（2017）
著(编)者：崔凤　宋宁而　2017年7月出版 / 估价：89.00元
PSN B-2015-478-1/1

行政改革蓝皮书
中国行政体制改革报告（2017）No.6
著（编）者：魏礼群　2017年5月出版 / 估价：98.00元
PSN B-2011-231-1/1

华侨华人蓝皮书
华侨华人研究报告（2017）
著（编）者：贾益民　2017年12月出版 / 估价：128.00元
PSN B-2011-204-1/1

环境竞争力绿皮书
中国省域环境竞争力发展报告（2017）
著（编）者：李建平 李闽榕 王金南
2017年11月出版 / 估价：198.00元
PSN G-2010-165-1/1

环境绿皮书
中国环境发展报告（2017）
著（编）者：刘鉴强　2017年4月出版 / 估价：89.00元
PSN G-2006-048-1/1

基金会蓝皮书
中国基金会发展报告（2016~2017）
著（编）者：中国基金会发展报告课题组
2017年4月出版 / 估价：85.00元
PSN B-2013-368-1/1

基金会绿皮书
中国基金会发展独立研究报告（2017）
著（编）者：基金会中心网 中央民族大学基金会研究中心
2017年6月出版 / 估价：88.00元
PSN G-2011-213-1/1

基金会透明度蓝皮书
中国基金会透明度发展研究报告（2017）
著（编）者：基金会中心网 清华大学廉政与治理研究中心
2017年12月出版 / 估价：89.00元
PSN B-2015-509-1/1

家庭蓝皮书
中国"创建幸福家庭活动"评估报告（2017）
国务院发展研究中心"创建幸福家庭活动评估"课题组著
2017年8月出版 / 估价：89.00元
PSN B-2015-508-1/1

健康城市蓝皮书
中国健康城市建设研究报告（2017）
著（编）者：王鸿春 解树江 盛继洪
2017年9月出版 / 估价：89.00元
PSN B-2016-565-2/2

教师蓝皮书
中国中小学教师发展报告（2017）
著（编）者：曾晓东 鱼霞　2017年6月出版 / 估价：89.00元
PSN B-2012-289-1/1

教育蓝皮书
中国教育发展报告（2017）
著（编）者：杨东平　2017年4月出版 / 估价：89.00元
PSN B-2006-047-1/1

科普蓝皮书
中国基层科普发展报告（2016~2017）
著（编）者：赵立 新陈玲　2017年9月出版 / 估价：89.00元
PSN B-2016-569-3/3

科普蓝皮书
中国科普基础设施发展报告（2017）
著（编）者：任福君　2017年6月出版 / 估价：89.00元
PSN B-2010-174-1/3

科普蓝皮书
中国科普人才发展报告（2017）
著（编）者：郑念 任嵘嵘　2017年4月出版 / 估价：98.00元
PSN B-2015-512-2/3

科学教育蓝皮书
中国科学教育发展报告（2017）
著（编）者：罗晖 王康友　2017年10月出版 / 估价：89.00元
PSN B-2015-487-1/1

劳动保障蓝皮书
中国劳动保障发展报告（2017）
著（编）者：刘燕斌　2017年9月出版 / 估价：188.00元
PSN B-2014-415-1/1

老龄蓝皮书
中国老年宜居环境发展报告（2017）
著（编）者：党俊武 周燕珉　2017年4月出版 / 估价：89.00元
PSN B-2013-320-1/1

连片特困区蓝皮书
中国连片特困区发展报告（2017）
著（编）者：游俊 冷志明 丁建军
2017年4月出版 / 估价：98.00元
PSN B-2013-321-1/1

流动儿童蓝皮书
中国流动儿童教育发展报告（2016）
著（编）者：杨东平　2017年1月出版 / 定价：79.00元
PSN B-2017-600-1/1

民调蓝皮书
中国民生调查报告（2017）
著（编）者：谢耘耕　2017年12月出版 / 估价：98.00元
PSN B-2014-398-1/1

民族发展蓝皮书
中国民族发展报告（2017）
著（编）者：郝时远 王延中 王希恩
2017年4月出版 / 估价：98.00元
PSN B-2006-070-1/1

女性生活蓝皮书
中国女性生活状况报告No.11（2017）
著（编）者：韩湘景　2017年10月出版 / 估价：98.00元
PSN B-2006-071-1/1

汽车社会蓝皮书
中国汽车社会发展报告（2017）
著（编）者：王俊秀　2017年12月出版 / 估价：89.00元
PSN B-2011-224-1/1

青年蓝皮书
中国青年发展报告（2017）No.3
著(编)者：廉思 等　2017年4月出版 / 估价：89.00元
PSN B-2013-333-1/1

青少年蓝皮书
中国未成年人互联网运用报告（2017）
著(编)者：李文革 沈洁 季为民
2017年11月出版 / 估价：89.00元
PSN B-2010-165-1/1

青少年体育蓝皮书
中国青少年体育发展报告（2017）
著(编)者：郭建军 杨桦　2017年9月出版 / 估价：89.00元
PSN B-2015-482-1/1

群众体育蓝皮书
中国群众体育发展报告（2017）
著(编)者：刘国永 杨桦　2017年12月出版 / 估价：89.00元
PSN B-2016-519-2/3

人权蓝皮书
中国人权事业发展报告 No.7（2017）
著(编)者：李君如　2017年9月出版 / 估价：98.00元
PSN B-2011-215-1/1

社会保障绿皮书
中国社会保障发展报告（2017）No.8
著(编)者：王延中　2017年1月出版 / 估价：98.00元
PSN G-2001-014-1/1

社会风险评估蓝皮书
风险评估与危机预警评估报告（2017）
著(编)者：唐钧　2017年8月出版 / 估价：85.00元
PSN B-2016-521-1/1

社会管理蓝皮书
中国社会管理创新报告 No.5
著(编)者：连玉明　2017年11月出版 / 估价：89.00元
PSN B-2012-300-1/1

社会蓝皮书
2017年中国社会形势分析与预测
著(编)者：李培林 陈光金 张翼
2016年12月出版 / 定价：89.00元
PSN B-1998-002-1/1

社会体制蓝皮书
中国社会体制改革报告No.5（2017）
著(编)者：龚维斌　2017年3月出版 / 定价：89.00元
PSN B-2013-330-1/1

社会心态蓝皮书
中国社会心态研究报告（2017）
著(编)者：王俊秀 杨宜音　2017年12月出版 / 估价：89.00元
PSN B-2011-199-1/1

社会组织蓝皮书
中国社会组织发展报告（2016~2017）
著(编)者：黄晓勇　2017年1月出版 / 定价：89.00元
PSN B-2008-118-1/2

社会组织蓝皮书
中国社会组织评估发展报告（2017）
著(编)者：徐家良 廖鸿　2017年12月出版 / 估价：89.00元
PSN B-2013-366-1/1

生态城市绿皮书
中国生态城市建设发展报告（2017）
著(编)者：刘举科 孙伟平 胡文臻
2017年9月出版 / 估价：118.00元
PSN G-2012-269-1/1

生态文明绿皮书
中国省域生态文明建设评价报告（ECI 2017）
著(编)者：严耕　2017年12月出版 / 估价：98.00元
PSN G-2010-170-1/1

土地整治蓝皮书
中国土地整治发展研究报告 No.4
著(编)者：国土资源部土地整治中心
2017年7月出版 / 估价：89.00元
PSN B-2014-401-1/1

土地政策蓝皮书
中国土地政策研究报告（2017）
著(编)者：高延利 李宪文
2017年12月出版 / 定价：89.00元
PSN B-2015-506-1/1

医改蓝皮书
中国医药卫生体制改革报告（2017）
著(编)者：文学国 房志武　2017年11月出版 / 估价：98.00元
PSN B-2014-432-1/1

医疗卫生绿皮书
中国医疗卫生发展报告 No.7（2017）
著(编)者：申宝忠 韩玉珍　2017年4月出版 / 估价：85.00元
PSN G-2004-033-1/1

应急管理蓝皮书
中国应急管理报告（2017）
著(编)者：宋英华　2017年9月出版 / 估价：98.00元
PSN B-2016-563-1/1

政治参与蓝皮书
中国政治参与报告（2017）
著(编)者：房宁　2017年9月出版 / 估价：118.00元
PSN B-2011-200-1/1

宗教蓝皮书
中国宗教报告（2016）
著(编)者：邱永辉　2017年4月出版 / 估价：89.00元
PSN B-2008-117-1/1

行业报告类

SUV蓝皮书
中国SUV市场发展报告（2016~2017）
著(编)者：靳军　2017年9月出版／估价：89.00元
PSN B-2016-572-1/1

保健蓝皮书
中国保健服务产业发展报告 No.2
著(编)者：中国保健协会 中共中央党校
2017年7月出版／估价：198.00元
PSN B-2012-272-3/3

保健蓝皮书
中国保健食品产业发展报告 No.2
著(编)者：中国保健协会
　　　　中国社会科学院食品药品产业发展与监管研究中心
2017年7月出版／估价：198.00元
PSN B-2012-271-2/3

保健蓝皮书
中国保健用品产业发展报告 No.2
著(编)者：中国保健协会
　　　　国务院国有资产监督管理委员会研究中心
2017年4月出版／估价：198.00元
PSN B-2012-270-1/3

保险蓝皮书
中国保险业竞争力报告（2017）
著(编)者：项俊波　2017年12月出版／估价：99.00元
PSN B-2013-311-1/1

冰雪蓝皮书
中国滑雪产业发展报告（2017）
著(编)者：孙承华 伍斌 魏庆华 张鸿俊
2017年8月出版／估价：89.00元
PSN B-2016-560-1/1

彩票蓝皮书
中国彩票发展报告（2017）
著(编)者：益彩基金　2017年4月出版／估价：98.00元
PSN B-2015-462-1/1

餐饮产业蓝皮书
中国餐饮产业发展报告（2017）
著(编)者：邢颖　2017年6月出版／估价：98.00元
PSN B-2009-151-1/1

测绘地理信息蓝皮书
新常态下的测绘地理信息研究报告（2017）
著(编)者：库热西·买合苏提
2017年12月出版／估价：118.00元
PSN B-2009-145-1/1

茶业蓝皮书
中国茶产业发展报告（2017）
著(编)者：杨江帆 李闽榕　2017年10月出版／估价：88.00元
PSN B-2010-164-1/1

产权市场蓝皮书
中国产权市场发展报告（2016~2017）
著(编)者：曹和平　2017年5月出版／估价：89.00元
PSN B-2009-147-1/1

产业安全蓝皮书
中国出版传媒产业安全报告（2016~2017）
著(编)者：北京印刷学院产业安全研究院
2017年4月出版／估价：89.00元
PSN B-2014-384-13/14

产业安全蓝皮书
中国文化产业安全报告（2017）
著(编)者：北京印刷学院文化产业安全研究院
2017年12月出版／估价：89.00元
PSN B-2014-378-12/14

产业安全蓝皮书
中国新媒体产业安全报告（2017）
著(编)者：北京印刷学院文化产业安全研究院
2017年12月出版／估价：89.00元
PSN B-2015-500-14/14

城投蓝皮书
中国城投行业发展报告（2017）
著(编)者：王晨艳 丁伯康　2017年11月出版／估价：300.00元
PSN B-2016-514-1/1

电子政务蓝皮书
中国电子政务发展报告（2016~2017）
著(编)者：李季 杜平　2017年7月出版／估价：89.00元
PSN B-2003-022-1/1

杜仲产业绿皮书
中国杜仲橡胶资源与产业发展报告（2016~2017）
著(编)者：杜红岩 胡文臻 俞锐
2017年4月出版／估价：85.00元
PSN G-2013-350-1/1

房地产蓝皮书
中国房地产发展报告 No.14（2017）
著(编)者：李春华 王业强　2017年5月出版／估价：89.00元
PSN B-2004-028-1/1

服务外包蓝皮书
中国服务外包产业发展报告（2017）
著(编)者：王晓红 刘德军
2017年6月出版／估价：89.00元
PSN B-2013-331-2/2

服务外包蓝皮书
中国服务外包竞争力报告（2017）
著(编)者：王力 刘春生 黄育华
2017年11月出版／估价：85.00元
PSN B-2011-216-1/2

工业和信息化蓝皮书
世界网络安全发展报告（2016~2017）
著(编)者：洪京一　2017年4月出版／估价：89.00元
PSN B-2015-452-5/5

工业和信息化蓝皮书
世界信息化发展报告（2016~2017）
著(编)者：洪京一　2017年4月出版／估价：89.00元
PSN B-2015-451-4/5

工业和信息化蓝皮书
世界信息技术产业发展报告（2016~2017）
著(编)者：洪京一　2017年4月出版 / 估价：89.00元
PSN B-2015-449-2/5

工业和信息化蓝皮书
移动互联网产业发展报告（2016~2017）
著(编)者：洪京一　2017年4月出版 / 估价：89.00元
PSN B-2015-448-1/5

工业和信息化蓝皮书
战略性新兴产业发展报告（2016~2017）
著(编)者：洪京一　2017年4月出版 / 估价：89.00元
PSN B-2015-450-3/5

工业设计蓝皮书
中国工业设计发展报告（2017）
著(编)者：王晓红　于炜　张立群
2017年9月出版 / 估价：138.00元
PSN B-2014-420-1/1

黄金市场蓝皮书
中国商业银行黄金业务发展报告（2016~2017）
著(编)者：平安银行　2017年4月出版 / 估价：98.00元
PSN B-2016-525-1/1

互联网金融蓝皮书
中国互联网金融发展报告（2017）
著(编)者：李东荣　2017年9月出版 / 估价：128.00元
PSN B-2014-374-1/1

互联网医疗蓝皮书
中国互联网医疗发展报告（2017）
著(编)者：宫晓东　2017年9月出版 / 估价：89.00元
PSN B-2016-568-1/1

会展蓝皮书
中外会展业动态评估年度报告（2017）
著(编)者：张敏
PSN B-2013-327-1/1

金融监管蓝皮书
中国金融监管报告（2017）
著(编)者：胡滨　2017年6月出版 / 估价：89.00元
PSN B-2012-281-1/1

金融蓝皮书
中国金融中心发展报告（2017）
著(编)者：王力　黄育华　2017年11月出版 / 估价：85.00元
PSN B-2011-186-6/6

建筑装饰蓝皮书
中国建筑装饰行业发展报告（2017）
著(编)者：刘晓一　葛道顺　2017年7月出版 / 估价：198.00元
PSN B-2016-554-1/1

客车蓝皮书
中国客车产业发展报告（2016~2017）
著(编)者：姚蔚　2017年10月出版 / 估价：85.00元
PSN B-2013-361-1/1

旅游安全蓝皮书
中国旅游安全报告（2017）
著(编)者：郑向敏　谢朝武　2017年5月出版 / 估价：128.00元
PSN B-2012-280-1/1

旅游绿皮书
2016~2017年中国旅游发展分析与预测
著(编)者：宋瑞　2017年2月出版 / 定价：89.00元
PSN G-2002-018-1/1

煤炭蓝皮书
中国煤炭工业发展报告（2017）
著(编)者：岳福斌　2017年12月出版 / 估价：85.00元
PSN B-2008-123-1/1

民营企业社会责任蓝皮书
中国民营企业社会责任报告（2017）
著(编)者：中华全国工商业联合会
2017年12月出版 / 估价：89.00元
PSN B-2015-510-1/1

民营医院蓝皮书
中国民营医院发展报告（2017）
著(编)者：庄一强　2017年10月出版 / 估价：85.00元
PSN B-2012-299-1/1

闽商蓝皮书
闽商发展报告（2017）
著(编)者：李闽榕　王日根　林琛
2017年12月出版 / 估价：89.00元
PSN B-2012-298-1/1

能源蓝皮书
中国能源发展报告（2017）
著(编)者：崔民选　王军生　陈义和
2017年10月出版 / 估价：98.00元
PSN B-2006-049-1/1

农产品流通蓝皮书
中国农产品流通产业发展报告（2017）
著(编)者：贾敬敦　张东科　张玉玺　张鹏毅　周伟
2017年4月出版 / 估价：89.00元
PSN B-2012-288-1/1

企业公益蓝皮书
中国企业公益研究报告（2017）
著(编)者：钟宏武　汪杰　顾一　黄晓娟　等
2017年12月出版 / 估价：89.00元
PSN B-2015-501-1/1

企业国际化蓝皮书
中国企业国际化报告（2017）
著(编)者：王辉耀　2017年11月出版 / 估价：98.00元
PSN B-2014-427-1/1

企业蓝皮书
中国企业绿色发展报告 No.2（2017）
著(编)者：李红玉　朱光辉　2017年8月出版 / 估价：89.00元
PSN B-2015-481-2/2

企业社会责任蓝皮书
中国企业社会责任研究报告（2017）
著(编)者：黄群慧　钟宏武　张蒽　翟利峰
2017年11月出版 / 估价：89.00元
PSN B-2009-149-1/1

企业社会责任蓝皮书
中资企业海外社会责任研究报告（2016~2017）
著(编)者：钟宏武　叶柳红　张蒽
2017年1月出版 / 定价：79.00元
PSN B-2017-603-2/2

1997~2017

皮书品牌20年
YEAR BOOKS

更多信息请登录

皮书数据库
http://www.pishu.com.cn

中国皮书网
http://www.pishu.cn

皮书微博
http://weibo.com/pishu

皮书博客
http://blog.sina.com.cn/pishu

皮书微信"皮书说"

请到当当、亚马逊、京东或各地书店购买，也可办理邮购

咨询/邮购电话：010-59367028　59367070

邮　　箱：duzhe@ssap.cn

邮购地址：北京市西城区北三环中路甲29号院3号楼
　　　　　华龙大厦13层读者服务中心

邮　　编：100029

银行户名：社会科学文献出版社

开户银行：中国工商银行北京北太平庄支行

账　　号：0200010019200365434

（四）监管政策环境未全面完善

鉴于跨境电商产业属新兴业态，相关政策环境还未全面完善，其受相关具体政策的影响较大。目前，在口岸监管政策方面，2016 年 4 月 8 日以来，国家跨境电商零售进口税收和监管政策进行重大调整，规范了跨境电商的经营行为，但也对现有产业体系造成了一定的冲击。2016 年 4~6 月，广州空港经济区跨境电商 B2B2C 网购保税进口业务量普遍下降一半以上，同时企业纷纷转为发展 B2C 直购进口业务，致使空港经济区 B2C 直购进口业务量呈上升趋势。但由于新政暂缓执行期到 2017 年底，暂缓期结束后的政策动向不明，在此期间大多数企业不敢扩大业务范围，仅是消化库存、保持现有业务规模或是拓展业务模式，不再加大投资加快发展。

另外，在出口退税和结汇政策方面，由于跨境电商货物目前主要通过网络交易，没有纸质合同、发票和装箱单，且多数通过邮件、快递渠道申报运输出境，根据现行政策，邮件、快件报关单不作为结汇、退税的法定单据，因此跨境电商出口货物很难享受与一般贸易货物相同的结汇和退税政策。在上述政策的大环境下，有些地方的检验检疫、税收、外汇管理等部门出于支持当地外贸和经济发展考虑，纷纷结合自身实际制定了相应的操作办法，以致在不同城市之间出现了统一政策下具体执行尺度存在较大差异的问题，甚至在同一城市不同区域都存在标准不统一的情况。在目前国内物流企业已实现同样成本各地均能"一点通全国"的环境下，跨境电商企业必然选择管理更为宽松的区域开展业务，以维持产品的竞争力，如知名电商平台企业唯品会公司是广州本土企业，目前已将公司大部分的跨境电商业务迁往郑州等地。

四　促进广州空港经济区跨境电商产业发展的建议

为充分发挥空港经济区在跨境电商产业发展方面的优势，有效破解制约产业发展存在的问题，广州总体上应利用跨境电商服务试点城市、跨境电商综试区先行先试的有利条件，依托白云国际机场的区位优势和机场综合保税区的政策优势，以空港经济区跨境电商产业集聚区建设为载体，通过建立健全跨境电商综合服务管理体系，加快推动空港经济区跨境电商产业的快速健康发展。

（一）发展原则

在推动空港经济区跨境电商产业发展的过程中，应坚持以下几个原则。

"政府有力引导，市场主导运作"，通过政府构建一个公平、公正和开放型平台，充分激发行业和企业自主创新能力和自主经营的积极性。

"错位发展，集聚发展"，鼓励和引导适应航空运输特性和空港经济区特点的跨境电商业务发展，形成与海港跨境电商错位发展、互补发展的良性发展环境，并且以机场综保区作为空港经济区跨境电商的发展核心平台，实施空港经济区跨境电商集聚区建设，鼓励和引导跨境电商企业在空港集中开展业务。

"鼓励发展与有效监管并重"，在鼓励和扶持空港经济区跨境电商产业发展的同时，口岸查验单位、管委会和电商企业应形成合力，密切配合，共同建立健全相关制度和措施，全方位、多层次地确保对跨境电商商品的有效监管。

"业务发展与企业发展并重"，在推动空港经济区跨境电商业务量不断增长的基础上，通过有针对性的政策措施，积极引导和扶持跨境电商企业入区经营发展，大力培育本土跨境电商企业发展壮大。

（二）明确发展定位及目标

应通过广州空港经济区跨境电商产业集聚区建设，从基础配套、监管创新、金融支撑、众创孵化、管理服务等方面进一步推进空港经济区跨境电商产业发展，争取用3~5年的时间，使园区形成包含跨境电商基础设施配套、监管配套和供应链配套等内容的一站式综合服务体系，以及集线上交易、线下展示、物流服务、金融服务等于一体的全产业链体系，推动空港经济区跨境电商产业取得跨越式发展，成为广州跨境电商发展的主阵地、广州综试区的重要承载基地、全国跨境电商创新发展的重要示范区，力争成为亚太地区重要的跨境电商交易平台和枢纽中心。

（三）扎实推进空港集聚区建设

一是要尽快出台集聚区建设实施方案。根据广州跨境电商综试区改革试点要求、空港经济区跨境电商产业发展的特点及具体需求，研究制定《关于加快中国（广州）跨境电子商务综合试验区空港集聚区建设发展的实施方案》，进一步明确空港经济区跨境电商的发展定位、发展目标、功能规划，提出空港集聚区的具体规划建设内容和相关政策需求等。此外，为确保该实施方案得到落实，在广州跨境电商综试区工作领导小组的指导下，组建由市商务主管部门、管委会、属地海关、检验检疫、各园区运营企业等单位相关负责人组成的空港经济区跨境电商工作小组，形成紧密的协作配合机制，共同研究推动空港经济区跨境电商产业发展，协调解决有关问题。

二是要推动形成空港特色的分类集聚格局。根据跨境电商不同业务模式的特点，以及产业链各环节发展需要，以机场综保区为核心，充分利用广州白云机场口岸（货站）、中国邮政广州航空处理中心及周边区域为基础和载体，打造空港经济区跨境电商的产业集聚区，构建形成错位集聚、优势互补、协同推进的跨境电商产业发展格局。其中，机场综保区中区（围网区域以及广州航空邮件处理中心）应重点发展 B2C 进出口业务，以及与航空运输时效性紧密相关的跨境电商 B2B2C 进出口、B2B 出口、M2B2C 出口等业务，打造综合物流核心操作区；机场综保区（非围网区域）应重点发展总部办公、企业孵化、O2O 展示体验、展贸和服务配套等，打造综合服务配套区；机场综保区南区应重点引进大型跨境电商项目，推进跨境电商与有关实体经济的深度融合，打造重点项目集聚区。

三是要坚持进出口业务并举。要充分利用白云国际机场的区位优势和检验检疫水生产品暨跨境电商生鲜一体化查验平台的优势条件，重点推动发展具有"鲜、急、活、快"特征、高附加值及对航空运输依赖性强的货物，继续努力做大做强跨境电商 B2B2C 网购保税进口业务和 B2C 直购进口业务；创新拓展跨境电商 B2B 出口、B2C 直邮出口、B2B2C 出口、M2B2C 出口等业务模式，实现业务模式的全覆盖。同时，针对目前空港经济区跨境电商产业的薄弱环节，积极引进大型跨境电商平台企业和有关配套服务企业，实现跨境电商全产业链均衡发展。

四是要确保集聚区内仓储配套供应。针对目前空港跨境电商业务发展空间受限的问题，一方面，要通过充分挖掘现有存量资源，盘活机场综保区及周边的仓储设施，为跨境电商业务的快速增长提供空间，如推动有关企业将闲置仓库转租赁给有仓储需求的跨境电商企业，推动已建成的空港经济区跨境电商试验园区纳入机场综保区红线范围等。另一方面，要努力确保后续仓储设施供应，结合机场综保区红线范围调整和重点项目引进工作，提前规划建设有关跨境电商专用仓储配套设施和公共平台，确保为未来几年跨境电商的快速发展预留空间。

五是要优化产业发展环境。为培育跨境电商这种新型业态的发展，市层面应结合集聚区建设研究出台一系列相关扶持政策措施。同时，安排广州空港经济区跨境电商专项扶持资金，对空港集聚区跨境电商产业发展进行引导扶持。实际操作中，应重点在基础配套设施设备建设、商品质量检测和风险防控、注册入区企业孵化培育、口岸查验单位监管执法等方面给予政策支持和资金扶持，营造有利于跨境电商发展的良好环境。

六是要实现风险可控前提下的先行先试。应改变现有口岸查验单位独立实施商品监管和风险防控的单一模式，充分发挥口岸查验单位、管委会、跨境电商企业在集聚区商品监管和风险防控中的作用，落实各自责任，特别是跨境电商企业的主体责任，通过建立健全一套"多方共管，风险共担"的有针对性的空港跨境电商监管防控体系，真正实现"进得来、管得住、放得快"的运作环境，为空港跨境电商的快速健康发展奠定坚实基础。同时，要进一步推广使用已上线试运行的空港跨境电商溯源系统，实现跨境电商商品质量安全信息溯源，为有关监管创新创造条件；积极推动广州跨境电商公共服务平台在空港经济区的应用，有效提高空港经济区跨境电商业务运作效率。

参考文献

广州市外经贸局:《广州市外经贸局关于印发〈国家电子商务示范城市广州跨境贸易电子商务服务试点工作实施方案〉的通知》(穗外经贸发函〔2013〕92号),2013年。

国家质检总局:《质检总局关于进一步发挥检验检疫职能作用促进跨境电子商务发展的意见》(国质检通〔2015〕202号),2015年。

海关总署:《中华人民共和国海关总署公告》(2016年第26号),2016年。

广东省人民政府:《广东省人民政府关于印发〈中国(广州)、中国(深圳)跨境电子商务综合试验区实施方案〉的通知》(粤府函〔2016〕119号),2016年。

B.7
加快推进广州邮轮产业发展的对策研究

林治顺*

摘　要：　广州邮轮产业自 2016 年开始启动。本文从航线和旅客吞吐
量、邮轮发展规划、邮轮码头建设、政策支持措施、财政支
持等方面总结了当前的发展概况。在总结广州邮轮产业发展的
优势和存在问题的基础上，分析了全球主要邮轮母港发展情
况，并从定位规划、母港建设、交通体系、区域合作、船队建
设、客源挖掘、便利通关、旅游购物、产业人才、安全应急机
制等方面提出了加快推进广州邮轮产业发展的对策建议。

关键词：　广州　邮轮产业　主要优势　邮轮母港

　　国际邮轮相当于全球航行的"流动的度假村"，其带来的大量客流、资金流及信息流已成为带动港口城市发展的新动力。当前，受全球经济复苏乏力和国内经济下行压力加大的影响，广州也面临着经济转型升级以适应发展新常态的形态。加快邮轮产业发展，是促进广州经济结构转型升级的重要举措，也是加快建设广州国际航运中心和国际航运枢纽的重要内容。

　　广州具有发展邮轮经济的巨大潜力，2016 年 1 月 3 日南沙邮轮母港开通，邮轮产业就步入了发展的快车道。当前应该抓住机遇，借鉴全球主要邮轮母港的发展经验，充分发挥广州发展邮轮产业的优势，积极谋划布局，争取将广州南沙打造为亚洲乃至世界重要的邮轮母港。

---

* 林治顺，博士，广州港务局港务监督管理处主任科员。

一 广州邮轮产业发展概况

（一）航线和旅客吞吐量

2016 年 1 月 30 日，云顶香港邮轮公司以广州南沙为母港，开辟了中国香港、越南、日本等国际邮轮航线，开启了广州国际邮轮母港的新纪元。11 月 13 日，亚洲最新最豪华的"云顶梦号"首航南沙，搭载来自全国各地的游客近 3400 名。2016 年南沙国际邮轮共开 104 艘次，首年旅客吞吐量突破 30 万人次，达到 32.6 万人次，在国内邮轮母港城市排名第三，仅次于上海、天津，占全国邮轮市场份额的 7.2%。2017 年 1 月 23 日歌诗达邮轮公司"维多利亚"号也在南沙开辟了至香港的航线。2016 年南沙邮轮母港发展取得了可喜的成绩，2017 年第一季度南沙邮轮已开 45 艘次，同比上年第一季度增加 20 艘次，邮轮旅客吞吐量 11.6 万人次，同比上年第一季度增长 66.7%，发展形势良好。

（二）邮轮发展规划

广州提出了"三步走"的邮轮发展目标：第一步是到 2016 年底，广州邮轮到达 100 艘次，邮轮旅客吞吐量 32 万人次，目前已经实现；第二步是到 2018 年底达到 160 艘次，旅客吞吐量 70 万人次；第三步是 2020 年底达到 240 艘次，旅客吞吐量 100 万人次。

（三）邮轮码头建设

南沙国际邮轮母港综合体项目拟新建 1 个 10 万总吨和 1 个 22.5 万总吨邮轮泊位，并预留发展空间。码头后方航站楼已于 2016 年 8 月动工建设，工程进展顺利。

（四）政策支持措施

2017 年 1 月广州市政府出台《关于加快广州国际邮轮产业发展的若干

措施》（穗府函〔2017〕4 号）。该项政策措施从加大对国际邮轮产业的支持、加快国际邮轮母港建设、打造国际邮轮全球采购船供配送中心和修造中心、提供签证和离境退免税服务、提升国际邮轮产业配套服务水平、建立健全邮轮安全环保应急机制、健全组织领导与协调机制等七个方面，提出了促进广州邮轮产业发展的支持措施。

（五）财政支持

1. 安排国际邮轮产业发展扶持资金

自 2016 年起，广州市和南沙区两级财政每年安排邮轮产业发展资金共3000 万元，计划先行连续扶持 3 年。邮轮产业发展资金主要用于支持邮轮新设企业、邮轮业务拓展、邮轮母港运营单位扶持、邮轮保险和引航拖轮相关业务、宣传推介、招商引资、业务培训、产业研究及服务保障等方面。

2. 对新设的邮轮公司给予奖励

对在广州组建或新迁入邮轮公司以及国际邮轮公司在广州设立独立法人公司，并取得交通行政主管部门邮轮国际航线运营许可，具备自有 A 类邮轮吨位以上并取得运营许可的，给予一次性奖励 200 万元；对在广州设立总部且符合《广州市总部企业认定条件和标准》（穗府〔2013〕14 号）的企业，落实总部政策。

3. 对拓展邮轮业务的企业给予奖励

母港邮轮航次奖励，对邮轮公司、邮轮经营人及租赁（或包租）邮轮的企业开辟广州母港邮轮航线的，每年按照当年累计实际航次业绩，给予最高 300 万元奖励；访问港邮轮航次奖励，对邮轮公司、邮轮经营人将广州作为访问港的邮轮航线，每年按照当年累计实际航次业绩，给予最高 100 万元奖励；单个企业有母港邮轮航次，又有访问港邮轮航次的，每年按照当年累计实际航次业绩，给予最高 300 万元奖励。

4. 对拓展邮轮业务的旅行社给予奖励

对组织国际邮轮游客通过南沙入境的旅行社，根据游客在广州过夜和一次性入境人数，给予每人次 100 元的奖励。对以包邮轮方式在广州港口停靠，并安排游客上岸观光的旅行社，根据 2015 年发布的《广州市旅行社组织接待游客来穗旅游奖励办法》，按照进出港每艘次给予 1 万元奖励。

二 广州发展邮轮产业的主要优势和不足

（一）主要优势

1. 具有优越的区位条件和旅游资源

广州地处珠三角几何中心，毗邻港澳，面向东南亚，地理位置优越，是珠三角城市群、华南经济圈、南中国和东南亚区域的中心。广州旅游资源丰富，是重要的旅游城市。广州的旅游综合竞争力位列副省级城市第一，2016 年广州旅游购物商品出口增长 20%，旅游业总收入增长 12%。2016 年 2 月，国务院批复广州市城市总体规划，广州除了被定位为广东省省会、我国重要的中心城市、国际商贸中心和综合交通枢纽，还被定位为国家历史文化名城。

2. 具备发展邮轮经济的经济基础

地区经济的发展对邮轮发展具有重大影响，当地区人均地区生产总值高于 6000 美元时，邮轮产业由于有经济的支持，可获得快速发展。而 2015 年我国人均 GDP 已超过 8000 美元，广州市则突破 2 万美元。2016 年广州市的地区生产总值达到 1.95 万亿元，人均地区生产总值达到 2.14 万美元。未来 5 年，广州将争取在 2018 年率先全面建成小康社会，2020 年地区生产总值达到 2.8 万亿元，年均增长 7.5% 以上。因此，广州发展邮轮产业，客源可以得到保障。

3. 政府支持

广州市委、市政府对发展邮轮产业十分重视，将发展邮轮产业作为建设广州国际航运中心的重要内容。2016 年广州市《政府工作报告》提出了大力培育旅游休闲等消费新增长点，并在未来的 5 年中，积极深化国家旅游综合改革试点。2017 年 1 月研究出台了加快广州邮轮产业发展的政策措施。

（二）存在主要不足

1. 缺乏宏观发展规划

由于广州邮轮母港发展起步较晚，因此出台相关推动邮轮产业发展的政策和宏观发展规划欠缺，同时国家也未给广州发展邮轮产业一个明确的发展定位。

2. 码头设施不足

自 2016 年 1 月开启邮轮母港以来，广州邮轮产业即步入发展快车道，但目前南沙国际邮轮码头主体工程尚未开工建设，旅客上下邮轮主要在南沙港区三期码头，邮轮港口条件尚未满足目前的发展需要。

3. 综合交通体系还需要完善

由于母港与市区相距较远，因此完善的交通体系对邮轮母港十分重要，目前主要交通条件是旅游大巴接驳，实现母港与机场、高铁、地铁、高速公路、旅游集散中心等重要交通枢纽的互联互通还须大力推进。

4. 邮轮服务要素的发展滞后

涉及邮轮服务的各种要素还有待研究、提高和发展，如通关环境、购物条件、物料供给、维修保养、邮轮专业人才以及围绕邮轮发展的金融保险等方面。

三 全球主要邮轮母港发展经验总结

目前，邮轮产业在国外一些重要城市发展已较为成熟，国内的上海、天津也走在广州的前面。分析和总结全球主要邮轮母港发展情况，有利于广州邮轮产业寻求适合自身的发展方向。以下选择具有较强代表的迈阿密港、巴塞罗那港、新加坡港、香港港、上海港的邮轮母港作为分析对象。

（一）迈阿密港

迈阿密是公认的"世界邮轮之都"，自 1968 年皇家加勒比邮轮公司将其作为邮轮母港以来，迈阿密港成为世界上最大的邮轮母港。目前迈阿密邮轮母港每年的邮轮游客人次占全球的四成以上，邮轮游客达到 1000 万人次以上，其中 85% 是来自美国和世界各地的长线邮轮游客。迈阿密之所以能成为"世界邮轮之都"，其发展优势包括以下几点。一是良好的地理位置、丰富的旅游资源及热销的邮轮航线。迈阿密面临加勒比海，是著名的海滨旅游胜地。二是优异的港口设施。迈阿密邮轮码头岸线 2600 米，12 个超级邮轮码头可同时停泊 20 艘邮轮。三是便捷的通关环境和畅通的交通枢纽系统。涵盖了港口、公路、机场、轨道交通的立体交通枢纽，使迈阿密邮轮母港具有强大的旅客接纳能力。四是具有庞大、稳定的旅客流量。目前美国有约 5000 万名邮轮旅游爱好者，邮轮旅游的传统保证了迈阿密的旅客客源。五是具有众多的有影响力的邮轮公司。母港竞争力吸引了邮轮公司，这些公司反过来推动母港地区的建设和发展，从而产生了大量关联性产品和交易，如石油、水和食品供应，邮轮抵离时的废物处理及附加的消费者需求（购物、通信等），因而形成了良性的经济循环。

（二）巴塞罗那港

欧洲拥有较长的邮轮经济历史，巴塞罗那港是欧洲最重要的邮轮母港之一。目前，巴塞罗那港每年的出入境旅客大约 300 万人次，邮轮旅游业已成为当地的重要产业。其主要发展优势有：一是丰富的旅游资源和广受欢迎的邮轮航线。巴塞罗那是欧洲著名的旅游胜地，港口位于欧洲南部和地中海西岸，游客乘坐邮轮可通达地中海诸国。地中海美丽的海洋风光使环地中海及苏伊士运河邮轮航线大受游客欢迎。二是优良的港口设施及配套设施。巴塞罗那建设有 6 个邮轮码头，最多可以供 9 艘邮轮停靠。港口还为邮轮提供物资补给、废弃物处理、船舶维护修理等邮轮配套服务。邮轮大厦凸显现代、豪华、舒适的服务理念。三是良好的交通枢纽体系。巴塞罗那邮轮码头位于市中心，游客可以方便快捷地前往各个景区、酒店或娱乐场所。陆、空交通衔接顺畅，其国际机场为邮轮运作提供十分到位的服务。四是稳定的邮轮客源市场。欧洲邮轮旅游的传统，以及每年从美国等世界各地接踵而来的游客，保障了母港的客源。

（三）新加坡港

新加坡目前已形成了以邮轮母港运营为核心的邮轮产业集群，母港运营水平处于世界领先地位，被誉为"全球最有效率的邮轮码头经营者"。现建有新加坡邮轮中心和新加坡滨海湾邮轮中心，有两个22.5万总吨级邮轮码头，年邮轮旅客吞吐量达150万人次以上。其迅速发展的主要原因有：一是邮轮母港完美融入城市交通体系。新加坡邮轮码头均位于城市中心区域，与整个城市交通网络都有便捷的联系。二是母港与相关产业链协调发展。新加坡充分利用了邮轮带来的客流资源以及邮轮的品牌效应，在邮轮的实际运营中促进了邮轮产业和其他产业如休闲娱乐、城市旅游的协同发展。三是规划建设理念突出预见性和发展性。母港建设强调了为游客服务的理念，又如充分考虑到未来的发展规模，在母港刚投入运营时，为周边发展保留空白用地。四是科学有效的运营模式。这主要体现在两个方面：一方面是相互合作的双港运营模式。两个邮轮码头加强合作，错位发展，避免恶性竞争。另一方面是专业经营。两个邮轮码头的建设投资方与运营方分离，都是委托专业码头运营企业来经营的。五是产业发展政策保障。新加坡政府在邮轮母港建设、运营中积极搭建发展平台，为邮轮经济发展制定了鼓励政策。如设立新加坡邮轮发展署，对邮轮发展起到很好的推动作用。六是良好的购物环境，旅客可享受各种免税退税的购物优惠。

（四）香港港

中国香港地区政府十分重视邮轮旅游业的发展，将香港港定位为亚洲邮轮枢纽。目前香港邮轮旅客吞吐量达到200多万人次。其发展优势包括以下几点。一是港口设施优良。香港有2个邮轮码头4个泊位，其中海运码头有2个5万总吨级泊位，新建的启德邮轮码头两个22万总吨级泊位。二是客源市场潜力巨大。内地巨大的客源市场是香港发展邮轮的最重要保障。邮轮旅游方面特别重视与内地合作，如与海南、深圳、上海均有不同程度的合作。三是吸引内地游客的购物环境。四是政府重视。香港政府自资兴建及设计启德邮轮码头,投资额达到82亿港元;在世界各地特别是内地推介香港邮轮旅游,并连同不同的邮轮公司推出宣传活动等。五是中央支持。自2009年起,内地旅行团可从香港搭乘邮轮前往台湾。2012年,中央政府允许内地旅行团从香港搭乘邮轮到台湾,在同一行程中可前往日本和韩国,之后再返回内地。六是拥有专业船队。在南沙邮轮母港开辟航线的云顶公司,其总部就设在香港。

(五)上海港

上海在中国内地邮轮母港发展方面一直独占鳌头,2016年邮轮开航509艘次,旅客吞吐量达到300万人次左右,占全国的65%。相对南沙邮轮母港而言,上海在港口、交通和客源等方面具有较大的优势。其发展优势包括以下几点。一是港口条件良好。上海有2个邮轮码头5个泊位,其中上海国客中心有3个7万总吨级泊位,吴淞口国际邮轮码头有10万、20万总吨级泊位各1个。二是政府大力支持。上海市政府十分重视邮轮母港建设和人才建设,而且对打造邮轮产业链、提升邮轮码头综合服务和管理水平、推进邮轮航线和旅游产品开发等方面也提出了支持政策。三是积极打造本土邮轮船队。上海除了积极与世界各大邮轮营运公司合作,还通过合作积极打造本土船队。2014年通过购入"精致世纪"号邮轮,组建本土邮轮公司。四是人才培养走在全国的前列。目前上海高校已开设邮轮经济专业、成立研究中心。

审视全球邮轮母港的发展情况,影响产业发展的重要因素包括地理位置、旅游资源、港口条件、交通枢纽、客源保障、便利通关等。对于欧美邮轮市场,邮轮旅游的传统是其邮轮产业发展经久不衰的最主要保障;对于亚洲新兴邮轮市场,政府支持、科学规划、购物环境、船队建设等是重要的影响因素。借鉴全球主要邮轮母港的各个发展要素,结合自身发展实际,广州邮轮产业发展重点可以从科学规划、母港建设、交通体系、区域合作、船队建设、客源挖掘、便利通关、旅游购物、产业链建设、人才建设等方面进行推进。

四 加快推进广州邮轮产业发展的对策建议

（一）明确母港发展的定位和规划

2015 年 4 月交通运输部发布的《全国沿海邮轮港口布局规划方案》（"始发港布局方案"）中提出："珠江三角洲，近期重点发展深圳港，服务珠江三角洲地区，开辟南海诸岛、东南亚等航线。相应发展广州港。"除此国家对广州邮轮业再无细化发展规划。因此，广州应立足于自身发展需要来发展邮轮产业，同时要积极争取国家、省等有关部门对广州邮轮产业发展的支持。

广州市政府出台了《关于加快广州国际邮轮产业发展的若干措施》，提出了广州邮轮"三步走"发展目标，并从政策支持的层面提出了多项支持措施，其内容涉及母港建设、资金扶持和奖励、产业链发展、服务配套等方面。邮轮产业发展有了政策指导和支持，各有关部门正积极细化和落实，有些政策措施正积极研究争取国家支持。广州发展邮轮产业，需要一个具有宏观性的发展规划，并配套一揽子支持政策。发展规划应站在产业链发展的高度，对邮轮产业涉及的近 20 个相关产业，包括邮轮设计制造、母港建设、物流运输、观光旅游、休闲娱乐、港口服务、金融保险、教育培训等方面，进行统筹规划。配套政策要凸显对重要发展要素，如在客源挖掘、基础设施、船队建设、航线开辟、人才培养等方面的支持。

（二）加快母港规划建设

从全球主要邮轮母港的港口设施来看，迈阿密邮轮母港有 12 个码头 20 个泊位，巴塞罗那有 6 个码头 9 个泊位，新加坡有 2 个码头 2 个泊位，香港有 2 个码头 4 个泊位；从内地来看，上海有 2 个码头 5 个泊位，三亚有 5 个 8 万~22.5 万总吨泊位，天津有 2 个 22.5 万总吨泊位，深圳有 5 万吨、20 万总吨级泊位各 1 个。目前广州准备建设的南沙邮轮码头，设计有 10 万总吨、22.5 万总吨级泊位各 1 个。即使 2018 年可以顺利建成投运，按照目前广州邮轮的发展速度和将来的发展定位，也有可能面临码头泊位不足的问题。因此，对于广州邮轮母港的规划建设，应当突显前瞻性和预见性，争取提早预留后续建设 2 个 22.5 万总吨级深水泊位岸线，并充分考虑邮轮码头建设而形成的邮轮母港产业链发展的需求，在规划邮轮母港时，预留充足的拓展空间。

（三）完善交通枢纽体系

要解决邮轮母港与市区相距较远的问题，实现南沙母港与旅游集散中心、机场、地铁、高速公路、高铁等重要交通枢纽的互联互通。通过增加接驳巴士，增设道路交通标识，构建高效便捷的邮轮母港配套交通网络，为邮轮游客提供快速集散服务，提升母港的接纳能力。

（四）加强区域合作与船队建设

广州现有中国香港、越南、日本三条邮轮航线。近期可以将航线开辟到中国台湾、新加坡、泰国以及内地沿海等旅游热点地区。此外，由于广州在地理位置上太接近深圳、香港，因此在航线经营上要加强与深圳、香港的合作，优势互补。

从长远发展的角度，广州应该考虑组建自己的邮轮船队，争取在邮轮经营上的主动权。近期可考虑与云顶邮轮公司或与其他欧美邮轮公司合作，通过合资方式组建。

（五）挖掘潜在客源

庞大的而又能持续增长的客源市场是邮轮产业发展的重要保障。我国内地没有邮轮旅游消费的习惯，因此积极挖掘潜在客源市场十分必要。要开发本地和内陆腹地的邮轮旅游市场，应通过各类推介手段，提升潜在游客对邮轮旅游的认知和兴趣。目前可充分利用各种宣传平台，大力宣传具有岭南文化特色的广州邮轮旅游。要加强对国外重要的旅客输出地区的推介，进一步扩大邮轮旅游资源。同时还要开发具有广州特色的国际邮轮访问港岸上旅游产品，形成旅游新增长点，打造华南国际邮轮旅游目的地。

（六）加快出台便捷通关与退税免税政策

要不断提升口岸服务水平，研究出台与国际接轨的、科学便捷的通关制度。要充分发挥自贸区的政策优势，面向出入境游客提供免税、退税购物服务。一是积极向国家有关部委申报"144小时过境免签政策"。对乘坐邮轮从南沙入境的外国旅客组团赴珠江三角洲等地区旅游，实施免予签证政策。二是争取国家政策，设立口岸免税店，为邮轮旅客提供免税商品，促进旅游消费。

（七）构建人才高地

专业人才是邮轮产业发展极其重要的因素。构建国际邮轮产业人才体系，为广州邮轮经济的发展培养、积聚和储备人才，支持广州高校开设邮轮相关专业，探索建立国际邮轮学院；鼓励职业院校开设邮轮研发设计、生产制造、维修保养、航海技术、轮机工程、旅游管理、船供物流和海事法律等特色专业；支持邮轮海员招募和外派机构发展；可借助高校、世界著名邮轮公司等资源，成立专门的邮轮人才培训基地或研究中心；落实引进高层次产业人才在工作、生活等方面的待遇。

（八）打造数字化邮轮母港

要以信息化和智能化手段建设集码头、邮轮公司、旅行社和国际游客于一体的邮轮旅游综合信息服务平台。服务平台与广州国际贸易单一窗口对接，为旅客、船舶和相关物品提供便利化通关服务。

（九）建立和完善邮轮旅游安全保障与联动机制

要制定涉及邮轮旅游的各项应急预案，实施应对群体性公共卫生和重大疫情等突发事件应急处置机制，明确各相关单位的职责和分工，定期开展应急处置演练，督促和检查邮轮公司开展安全生产及落实邮轮使用岸电或转用低硫油等排放控制区有关要求，切实做好邮轮旅游的安全保障、污染防治、水上管控及应急工作，推进邮轮产业绿色发展。

参考文献

广州市人民政府：《建设广州国际航运中心三年行动计划（2015～2017）》（穗府〔2015〕23号），2015年8月31日。

广州市人民政府：《关于加快广州国际邮轮产业发展的若干措施》（穗府函〔2017〕4号），2017年2月4日。

温国辉：《广州市第十五届人民代表大会第一次会议政府工作报告》，2017年1月5日。

王珏、黄景贵：《发展海南邮轮母港的美国经验借鉴》，《城市旅游规划》2015年第2期。

门达明：《加勒比海与南海邮轮旅游比较研究》，《现代商业》2016年第10期。

夏雅俐：《国内外邮轮经济研究动态与相关区域转型研究展望》，《企业导报》2015年第24期。

陈有文、赵彬彬：《世界邮轮旅游产业发展概况与空间结构特征研究》，《水运工程》2015年第2期。

李涛涛、叶新梁、蔡二兵：《新加坡邮轮母港的运营之道》，《中国港口》2016年第2期。

倪菁：《亚洲邮轮旅游市场发展对中国邮轮旅游业的启示》，《淮海工学院学报》2016年第5期。

吕威、麦宇雄、覃杰：《关于邮轮港口定位、选址技术要求及建设规模的探讨》，《中国水运》2016年第4期。

蔡二兵、史健勇：《上海吴淞口国际邮轮港经营模式》，《水运管理》2014年第8期。

颜晨广、朱彬姣：《中国邮轮母港综合评价及发展建议》，《港口航运》2014年第5期。

B.8
构建广州全球船舶登记中心
改革创新路径研究

中共广州市委全面深化改革领导小组办公室课题组*

摘　要：　我国现阶段对船舶采取的是严格登记制度，而国外大多采取开放型船舶登记制度，导致我国中资船舶移籍现象严重。广州有着优越的地理位置，背靠快速发展的经济腹地和现有较为完善的航运基础设施、航道条件和相关税收法律政策，实行全球船舶登记制度，吸引全球海运船舶来穗落户可行性较强，有助于国际航运枢纽建设。广州应大力改革创新，放宽船舶登记条件、拓展船舶业务领域、实施税费优惠政策、完善配套服务措施，进而提升广州建立国际船舶登记中心吸引力，促进全球航线、航运服务、航运金融和船员、物流等国际航运枢纽的要素资源向广州集聚。

关键词：　国际航运枢纽　船舶登记　港务服务

---

* 课题组成员：黄健仙，中共广州市委全面深化改革领导小组办公室专职副主任；章翔宇，中共广州市委全面深化改革领导小组办公室秘书处处长；张新华，中共广州市委全面深化改革领导小组办公室秘书处调研员；梁海波，中共广州市委全面深化改革领导小组办公室秘书处副调研员；李天生，大连海事大学法学院海商法系教授、博士生导师，大连海事大学学术委员会委员，中国保险法学会理事；初北平，博士，大连海事大学法学院教授、博士生导师，大连海事大学海上保险法研究中心主任，中国海商法协会理事；朱作贤，博士，大连海事大学法学院教授、硕士生导师；蒋跃川，博士，大连海事大学法学院副教授、硕士生导师。

近年来，广州提出了建设国际航运中心和国际航运枢纽的战略目标。为此，广州要对标世界先进航运中心，聚焦补齐短板，不仅要打造"吨位大港"，更要发展航运金融、航运保险、航运法律服务等高端航运服务业，打造更高层次的"价值大港"，面向世界集聚高端资源要素，推动广州国际航运中心建设迈上新台阶。建立广州全球船舶登记制度是建设"价值大港"的关键举措之一，通过推进广州全球船舶登记中心建设，吸引全球海运船舶重大资产的落户，可以极大地促进广州加快全球航线、航运服务、航运金融和船员、物流等国际航运中心要素资源的集聚，为广州国际航运中心建设创造更加有利的条件。

一 实行全球船舶登记制度构建广州全球船舶登记中心的重要意义

当前，世界不少发达国家采取开放型船舶登记制度，而我国采取的是严格登记制度，导致中资船舶移籍现象严重。从广州港情况看，根据中港网发布的《2016年全球十大港口货物吞吐量》的排名情况，广州港以5.22亿吨排名全球第六。但从"新华·波罗的海国际航运中心发展指数"发布的《2016年全球前十位的国际航运中心》来看，广州港则无法进入前十，只能进入五十强。如此大的差异表明，港口发展不能单纯依靠吞吐量这一个条件，法律法规和制度政策的完善也是港口发展的重要条件。在广州港建立国际船舶登记制度，对广州港乃至整个广州市的发展都有重要意义。

（一）为广州"国际航运中心三年计划"提供基本保障

国际航运中心的建设需要不断完善航运功能，需要不断发展临港产业，需要大力发展现代物流，需要加快发展航运服务业，而这些目标的顺利实现又需要合适的船舶登记制度作为依托。全球船舶登记制度的实施将使广州成为更多的中资国际航运船舶回国登记的首选地，从而提升广州港货物、集装箱的吞吐量，进一步提升广州在国际航运中的核心竞争力。

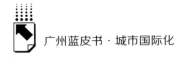
（二）为推动广州航运服务业升级提供制度动力

船舶登记是赋予船舶国籍和权利义务的行为，船舶在广州港登记注册，就意味着与该船舶有关的经济活动，包括船舶建造、买卖、检验、保险、融资等一系列工作会陆续在广州港开展。广州港以优越的地理位置、充足的集装箱资源、优良的深水航道和港口为依靠，多年来逐渐形成完整的、相互协调的航运服务产业链，再辅之以全球船舶登记制度，必将能够为广州打造航运服务业的"升级版"。

（三）能够促进广州港口城市发展转型，提升产业竞争力

在对外交流日益频繁、各国携手共建"21世纪海上丝绸之路"的今天，广州港口城市的发展需要进行战略转型。在面临严格登记制度所造成的一系列问题后，紧跟时代的步伐，顺应国家的战略选择是大势所趋。广州全球船舶登记制度的构建对于我国的国家安全、经济安全都是一个很好的保障，对于我国稳固世界航运大国的地位起着助力作用。实行全球船舶登记制度对于广州作为港口城市的发展，无疑是一个强大的推动力。

（四）为广州打造全球著名船舶登记中心提供制度支撑

广州要建立国际船舶登记中心，要建立国际船舶登记制度，因为实践中出现了大量中资船舶移籍的情况。为解决此问题，我国先后实施的特案免税政策、中国洋山保税船舶登记制度、天津东疆国际船舶登记制度等制度虽有一定的效果，但未从根本上解决问题。税收、船员、船舶融资等一系列问题以及船舶登记中心的具体运作流程，都亟须完善的制度支撑。在广州实行全球船舶登记制度，对海内外的船舶加以管理，则可为广州打造全球船舶登记中心提供制度支撑。

二　广州实行全球船舶登记制度的可行性

尽管我国大陆地区尚未正式建立起类似于香港地区和国外的新加坡等的

船舶登记、第二船籍登记制度，但相关制度的试点运行已经在上海保税港区、天津保税港区内进行。广州南沙港已于2008年经国务院批准正式成为保税港区，因此，结合广州港的特点、保税港区的特征以及相关税收法律政策，广州实行全球船舶登记制度具备较强的可行性。

（一）优越的地理位置为制度施行提供了区位保障

作为华南地区的交通枢纽中心，广州已形成了辐射东南亚，连通世界各地的海、陆、空立体交通网络。珠三角航运条件得天独厚，河道纵横交错，航运资源条件优越，实现"江海直达，连通港澳"。广州港南沙港区地处珠三角经济腹地中心，是珠江西岸最大的深水码头。南沙港区与深圳、香港相比，地理位置上更靠近珠江西岸货源地。广州具有国家级新区和自由贸易试验区双重政策叠加优势，与天津、上海等地相比，具有更大的发展平台。广州港如此优越的地理条件可以为建立全球船舶登记制度提供良好的区位保障。

（二）国家赋予的城市定位为制度实行营造了有利的政策环境

国务院批复同意的《广州市城市总体规划（2011～2020年）》明确将广州定位为"广东省省会、国家历史文化名城，我国重要的中心城市、国际商贸中心和综合交通枢纽"，要求广州当好改革开放排头兵、创新发展先行者，以制度创新为核心，率先挖掘改革潜力，破解改革难题，建设"21世纪海上丝绸之路"重要枢纽和全国新一轮改革开放先行地。国家赋予广州的战略定位和部署为广州国际航运中心建设指引了方向，也为广州建立全球船舶登记制度营造了环境。

（三）快速发展的经济腹地为制度实行提供支撑

腹地经济良好是形成国际航运中心的重要因素。广州港腹地广阔，泛珠三角省区货物主要经由广州港出海。这些地区近年来产业发展迅速，是中国经济发展的新生力量。同时，广州港临港经济发展快速，吸引了大量国际船公司和大型物流企业在广州港设立区域总部，马士基、中远、中海、招商局等大型航运、物流企业更是直接投资参与港口建设经营。

（四）完善的航运基础设施和航道条件具备接纳全球船舶的能力

世界上著名的国际航运中心在基础设施上都具备两项要素。一是港口设施功能齐全，尤其是配备有高效的装卸设备。广州港拥有60个万吨级以上泊位，其中半数以上可停靠5万吨级以上的船舶，万吨级以上装卸作业浮筒14个。南沙港区三期6个15万吨级集装箱泊位主体工程基本完工。二是为适应船舶大型化的要求，相应港口基本属于深水良港。珠江口至南沙港区的通航水深17米，满足12万吨级散货船舶进出港；黄埔港区至南沙港区通航水深13米，满足5万吨级船舶乘潮通航。

（五）旺盛的海运需求急需相应制度的配合

全球知名的国际航运中心均拥有世界上货物吞吐量和集装箱吞吐量名列前茅的港口。广州港的海运业务已基本与鹿特丹港、新加坡港、香港港达到同一量级。目前，广州港港口货物吞吐量和集装箱吞吐量分别位居世界港口第六、第七位。与全世界400多个港口有海运贸易往来，遍布100多个国家和地区；与欧洲、美洲、澳洲、红海、东南亚等地开通46条直航航线。世界前十位的集装箱航运公司均在广州开辟了航线。在广州建立全球船舶登记制度，是对其他国家优良经验的吸纳，也是当前旺盛的海运需求使然。

（六）相关税收法律政策为制度实行提供便利

中资船舶移籍的很大一部分原因就是船舶在国内登记税收过高。广州南沙保税港区享有诸多税收优惠。例如，享受境外入区货物免征进口关税和海关税，进入我国国内销售才按货物进口的有关规定办理报关及相应征税；国内货物入港区视同出口，实行退税；港区内企业之间的货物交易不征增值税和消费税。在保税港区内享受税收特权，这对海内外船舶有着非常大的吸引力，在南沙保税港区内进行海上运输，无疑为船舶找到了一个合适的"税收避风港"，为身处海外的船舶"游子回归"提供了便利。

三　构建广州全球船舶登记制度的对策建议

国内各地都在积极研究船舶登记制度改革方案，突破较大的有特案免税船舶登记制度、天津东疆国际船舶登记制度（以下简称"天津方案"）以及上海自贸区国际船舶登记制度（以下简称"上海方案"）等，但效果有待考证。广州全球船舶登记制度的构建需要在此基础上，吸取经验教训，同时借鉴新加坡、中国香港、挪威、英国等国家和地区国际船舶登记制度的优势，结合广州港自身的特点，构建一个更加完善的船舶登记制度，实现其促进广州建设国际航运枢纽的发展目标。

（一）放宽船舶登记条件

一是降低船舶有所有权的中资比例。我国法律对船舶所有权的中资比例要求相对较高[1]，严重制约外资对五星红旗船舶的投融资。建议广州利用建设南沙自贸区的有利契机，参考新加坡《商船条例》规定和上海方案，以一定的船舶吨位划分船舶所有权的中资比例限额，以吸引外资对广州港籍船舶的投融资，同时突破上海、天津船试点的地域局限性，提升广州船舶登记制度在全国的优势和地位。

二是降低船员国籍限制。我国法律规定雇用外籍船员的审批制度对船舶经营人的经营自主权形成了限制[2]，增加了船舶经营的成本。天津方案提出，登记船舶可以雇用除船长、轮机长和主管机关外比例不超过30%的外国籍高级船员，并将相应的审批权限下放至天津海事局。上海方案进

---

① 《中华人民共和国船舶登记条例》第二条第二款，登记的企业法人的注册资本中有外商出资的，中方投资人的出资额不得低于50%。

② 《中华人民共和国船舶登记条例》第七条，中国籍船舶上的船员应当由中国公民担任；如果确实需要雇用外国籍船员的，应当报国务院交通主管部门批准。

一步取消了外籍船员比例的限制，并将监管模式改为事后备案，使登记船舶的船东对船员的雇用更为自由。建议广州力争获得行政审批权限以突破我国《船舶登记条例》对船员国籍的限制，通过完全放开船员国籍的限制，给予船舶经营人更大的船员选聘自由，降低船舶经营人的经营成本。

三是放宽船龄限制。我国对已达到强制报废船龄的运输船舶实施强制报废制度①。这种"一刀切"的做法，使一些船龄达到限度但船况良好的船舶不得不退出船舶营运市场，给船舶经营者造成一定的经济损失。天津方案在一定程度上放宽了对船龄的限制，列举各类船舶的船龄标准。上海方案则明确规定在现有船龄标准上放宽两年。建议广州争取突破国家《老旧运输船舶管理规定》中相关规定的行政审批权限，制定不以具体的船龄为限制，而是以船舶的综合安全状况考量是否将其淘汰出市场的政策。

四是允许"先照后证"。所谓"先照后证"是指，在船舶登记手续上不以船舶技术要求达标作为船舶所有权、抵押权登记的前提条件。"先照后证"是香港船舶登记制度的优势之一，我国特案免税政策、天津方案以及上海方案都没有进行制度突破。建议广州借鉴香港办法，尝试放宽船舶登记中对船舶技术要求的时间限制，允许先行登记船舶所有权、抵押权，待船舶技术达标时，再行发证。这样减少在广州登记船舶所有权及其抵押入注册所需时间，有利船舶买卖及船东的融资的安排，提升广州船舶登记吸引力和竞争力。

（二）拓宽船舶业务领域

一是开放船舶检验市场。船级社入级检验具有一定的滞后性，对于船舶安全状况的反应存在一定的局限性。中国香港和新加坡船舶登记制度都放宽对船级社的限定，建议广州以此为参照，争取对船舶登记立法做出相应的调

---

① 《中华人民共和国老旧运输船舶管理规定》第六条。

整，或豁免该条例的适用，取得实施这一做法的权限和保障其合法性，不再将船级社限定为中国船级社，而是在船舶检验机构与船级社之间建立承认机制，选定信誉较高的船级社，承认这些船级社出具的船舶检验证书的效力，使其等同于我国境内法定检验机构的船舶技术证书，满足国际航行船舶的船级社选择需求。

二是给予中资国际航行船舶沿海捎带业务经营权。当前，我国将船舶划分为国际和国内航行船舶，并分别进行管理，对于从事国际航行的中资船舶而言，这一船舶登记制度竞争力不强。上海方案突破国际航行船舶从事沿海运输的限制，允许中资航运公司利用自有或控股的非中国籍国际航行船舶，在我国境内开放港口与上海港之间（以上海港为中转港）开展外贸进出口集装箱的捎带业务。挪威为激励国际航行船舶的营运，也赋予挪威国际航行船舶享有更多的税务优惠。建议广州借鉴上海方案，放宽对中资国际航行船舶沿海运输的经营限制，给予中资国际航行船舶"国民待遇"，允许其从事广州港与我国境内开放港口间的捎带业务，吸引中资国际航行船舶的回归。

三是放宽航行作业区域限制。按照我国有关规定登记的船舶，只能从事国际航行和作业，不能在境内水域进行施工作业。天津方案突破这一限制，规定经交通运输部批准后从事工程作业的船舶和为海洋石油勘探、开发、生产服务的各类船舶，在特殊情况下可在境内水域施工作业。建议广州借鉴天津方案，放宽相应限制，保障广州国际航运中心建设工程的顺利进行。

（三）实施税费优惠政策

一是削减税目。当前，航运企业需要缴纳的税目繁多，给航运企业的船舶营运造成极大的经济负担。天津方案在一定的条件下免除了航运企业的营业税等。建议广州借鉴天津方案，进一步减免登记船舶所应缴纳的税目，即不仅免收航运企业的营业税，同时也应尽量免收航运企业的其他营运税目。其中，对于船舶进出口环节税，广州应该充分利用南沙保税港区的优势，借鉴特案免税船舶登记制度的做法，免除登记船舶的关税和进口增值税。

二是改革船舶吨位年费征收制度。我国《船舶吨税暂行条例》虽然也规定按净吨计收吨税，但在大于 2000 净吨时，悬挂五星红旗船舶的吨位年费一路走高，且费用没有封顶，极大地阻却大吨位船舶登记为五星红旗船舶。建议广州参照中国香港与新加坡的船舶吨位年费封顶做法（中国香港、新加坡船舶吨位年费的最高额分别为港币 77500 元、10000 新元），争取行政豁免权限，在现有的《船舶吨税暂行条例》下，对广州港籍船舶实施船舶吨位年费按净吨位分级记收，且根据航运实践情况设置一个合理的封顶限额，甚至可以免收。

三是给予超标准船舶登记税费优惠。所谓超标准船舶是指船舶的相关标准高于船舶登记制度所要求的技术、安全和环保标准等。广州国际航运中心的建设应对航运产业群进行全面规划，需要鼓励优质船舶入籍登记，优化船队结构，提升船籍港的品质形象。建议广州借鉴新加坡的做法，给予超标准船舶更优惠的登记税费减免政策，并以一定年限内船舶的综合节能减排效果具体确定是否给予船舶这一年限内相应的税费减免优惠。

四是减免船队登记税费。船队规模建设是航运业发展的支撑。国际上，为促进船队规模的扩大，英国马恩岛船舶登记制度规定，船公司的船队同时进行登记则其登记年费可以享受优惠；新加坡船舶登记制度则推出"大批转籍计划"，提供给船队登记费用的特别优惠。建议广州借鉴类似做法，制定相应的船队登记优惠制度，对同一船公司的多艘船舶同时或先后在广州进行登记的，则给予相应的登记税费减免。

（四）完善配套服务措施

一是培养高素质专业人才，提供高质量服务。我国当前从事船舶登记服务的人员大都未接受过专业的训练，登记错误、登记瑕疵时有出现。广州全球船舶登记服务面向的将是国内外船舶的登记服务需求，培养高素质的专业人才以保障船舶登记服务的质量，是广州全球船舶登记制度打造制度优势的着手点之一。建议广州借鉴香港海事处的做法，注重培养高素质专业人才，为国内外的船舶登记需求者提供最满意的船舶登记服务，力争借助人才优势，宣扬广州全球船舶登记制度的品质优势。

二是完善船舶融资租赁服务。完善的船舶融资租赁制度是提升船舶登记制度吸引力的重要因素。现阶段，我国船舶融资租赁制度制约性较强，对出资来源进行了严格的限制，例如境内船舶融资租赁出租人属"三资"企业的，其外资比例不得高于50%①，导致五星红旗船舶的融资租赁渠道较为单一，中小型航运企业融资困难，引发中资船舶移籍。上海方案增加了船舶融资租赁登记，但船舶融资租赁渠道单一的局限性未得到有效改善。建议广州充分发挥广州航运交易所的作用，完善其服务功能，借鉴新加坡航运信托的做法，放宽对船舶融资租赁出资比例的限制，吸引港澳资金投入广州自贸区，服务船舶投融资。

三是提供一站式船舶登记服务。我国船舶登记除涉及的部门繁多之外，登记程序也极为烦琐，各个程序之间缺少明确的时间限制。天津、上海自贸区都是留给船舶登记机关自行规定，船舶登记工作缺乏透明性。建议广州借鉴香港一站式登记服务做法，推动相关的部门进行简政放权，将船舶登记事权统一于一个专门的船舶登记处，由专业人才对外提供给船东所有船舶登记服务，避免不同部门间因分工合作造成的时间损失和沟通不畅造成的不利影响。

四是制定"权力清单"制度，公开船舶登记程序。建议借鉴挪威、新加坡、中国香港对船舶登记程序设置申诉程序的做法，公开列明船舶登记所需的材料和费用，具体、合理地规定每个登记程序的时间限制，并设置船舶登记申诉程序，督促船舶登记部门依法办事。

五是设置动态的船籍港品质管理系统。在现有船舶监管法律体系的基础上，须增设更为动态、灵活、综合的船舶质量监管系统。建议借鉴香港船舶登记制度的 FSQC 系统，设置广州港籍船舶品质电子监管系统，通过相关数据的收集、汇总、分析，评估船公司的监管水平和船舶状况，采取相应的奖惩措施。同时融 PSC 检查、船级社检验等多维监管方式于一体，实现对广

---

① 2008 年交通运输部《关于规范国内船舶融资租赁管理的通知》。

州港籍船舶质量的有效管理。

六是落实船员权益保障。天津、上海两个国际船舶登记试点方案，都只规定船员国籍的放宽，但未相应地规定外籍船员的待遇问题，如何保障外籍船员的权益是船员国籍放宽不可避免的问题。建议广州在现有的船员权益法律保障体系下，以广州港为基点，借鉴新加坡的船员福利待遇政策，出台适用于广州范围内的更完善的船员权益保障法律规范，满足广州建设国际航运中心的现实需求，提升广州国际航运中心的国际形象。

（五）提升广州建立国际船舶登记中心吸引力

一是整合交运资源。多种运输方式的结合，可以提高运输效率，充分发挥广州联系西江流域和泛珠三角的交通枢纽优势，整合资源，实现效益最大化。建议广州在空运、海运及陆运取得飞跃式发展的基础上，把陆运与海运结合起来，紧跟"一带一路"建设步伐，实现港区内的信息互通、资源共享。在广州进行多种运输方式的资源整合，不仅可以给予海上运输更加广阔的平台，同时通过海、陆、空三种方式的相辅相成，吸引更多的船舶回国登记。

二是大力开展港区内基础性建设活动。建立全球船舶登记中心，需要一系列的基础性准备工作加以保障。挪威建立了专门性的船舶登记机构具体负责主管和实施国际船舶登记工作。该国在卑尔根市成立挪威国际船舶登记处，专门主管和负责针对挪威及国外船东进行国际船舶登记工作①。建议广州借鉴其他国家和地区的先进经验，在广州港区内多开展基础性建设活动，如建立船舶登记处，形成一系列完备的规章制度规范船舶登记流程。

三是拓宽广州港对外辐射能力。目前，南沙集装箱码头已开通了7条集装箱班轮航线，逐步成为广州建设航运中心的重要版图。由于各国往来贸易存在方向上的不平衡性，船公司往返程航线设计会有所区别，可能挂靠不同的港口，以保证箱位的充分利用。建议广州在港口增加外贸集装箱班轮航

---

① 杨海涛：《国际船舶登记法律制度研究》，大连海事大学博士学位论文，2013。

线，积极向海外拓展航运业务，加强与国际上的航运公司、航运组织互动交流，形成资源共享、信息互通的一体化交流平台，以吸引越来越多的国际上的航运公司对南沙保税港区、广州全球船舶登记中心等制度的高度重视，从而竞相在广州港进行登记。

四是重视港区生态环境的维护。构建一个绿色、环保、安全的港口是建设全球船舶登记中心的前提。维护港区生态环境，是提升广州港全球船舶登记中心吸引力的重要一环。建议广州强化港口和船舶环保管理，推动粤港澳台合作控制远洋船舶污染排放，改善港口用能结构，推动运输车辆和港口内拖车"油改电""油改气"进程。加强港区污染的防止和生态保护，推进港区码头环境保护系统、循环处理系统、废物回收系统、油污治理系统等发挥作用。同时，严格控制船舶污染物和油污的排放量，加大对港口环保的政府扶持力度，进一步提升广州港构建全球船舶登记中心的环境吸引力。

参考文献

黄波：《广州港南沙集装箱码头竞争策略研究》，华南理工大学硕士学位论文，2005。

唐宋元：《广州将构建国际航运中心新格局》，《中国港口》2015年第9期。

唐朦：《国际船舶登记制度刍议——以中国（上海）自由贸易试验区建设为背景》，《中国海事》2014年第8期。

国际交往与合作

International Communication and Cooperation

B.9
广州举办国际会议强化国际交往中心城市功能的发展路径研究

广州市社会科学院、广州市外办联合课题组*

摘　要： 国际会议与城市发展相辅相成，它所带来的经济贡献、品牌效应和智慧激荡已经成为城市国际化发展和竞争力提升的重要源泉，同时也是城市走向世界塑造良好形象的核心标志。举办国际会议，对广州集聚国际高端资源、倍增产业发展优势、完善国家中心城市功能、提升城市国际化水平都有着积极的作用。广州举办国际会议起步早、能力强、数量多、类

* 课题组成员：伍庆，博士，广州市社会科学院国际问题研究所所长、副研究员；姚宜，广州市社会科学院国际问题研究所副所长，研究员；胡泓媛，广州市社会科学院国际问题研究所助理研究员；邓丹萱，博士，广州市社会科学院国际问题研究所助理研究员；李丰，博士，广州市社会科学院国际问题研究所助理研究员；吕伟，广州市外事办公室科员；陈燕，广州市外事办公室科员。

别全，有着较强的优势。但是与国内外先进城市相比，仍有一定的差距，与广州目前国家重要中心城市的综合实力和国际地位不相适应。广州举办国际会议具备良好条件，应该以"顶层争影响，中层树品牌，底层扩数量"的发展路径，强化广州重要的国际交往中心功能。

关键词： 国际会议　国际交往中心　城市功能　广州

举办国际会议数量和层次是城市对外交流频度的直接反映，是衡量城市国际交往水平的重要指标。近年来广州城市国际化发展水平持续提升，也举办了一系列具有一定国际影响力的国际会议。然而与国际重要的交往中心城市相比，广州在举办国际会议——尤其是高端国际会议方面仍然存在较大差距。这与广州国家中心城市的综合实力和区域性国际大都市的国际地位不相匹配，也与广州建设国际交往中心城市和枢纽型网络城市的目标不相适应。因此，在国家中心城市建设进入跃升阶段的关键时期，要借"一带一路"国家战略的战略良机，将举办更多国际会议作为未来一段时期提升广州城市国际化水平、增强国际影响力和辐射力、增强国际交往中心城市功能的重要抓手，充分发挥利用现有优势条件，完善会议管理和推广机制，争取举办更多高端国际会议、培育具有本土品牌的国际会议、拓展国际会议产业市场，打造助推广州国际交往中心建设的新动力和城市对外交往的新名牌。

一　国际会议的特征与中国举办国际会议的趋势

（一）国际会议的概念与分类

国际会议泛指与会者代表不同的国家或地区的会议。目前，国际上对国际会议进行认定的权威组织主要有国际会议协会（ICCA）和国际协会联合会（UIA）①等。国内对国际会议界定一般是指来自3个以上（包括3个）国家或地区（不含港、澳、台地区）的代表参加，与会人数至少50人，外国与会人士至少占20%，会期1天以上，为解决互相关心的国际问题、协调彼此利益，按照一系列的原则和程序规则，在共同讨论的基础上寻求或采取共同行动（如通过决议、达成协议等）而举行的多边集会。根据主题内容、与会者范围、举办周期、议题专业性与规格、是否形成决议、会议组织者等的不同，国际会议可分为若干类型（见表1）。

表1 国际会议类型一览

划分标准	会议类型
主题内容	国际政治会议、国际经济会议、国际学术会议
与会者范围	全球性会议、洲际性会议、区域性会议
举办周期	定期会议、非定期会议
议题专业性与规格	例行性会议、专题性会议、特别会议
是否形成决议	正式会议、非正式会议
会议组织者	政府会议、协会会议、学术性会议、公司会议、会议组织策划会议

（二）国际会议的特征

在种类繁多的会议之中，国际会议是会议业中价值集聚的精华，是会议业的高端形态，具有以下特征。

1. 与会人员的层次高

国际会议聚集了各个领域各行业具有权力和权威的精英，与会人员层次相对高，如政界人士主要是各国政府的领导人、部长等高级官员或前任官员，商界人士为跨国公司、大型企业的高层管理人员，学界人士则包括各学

---

① 国际会议协会（International Congress & Convention Association，ICCA）对国际会议的评定标准为：1. 固定性会议；2. 至少3个国家轮流举行；3. 与会人数在50人以上。国际协会联合会（Union of International Associations，UIA）对国际会议的评定标准为：1. 至少5个国家轮流举行；2. 与会人数在300人以上；3. 国外人士占与会人数40%以上；4. 3天以上会期。

科的顶尖学者等。高端国际会议为这些高层人士交换意见、协调行动提供了平台，他们的意见和观点对于各自领域的事务通常有着决定性的影响，因此高端会议的决议或结论能够在很大程度上反映国家意志和行业意愿，甚至会影响到世界对重大问题的态度和决策。

2. 讨论议题的内容新

国际会议讨论的议题往往是世界经济社会发展最前沿、最热点的问题，其信息含量大、价值高、时效强，发布的讨论结果也通常是该领域最权威的信息。高端国际会议作为知识密集、智力密集、信息密集的平台，汇聚多领域、多学科和高精尖人才进行思想碰撞和信息交流，是政府决策者、行业精英和管理者快速获取相关领域发展最新动态、未来发展趋势以及最新产业信息的窗口，因此可以称作经济社会发展的风向标。

3. 社会关注的范围广

由于国际会议的参与人员层次高、讨论议题内容新，对经济社会发展中的重大问题能够形成趋势性判断，即使是一些专题性的会议，也可能引发连锁反应，使得世界各国的许多领域都可能受到相应影响，因此受到社会各界的广泛关注，也因此吸引到世界各个国家大量媒体进驻会议举办地，进行全方位、大篇幅、持续性报道。

4. 带动辐射的能力强

国际会议比一般会议要求更高，对于推动举办地进一步提高各项基础设施的建设以及服务水平的作用更大，也能更有力地带动当地旅游、住宿、广告、交通、餐饮等相关产业结构优化升级。同时，国际会议提供了与世界各国众多领域的精英建立多方面广泛交往联系的渠道，对于举办地乃至东道国的带动辐射作用更强，是推动城市国际化的更有力杠杆。

（三）国内城市举办国际会议的特征和趋势

随着国家经济实力的增强和国际地位的提高，中国城市越来越多地参与到国际事务中去，也有越来越多的国际会议在国内城市举办。

图1　国际会议的特征

1. 中国在高端国际会议领域的话语权逐渐增大

国际会议中心由欧美发达国家向亚太地区转移，中国举办以及具有主导权的国际会议越来越多。作为国际会议主要发起者之一的国际组织总部主要分布在欧美地区，欧美发达国家的许多城市举办高端国际会议历史悠久、经验丰富、设施齐备，在举办国际会议尤其是高端国际会议领域有着传统的优势。然而，伴随世界经济增长中心东移，亚洲正在成为世界会议旅游的热点，亚太地区将成为一个新兴的国际会议目的地地区。随着我国经济的持续快速发展、国际影响力的提升以及城市化进程的推进，中国一大批城市在世界城市体系中的地位不断提升，也具备了举办各类高端会议的能力，发展会议经济的条件正日趋成熟，中国正日益成为世界许多国际组织关注的会议目的国，同时，许多国际会议讨论的议题都必须与中国对接，因此中国城市将会承接越来越多的高端国际会议。

更为重要的是，随着中国在国际事务中的作用越来越大，中国正在逐渐成长为一个重要的国际会议产生地区。中国与其他国家之间的互动协商越来越多，以中国作为重要成员的国际组织和合作论坛越来越多地将会议放在中国举办，形成"国际会议引入中国"的发展态势；中国自身主办的国际会议吸引参会人士层次越来越高，影响也越来越大，中国主办的国际会议品牌逐渐出现并走向成熟,形成"中国会议走向世界"的另一趋势。

2. 地方的主动性不断增强

从国内视角来看,大部分高端国际会议——尤其是政治性较强的会议,其决定权都在中央,总的来说,影响力越大的国际会议,中央的主导性越强。涉及国家政治敏感问题的高层领导人会议基本选址在首都北京;金融、经济、其他专业性产业会议,则主要根据城市不同基础与条件,可根据与会议主题的契合度选择不同城市举办;此外,均衡全国城市发展、城市争取举办权的意愿与工作积极性等,也是影响中央对会议选址的重要因素。与此同时,地方政府在积极争取甚至主办高端会议上,也逐步出现了较大的空间。大量政治色彩较淡、主题专业性较强的国际协会和学会会议,成为地方政府竞相争夺的热点。地方在国家总体战略框架下,结合自身经济社会发展特色举办的国际会议逐渐增多,影响力不断提升。

3. 城市与会议之间的联系更加密切

国内城市之间的竞争日益激烈,会议主办地也更加分散。各地城市根据自身的发展方向、产业优势、城市特色,积极承办或主办高级别的国际会议。越来越多的城市对国际会议的参与不再仅限于举办地,而希望能够以一种更加紧密的合作方式达成双赢,例如固定高端国际会议会址,借此促进会议与城市的有机融合、共同发展。有实力的城市也开始创办或者主导举办国际会议,借会议影响力的扩大打造城会一体的城市名片。

4. 会议和展览日益相互促进

会议与展览的关系越来越密不可分,越来越多的国际性协会举办年会时还举办小型的展览活动,提供与会人员了解新技术、新产品的平台;许多大型展览同时举办主题相关的研讨会、圆桌会等,以增加参展人员的信息交流和沟通,提升展览在行业中的话语权。会展融合、会展互促已成为趋势,尤其是对地方来说,会议与展览以及其他活动的融合促进有利于与地方优势产业建立密切联系,对地方产业经济发展的推动和提升作用更为明显。

二 广州举办国际会议的意义与条件分析

（一）广州举办国际会议的重要意义

1. 集聚国际高端资源，强化国际交往中心地位

十八届五中全会第一次提出了提高我国在全球经济治理中的制度性话语权问题，"十三五"规划将"开放"作为五大发展理念之一，对广州的开放发展提出了更高的标准和要求。国际会议是聚集全球最优秀的思想、知识和商业交流的催化剂，广州举办更多国际会议，是提高广州在相关国际区域中的国际地位和话语权，服务国家战略大局的必然要求，对广州建设"21世纪海上丝绸之路"重要枢纽城市、强化国际交往中心的地位、在国际交流中发出更有力的"广州声音"能够提供有力支撑。

2. 倍增广州产业发展优势，助推枢纽型网络城市建设

广州产业配套和集聚能力完善。全国40个工业大类中广州拥有34个，广州是华南地区制造业和服务业最发达、门类最齐全的城市。广州提出建设枢纽型网络城市，突出了广州作为国家中心城市向区域性国际中心城市迈进的方向。国际会议除本身蕴含巨大的经济效益、参会者带来世界最前沿的行业信息外，也提供了与举办地城市进行经贸合作、技术交流的良好机遇。国际会议从更高的层面，为广州创造与世界其他国家和地区开展高层次、全方位、多领域合作的契机，也为广州建设枢纽型网络城市增添新的动力。

3. 完善国家中心城市功能，塑造国际会展之都形象

举办高端国际会议，对城市各项设施和功能的要求非常之高，需要内外联系通道、会议设施、住宿接待设施及服务、城市环境的全套完善，能够促进生产、流通、服务等城市功能的发展，举办更多高端国际会议能够倒逼广州进一步完善国家中心城市的设施和服务功能。广州作为"千年商都"，会议展览是商贸领域最有价值、最具影响的环节，举办更多高端国际会议，能够有力地提升广州在会展领域的地位和话语权，塑造国际会展之都的城市形象。

4. 提升城市国际化水平，增强国际影响力美誉度

举办国际会议是城市国际化发展的重要手段，尤其是高端国际会议数量是衡量城市国际影响力的重要指标。举办更多的高端国际会议将促进广州密切与国际社会的往来，提升城市知名度、美誉度，拓展人员、信息、资金流动的规模与渠道，尤其是其中带有经贸、科技、文化等背景的国际活动能够聚集大量国际高端资源，对提升广州国际影响力具有重要推动作用。举办的大量国际会议，各成员国领导人参会，可以借此加强双边、多边对话，让各国的政要、媒体和宾客感受和熟悉广州的风土人情、经济水平、社会制度等情况，可以更广泛有效地推介广州的城市形象，提升城市美誉度。

（二）广州举办国际会议的基础优势

1. 国家中心城市功能完善

作为国家中心城市之一，广州已经形成服务导向型经济体系，高度发达的经济、庞大的消费市场、四通八达的交通网络、悠久的岭南文化对珠三角乃至全国经济均已形成了强大的辐射和带动作用。在这种良性互动中，珠三角经济以及全国经济也对广州形成了强大的支撑效应。在全球产业大变革大调整的背景下，作为全球高端服务中重要组成部分的会议展览业将随着全球高端产业向中国转移而转移，在内部支撑、外部转移的双重驱动之下，以广州为中心，辐射珠三角、长三角乃至环渤海的全球新的会展中心聚集区域将逐步形成，这对广州发展高端会议业形成强大的支撑。

2. 会议基础设施条件较好

广州的城市基础设施较为完善，拥有较为发达的空港、海港和集疏运体系，以及较为成熟的会展业和酒店业，会议配套服务能力较强。作为世界排名前十位的货运吞吐量大港以及全国第三大航空枢纽，广州目前已经逐步成为世界级的海、陆、空一体化联运枢纽，向东连接华东地区直至太平洋，向西联系东盟，向西北联系中东、欧洲，成为全面对接国家"一带一路"建设地带的交通杠杆地，成功地增强了与世界的互联互通性。2015年，广州白云国际机场旅客吞吐量高达5521万人次，国内排名第3（仅次于北京首都国际机场 8990 万人次，上海浦东国际机场 6008 万人次）。2015 年广州酒店客房总数达到 7.79 万间，与国内外会展城市相比，处于较高水平。位于琶洲的中国（广州）进出口商品交易会展馆面积 34 万平方米，位列全球第 5。

3. 城市国际化水平较高

广州城市国际化发展程度较高，当前处于世界城市等级体系划分中的第三层级，即"区域性国际城市"。广州的地位相当于中等发达国家首都城市或者大型发达国家重要城市，与约翰内斯堡、加拉加斯、内罗毕、拉各斯、开普敦、班加罗尔、圣彼得堡、名古屋、凤凰城等城市位置相当，在中国城市中仅次于北京、上海、香港和台北，领先于深圳、重庆等城市。随着开放型经济的纵深发展，广州国际合作需求日趋旺盛，甚至 2016 年、2017 年连续两年在普华永道《机遇之城》报告中排名第 1；广州在国际组织核心层中的话语权和决策能力日益增强，参与国际规则制定、参与全球治理与合作的能力逐步提升，世界大都市协会亚洲总部落户广州。广州城市国际影响力不断扩大，为举办高端国际会议创造了良好的发展环境。

（三）广州举办国际会议的制约因素

尽管具备一系列良好条件，当前广州发展高端国际会议仍存在较为明显的不足和制约因素。

1. 获得中央支持的力度相对较弱

广州国际会议业态发展良好，但是在政府间国际组织高端会议承办方面机会不多、经验较少，尤其是没有举办过领导人峰会。作为层级最高的国际会议，政府间国际组织高端会议影响范围最广、影响力最强、关注度最高，对会议承办能力的要求自然最高，同时也对承办城市国际会议业水平的提高具有很大的促进作用。以前这类会议集中在北京和上海，近年来中央开始放开此类会议的承办地点，天津、杭州、南京甚至郑州、苏州等城市都先后承办了一些重要国际组织的领导人峰会，2017 年金砖国家领导人峰会在厦门举办，而广州在这方面还是空白。形成当前局面的原因有多方面，例如从地理距离上与首都北京相隔较远,对会议议程的安排、人员协调或安全保障带来不便等,但总的来说,这类会议的举办地主要由中央决定,广州在举办高端国际会议尤其是政府会议中,还需要进一步加大工作力度,争取更多来自中央的支持。

2. 与国际会议行业机构联系与合作有待加强

广州本土国际会议业虽具一定规模,但与国际会议行业机构联系尚不够紧密。国际上会议业已形成多个较成熟的行业领导组织,如 ICCA、UIA 等,为会员间信息交流提供便利,为会员最大限度地发展提供商业机会,是促进国际会议业发展事半功倍的重要途径。北京、上海等城市都将与国际会议行业机构密切联系作为会议业发展的重要工作来抓,并先后承办了 2010 年世界旅游及旅行理事会(WTTC)全球峰会、2013 年 ICCA 第五十二届年会等国际机构的重要会议,在业内形成较好的口碑。广州还没有加入 ICCA 等重要会议组织,未来还须进一步加强联系与合作,拓展合作空间,共同吸引和争取更多适宜广州举办的高端国际会议。

3. 现代产业体系发展支撑力有待持续发掘

高端国际会议作为国际会议发展的顶端形态,要求汇聚知识技术信息前沿,具有高产业带动力和创新传播力,因此具有高度发达的现代产业体系是吸引甚至主办经济类高端国际会议的重要支撑,例如深圳 BT 峰会的发展壮大即有赖于全国领先的生物和生命健康产业的蓬勃发展,上海举办陆家嘴金融论坛更是与上海发达的金融产业和国际金融中心的定位密不可分。目前广州在现代服务业、先进制造业等方面具有一定的综合性优势,但是从高端产业引领来看,能在国际上具有较大影响、独具优势的产业——尤其是现代服务业、高新技术产业和自主创新含量较高的产业影响力与北京、上海、深圳等城市相比仍有一定差距。广州正在发挥枢纽型城市优势,已经成功举办了2016 年达沃斯商业圆桌会议,吸引到了 2018 年世界航线大会等相关业界的重量级国际会议选址。广州要继续围绕三大枢纽建设发掘产业行业影响力,为吸引或主办行业性高端国际会议提供足够有力的支撑。

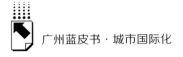

4. 缺乏专业的国际会议统筹协调机构

国际会议的举办一般有专业的会议组织者（Professional Conference Organizer, PCO）和目的地管理公司（Destination Management Company, DMC）协助会议主办方运作，尤其是国际协会的全球性或地区性的年会或大会，更是要经过多个会议申办地的竞标、实地考察、投票选择等一系列程序来决定，专业性组织者在其中发挥着重要的作用。从国际知名会议城市的形成与发展机理可以看出，具有强大实力的组织者和相关企业是这类城市会议产业发展的推动主体。众多国际知名会议城市更是设立了专门的会议服务机构为各类会议举办提供支持，如布鲁塞尔会议局、雅典会议局、布拉格会议局、新加坡展览和会议署等。从国内城市发展近况来看，上海、北京均已形成较为明确的 PCO 和 DMC 的分工，成都、杭州、西安、海口等城市纷纷成立了会展局、博览局或大型活动办，负责国际会议展览的管理与开发。

从目前广州的情况来看，具有影响力和竞争力的专业会议企业较为缺乏，在市场主体薄弱、力量不足的情况下，要承接更多高端国际会议，需要发挥行政主导作用和扶持带动作用。目前，广州国际会议审批和管理由市外办礼宾处兼管，经贸类国际会议则通常由市商务委审批。在当前分散型、以审批为主的管理模式下，对高端国际会议的开发处于真空状态，对国际会议的招揽能力较弱，以广州作为国际会议目的地的形象塑造、包装策划和宣传推介，无论在力度和广度上都还远远不够。而高端国际会议的引进和举办涉及多方面的协调，需要借鉴国内外先进城市的经验，设立专门机构，负责对国际会议的统筹开发、宣传推介和协调运作。

5. 大型国际会议硬件水平有待提升

大型国际会议参加人数多、规格高、事务繁杂且常与展览套开举办，对会议举办地会议、住宿、餐饮、交通、娱乐等会展软硬件设施要求非常高。中国香港、新加坡等重要国际会议目的地都具备了可承办超大规模会议的场地，例如新加坡 SUNTEC 国际会展中心有亚洲最大的无柱大会议厅，面积达12000 平方米，可举办容纳超过 10000 人的大型会议（剧院式），还可举办演唱会、展览和大型宴会等其他大型活动。从目前广州的会议设施功能和水平来看，承办大型综合性高端国际会议和展览的能力有限，主要反映在场地配套设施方面无法满足举办大型国际会议和展览的需要、会议与展览的场馆相互分离、会议和展览场馆分布较为不合理等方面。尤其是缺少综合性、集多种功能于一体、具有较高整体硬件设施和管理服务水平的大型会展中心，对广州承接大型高端国际会议有较大的影响。

三　广州举办国际会议强化国际交往
中心功能的思路与路径

（一）总体思路与目标

结合现实条件，未来广州应当进一步明确争取举办高端国际会议的方向与路径。要积极举办更多国际会议，进一步提升城市国际化水平，应坚持分类推进，突出重点，统筹资源，形成品牌的原则，以加快广州城市国际化发展为宗旨，以建设国际交往中心为目标，区分层次、多元发展，构建金字塔形的国际会议体系，服务全市对外开放，强化重要的国际交往中心城市功能，助推国家中心城市和"一带一路"重要枢纽建设。

1. 顶层争影响：争取国家支持，3~5年举办一次政府领导人峰会或工商界峰会

根据中国举办政府间国际组织国际会议的趋势，积极争取上海合作组织国家元首会议下一次由中国主办时，交由广州承办。考虑到此类会议的难度较大，也可以尝试争取一次中国与国际区域合作的领导人会议或部长级会议，如中欧领导人会晤或中非合作论坛部长会议。与此同时，争取与知名国际机构合作，在经济领域周期性举办高端国际会议。

2. 中层树品牌：每年举办1~2次广州主办、掌握主导权的高端国际会议，形成品牌

加强与国际组织的合作，以广州国际城市创新大会为框架，拓展主题、扩大主体、提升影响，每年举办一次高端国际会议，打造与广州城市紧密相连、国际影响力较大的高端国际会议品牌。结合国家"一带一路"建设，发挥广州"21世纪海上丝绸之路"战略枢纽城市的地位优势，打造一个围绕"21世纪海上丝绸之路"主题的国际会议品牌。

3. 底层扩数量：统筹各方资源，发挥各部门各行业积极性，每年举办一批行业性、专业性国际会议

围绕中心工作，加强与国际组织、行业协会和学会、跨国公司合作，在国际商贸、航运、航空、港口、金融等领域每年承办3~5次引领行业风向的国际会议。统筹协调，提供支持，鼓励相关部门、行业协会、高校科研机构、公司企业等主体，采取多种形式每年举办一批行业性、专业性国际会议以及圆桌会议等，形成广州作为国际会议重要举办地的集聚效应。

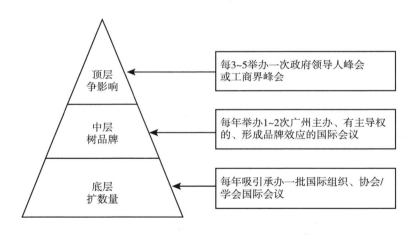

图2　广州培育国际会议体系

（二）争取中央支持，积极争取影响力高的领导人峰会

顶层会议资源稀少，对举办城市的发展促进作用最大，广州应积极争取举办此类会议的机会。

1. 把握机遇，争取政府间国际组织领导人会议零的突破

政府间国际组织的领导人会议包括国家元首、政府首脑以及部长级会议等，参会人员代表政府，讨论议题涉及面广，引发的关注度也最高，对举办地的知名度提升非常显著，同时相应的承办会议的成本也比较高。从广州的发展现状来看，还缺少主办这类高端会议的经历，在未来 3～5 年内如能举办一次这类会议，对于提升广州在世界的知名度和国际影响力有着非常积极的作用。

随着中国国际地位的提高，中国积极参加了多个重要的政府间国际组织并发挥着越来越重要的作用，近年来也承办了较多的这类国际会议。这类会议遵循的是平衡、对等的原则，一般轮流在会员国举办。而从 2015 年上合组织政府首脑会议在郑州举办、2016 年 G20 峰会在杭州举办来看，原来由北京、上海垄断这类重要政府间国际组织会议的情况正在打破，将会有越来越多的城市有机会参与主办，这也与国家统筹区域发展的大局相符合。南方城市还没有举办过如此高端政府领导人会议，广州应抓住机遇，力争实现举办政府间国际组织领导人会议的突破。

2. 优中选优，适当引进重量级国际论坛

各类国际论坛的差异较大，尤其是在当前各城市加快发展国际会议的情况下，许多商业性国际会议公司纷纷来华开拓市场。广州作为国家中心城市和具有一定区域影响力的国际城市，需要在目前的高起点上，优中选优，综合社会影响、经济辐射等多方面的考虑因素，认真选择具有独特资源的国际论坛主办方，适当引进举办一些与广州经济社会发展现状紧密对接、与全市中心工作相契合、国际影响力较大的国际论坛。

中国也在积极打造自行主办或主导的论坛并推向国际，世界互联网大会、博鳌亚洲论坛等都是成功的范例。但是，此类国际会议多由中央政府及部门实际运作，尤其是这类论坛倾向于远离大城市，寻找环境优美适宜建设之地，地方的主动权和可以发挥的空间相对较小。从目前来看，广州可以长远谋划，寻找合适机会，争取将环境良好又交通便利的南沙、增城、从化地区打造为此类论坛的固定举办地。

3. 创新模式，持续推进中国与国际区域合作会议

中国与世界的区域合作越来越紧密，相应的，各类区域合作会议也不断增多。这类会议的国际关注度和影响力相对低于政府间国际组织的领导人会议，但优势在于中国作为区域合作的一方与另一方轮流主办相关会议，因此举办会议机会相对较多。从历史经验来看，这类会议较为集中在北京召开，主要由于北京会议设施齐全，国际交通便利，同时也便于领导人安排各项工作，但是近年来出现了在其他城市举办的势头，如2015年在苏州举行的中国与中东欧国家首脑峰会。广州也可以积极争取在中国与国际区域合作论坛中举办领导人会议。

（三）主动谋划推广，树立长久落户广州的国际会议品牌

影响力高的领导人峰会和国际论坛一般在各个城市轮流举办而不固定，除了争取举办这类国际会议之外，广州还要主动谋划、积极推广，打造落户广州、与城市紧密联系的国际会议品牌。

1. 不断扩大自有地方国际会议品牌的影响

在国际化的推动下，国内各城市充分发挥自主性，聚集各方资源主办国际会议并不断探索创新，扩大影响，形成了各具特色的会议品牌。杭州的西湖博览会是综合性展会的典范，深圳的BT领袖峰会是行业性会议的成功案例。这类会议最大的特点是城市具有绝对的主导权，会议的成功举办得益于城市经济社会发展提供的坚实基础，会议也可以有力地促进城市经济的发展和品牌的提升，与此同时，地方政府在会议的主办、宣传、推进中也要承受更大的压力，需要投入更多的资源。

从广州现实情况来看，"广州国际城市创新奖"是广州自主创办的具有一定国际影响的重要奖项，在此基础上举办的广州国际城市创新大会具备较大潜力，有望发展成为广州自主举办高端国际会议的典范。要进一步扩大广州国际城市创新大会的影响力，关键是深化与城市多边交往国际组织合作。世界城地组织（UCLG）、世界大都市协会等国际组织在联合国等国际舞台上非常活跃，在全球城市发展中具有强大影响力，广州与以上国际组织具有良好的合作基础，共同举办的广州国际城市创新大会已举办三届，影响力日益扩大，应加大对正在成长中的创新大会的培育和扶助力度，在"城市创

新"的主题和框架下，结合城市发展热点和展会资源，通过会议套开、会展结合等途径，将其打造为广州自有的高端国际会议品牌。

2. 抓住中央推进中非合作机遇吸引品牌会议落户

基于加强重点友好合作地区联系的考虑，中国对特定地区多个国家的整体性外交磋商机制运用越发频繁，在中国与合作地区之间轮流举办政府领导人之间的高层会晤。此类会议中首脑级别会晤一般设在北京，但下设的主题论坛有较大外迁可能，而且能够吸引有关国家政府部门以上高层人士参会，有机会发展成为政府间国际组织会议等顶层会议。

中非合作论坛下设的对非投资论坛是目前广州最有实力争取永久落户的中国与区域合作政府会议主题论坛。对非投资论坛是2015年习近平主席出席中非合作论坛约翰内斯堡峰会的重要成果，已列入《中非合作论坛－约翰内斯堡峰会行动计划（2016～2018年）》。对非投资论坛也将采取在非洲和中国之间轮流举办的模式，首届论坛已在埃塞俄比亚举行，2016年第二届论坛则选址广州，由广东省人民政府、国家开发银行和世界银行联合主办。广州是中国与非洲经贸往来与合作最为繁荣的地区，具有良好的贸易投资基础和人文交往友谊，最有潜力成为对非投资论坛中方主办部分永久落户城市。近年来中非合作越发密切，在共同应对经济全球化挑战、谋求共同发展方面取得长足进步，广州应当主动在国家对非合作战略中承担更重要的责任，争取该论坛的主办权。

3. 抓住建设21世纪海上丝绸之路战略机遇打造品牌会议

中国为加强与周边国家的区域合作，也在多个城市举行了面向特定区域开展经贸合作、会展一体的博览会。这类会议国际影响力相对而言是区域性的，主办权在中央部委（主要是商务部）或省级政府，城市的话语权相对较弱，但其与地方经贸发展结合较为紧密，而且固定地点持续举办，使博览会能够发展成为当地的一张城市名片。

从目前来看，中国与周边区域合作的博览会已全面覆盖，特别是与东南亚地区合作的博览会在南宁已经举办多届且中央支持力度较大，广州在这方面已无先机，目前可以利用的一个契机是国家"一带一路"建设，各地都积极参与并抢占各种相关的名义。广州可借建设"一带一路"建设重要枢纽城市的机遇，围绕该主题主要面向沿线国家举办相应的国际会议。广州2015 年承办的"广东 21 世纪海上丝绸之路国际博览会主题论坛·港口城市发展合作高端论坛"可以说是一个成功的例子，但是未来如何进一步发展提升，还有很多不确定因素：海上丝绸之路是一个主题概念而非一个确定的区域；海博会主办权在省政府，广州作为会议主办地对会议的主导权相对较弱；等等。因此，广州要进一步在办会模式上寻找突破与创新，一方面充分借助和利用海博会的资源，另一方面又要保持独立性，在名称上不再加海博会前缀，也不再是海博会的附属活动，而是作为广州自主举办的"海上丝绸之路城市论坛"，与海博会开展合作，可以同期也可以另行择期举行，每届结合"一带一路"推进进程选择适当主题，争取打造成为广州具有独立主办权的高端国际会议品牌。

（四）引导社会力量，不断做大国际会议市场

1. 政府主动策划行业龙头国际会议，带动全市国际会议的发展

国际行业协会、学会数量众多，每年在世界各地举办的国际会议数以千计。各个协会、学会的实力有很大差别，举办的国际会议影响力也参差不齐。这类会议是国际会议市场的主体，举办这类会议，对于发展壮大行业规模、提升人才队伍素质、提高会议场馆的使用效率等都有着积极意义。因此，有关部门应统筹协调，主动策划、积极申办影响力较大且对广州经济社会发展有明显带动作用的会议，如国际航运业、航空业、港口业、商贸业等行业的重要会议。

2. 发挥社会力量，实现各领域国际会议百花齐放

鼓励各相关部门、行业协会、高校科研机构积极申办其他行业性、部门性、专业性的国际会议和小型圆桌会议，发动各方力量共同推动国际会议市场的发展壮大。密切与国际会议展览公司的联系，开拓市场化国际会议来源。大量国际知名会议展览公司也是国际会议的重要发起者，密切与国际会议公司如英国博闻集团、法国智奥公司等的联系，对接各自资源优势创造更

多合作举办国际会议的机会。

3. 加强与国际组织联系，提高广州作为会议目的地知名度

要创造更多举办国际会议的机会，必须切实加强与相关国际组织和机构的合作，充分借助其优势资源。一是强化与会议行业国际组织合作。全球会议的相关国际组织有十多个，其中最主要的有国际会议协会、国际专业会议组织者协会（IAPCO）、会议策划者国际联盟（MPI）、国际协会联合会、国际展览局（BIE）等。广州应加入更多重要国际组织，进一步密切联系，借助诸多国际会议组织的渠道和网络，加强与国际知名会议城市、会议机构的联系合作，吸引国际会议来穗举办，同时依托其专业平台，丰富举办国际会议经验，开展会议设施、人员培训、信息咨询、秘书服务等方面的合作，培养与国际接轨的专业会议人才。二是加强与专业性国际组织、行业协会合作。面向构建枢纽型网络城市的发展目标，优先发展符合广州产业发展方向的品牌会议和国际大会，重点开展与港口、航运、贸易、物流、金融类国际组织合作，积极吸引专业性国际会议来穗举办乃至落户，进而增强广州在该专业领域的知名度和影响力。

参考文献

李军平、秦久怡：《基于 ICCA 统计数据的国际会议发展态势研究》，《科技传播》2015 年第 15 期。

杨国川：《我国会议产业发展的困境与对策》，《经济与管理研究》2009 年第 12 期。

《广州举办高端国际会议的条件分析》，凤凰网（广州），2016 年 5 月 4 日，http：//gz.ifeng.com/a/20160504/4518273_ 1.shtml。

刘昌雪：《苏州发展会展经济的优势、差距及对策分析》，《华东经济管理》2006 年第 12 期。

陈平：《上海开发国际会议市场对策研究》，上海交通大学硕士学位论文，2007。

B.10
广州与澳门深化合作的
现状、机遇与对策建议

连信森*

摘　要： 在《粤澳合作框架协议》的方针下，澳门作为"一国两制"
的示范区，近年与广州市在多个领域合作密切，取得了良好进
展。2016 年，澳门出台了《澳门特区五年发展规划（2016～
2020 年)》，全面提升粤澳合作关系。广州与澳门自建立合作
机制以来，在经贸、民生、创业创新、教育培训等方面的合
作取得了显著成绩，未来面临良好的机遇，有望不断深化，
推动穗澳两地共同发展。

关键词： 穗澳合作　 "一国两制"　 中葡平台

广州和澳门人缘相亲，地缘相近，两地优势互补性强，双方有着深厚的
合作基础。在国家"一带一路"建设和"粤港澳大湾区"规划建设的背景
下，加强穗澳合作是两地可持续发展的共同要求，有利于加快广州和澳门融
入国家发展大局，有利于粤港澳大湾区城市群的建立，有利于巩固广州和澳
门的城市地位和国际竞争力，进一步提升广州和澳门在国家对外开放中的地
位与功能，对确保"一国两制"在澳门的成功实践有着重大的意义。

---

* 连信森，经济学博士，现为澳门学者同盟监事、香港紫荆研究院荣誉研究员、北京大学澳门
校友会理事，主要研究领域为内地与澳门区域合作、中葡平台发展、澳门人才培养问题。

一 穗澳合作取得丰硕成果

为配合国家发展大局的实际需要，穗澳两地在粤澳合作框架内开展了多个领域的紧密合作，双方合作取得了良好的进展。穗澳两地充分发挥自身特色优势，抓紧重点合作领域，大力推进重点合作项目，不断提升穗澳合作的水平和成效，务求造福两地民众，促进两地可持续发展。

（一）穗澳不断完善合作机制

在 2011 年度粤澳合作联席会议上，广东和澳门成立了穗澳合作专责小组，这标志着两地长效合作机制的正式建立。自成立以来，穗澳合作专责小组定期举行磋商会晤，穗澳两地开展了务实合作，取得了良好的成果。其中，2011 年签订的《关于穗澳共同推进南沙实施 CEPA 先行先试综合示范区合作协议》旨在推进落实穗澳在经贸、旅游、文化、教育及民生等领域的各项合作。在 2016 年穗澳合作会议上，广州和澳门签署了《加强跨境贸易电子商务合作协议》《文化交流合作意向书》《关于共同推进广州南沙、澳门青年创业孵化的合作协议》等文件，以配合两地最新的经济发展形势，借此加快两地合作步伐。

事实上，穗澳两地的政府一直保持紧密沟通和联系，对两地合作特别是推进澳门参与南沙建设交换意见。根据两地合作共识，穗澳政府对口部门紧密联系和筹划，并致力加强与双方企业、青年和专业人士等的交流和合作。

为进一步加强澳门与内地的联系，澳门政府设立了多个驻内地联络处，包括广州、福州、成都、杭州、武汉及沈阳。2016 年 7 月，为了借力广州扩大澳门中葡平台的辐射功能，澳门贸易投资促进局于广州设立代表处，通过与商会和企业等合作，重点延伸葡语国家食品展示点到广州等内地不同城市，借此深化澳门与广州等华南地区的跨范畴合作。

（二）穗澳积极探索金融业深化合作

澳门金融业经过多年的发展，已经形成一定的区域竞争能力，澳门金融业具备发展特色金融产品和服务的基础，融资租赁和资产管理将是穗澳金融合作的新方向。2012年5月，中国银行和广东省政府在广州联合举办"中国银行服务广东省'走出去'企业"专题活动。在该活动仪式上，中国银行分别与广州南沙区政府、深圳前海深港现代服务业合作区管理局、珠海横琴新区管理委员会签署了《金融创新合作备忘录》，而中国银行澳门分行则与广州汽车集团、广州越秀集团、深圳光汇石油集团等广东企业签约①。此外，中国人民银行广州分行出台的《广东南沙、横琴新区跨境人民币贷款业务试点管理暂行办法》允许符合条件的南沙企业从境外金融机构借入人民币资金。2015年7月，中国工商银行澳门分行积极发挥工商银行境内外机构一体化经营优势，与中国工商银行广东省分行密切联动，成功为广州发展碧辟油品有限公司、广州港南沙港务有限公司办理首批跨境人民币贷款业务，资金用于支持南沙新区项目建设②。

根据2016年穗澳合作会议的共识，澳门特区期望与广州共同充分利用澳门作为中国与葡语国家商贸合作金融服务平台的政策优势，借助澳门葡语国家人民币清算平台功能，为广州开展与葡语国家合作提供金融服务③。

（三）穗澳签协议推动电子商贸合作

广州是国家电子商务示范城市，跨境电商领域集聚了一大批具实力的企业，电商发展水平位居全国前列，是澳门拓展电子商务市场的友好伙伴。在2016年穗澳合作专责小组会议上，广州市商务委员会与澳门经济局签订《关于加强跨境贸易电子商务合作协议》，共同推动穗澳跨境电商的发展。按照合作协议，穗澳双方将建立沟通机制，探讨在2017年初合办两地电商

---

① 《签署金融创新合作澳中行助粤企"走出去"》，中国银行网站，http：//www.boc.cn/big5/aboutboc/ab8/201205/t20120518_1818779.html，2012年5月18日。
② 《工银澳门南沙横琴跨境直贷2.4亿》，《澳门日报》2015年7月15日，http：//www.macaodaily.com/html/2015-07/15/content_1013073.htm。
③ 澳门经济财政司司长办公室：《2016年穗澳合作专责小组会议举行重点推动两地青创电贸金融会展文化》，澳门新闻局网站，http：//www.gcs.gov.mo/showNews.php？PageLang=C&DataUcn=101362，2016年6月30日。

的交流合作活动，加深两地跨境电商对电商市场发展情况的认识，并整合资源，提升服务，共同打造穗澳以及葡语系国家的商贸新通道，以帮助穗澳两地的企业拓展新市场。①

（四）穗澳着力加强会展业合作

穗澳两地有关部门已联合开展了一系列的工作和活动，形成了良好的会展业合作基础。在2011年穗澳合作专责小组会议上，穗澳双方成立会展业合作协调小组，通过完善合作交流机制，鼓励业界相互参展和差异化办展，并合作引入国际品牌会展项目；同时，双方签订《广州澳门加强会展业合作协议》，相关合作重点包括：第一，推动两地会展企业、机构市场化合作，鼓励共同引入国际品牌会展项目、企业；第二，鼓励广州品牌会展企业赴澳发展，支持澳门会展企业进驻广州；第三，积极支持构建双方会展业市场对接平台，交流、共同编制会展业信息；第四，支持两地行业组织、企业联合申办国际知名展会和综合展会；第五，加强联合宣传推广，提升穗澳会展品牌与欧盟、东盟与葡语国家等的合作水平。

从2012年起，穗澳双方联合主办"澳门·广州名品展"，共同推动广州、澳门两地会展业的发展。"澳门·广州名品展"向在穗的各界人士展示与销售广州及澳门的各类名优商品，对于推广穗澳两地及葡语国家的自有品牌、协助穗澳企业通过业务合作共同拓展内地及葡语国家市场发挥重要作用。同年，穗澳会展行业协会签署了《穗澳会展业深化合作协议》，重点推动双方会展协会建立联盟和鼓励企业联合举办展会，进一步落实双方会展合作的内容和层次。在2016年穗澳合作专责小组会议上，双方对继续深化会展和文化合作达成共识，通过联合开展专项研究、组展、组团外访等，推进两地深化合作，共同打造具国际影响力的品牌。

---

① 澳门经济局：《经济局与广州市商务委员会签订加强跨境贸易电子商务合作协议》，澳门新闻局网站，http://www.gcs.gov.mo/showNews.php? PageLang = C&DataUcn = 101360，2016年6月30日。

（五）穗澳旅游合作稳步向前

根据《穗澳加强旅游合作备忘录》，广州市旅游局与澳门旅游局共同建立旅游合作联席工作制度，加强穗澳旅游资源的包装整合，为国内外游客共同打造穗澳及珠三角区域的优质旅游连线；两地进行联合宣传促销，相互拓展旅游市场和客源地，利用两地的旅游网络平台，以信息化手段展示双方的旅游产品，实现旅游信息资源互换和共享；加强旅游市场管理的交流与合作，完善两地应对旅游突发事件和处理旅游投诉的协调合作机制；共同推进邮轮经济的发展，尤其是研究南沙邮轮码头未来的发展方向，探讨开拓涵盖广州、澳门、珠江西（江门、中山、珠海等地）在内的旅游线路等。[①] 其中，在 2013 年年中，广州南沙区管委会和澳门海事及水务局签订《关于游艇自由行的合作意向书》，探索穗澳两地游艇自由往来的协同模式，促进两地高端旅游的发展。2014 年 8 月 8 日，广州—澳门直升机航线试运营取得成功，填补了穗澳间无空中航线的空白，为穗澳两地居民提供了更为便利的跨境交通服务，进一步推动粤澳旅游市场发展。

参与建设南沙邮轮母港及发展游艇自由行是穗澳合作的重点方向之一，两地政府正循紧密旅游合作的方向，共同致力推动南沙邮轮母港和游艇自由行的发展。《粤澳合作框架协议》2015 年重点工作提及："加快推进广州南沙与澳门游艇'自由行'项目，探索建立游艇监管新型模式，推动粤港澳游艇'自由行'新型产业发展。"

（六）穗澳共同推进文创产业联动发展

穗澳两地共同推进文创领域的合作发展，鼓励两地文化创意成果产业化，推进先进的信息技术、新材料技术在文化产业中的推广应用，整合两地创意资源，促进双方文创产业联动发展。在 2012 年穗澳合作专责小组会议上，由广州市文化广电新闻出版局与澳门文化局签署《穗澳加强文化产业

---

① 《签 4 项协议推动旅游会展经贸》，《市民日报》2011 年 7 月 19 日。

合作意向书》，提出率先在南沙 CEPA 先行先试综合示范区探索粤澳合作新模式和新体制，重点落实两地在科技创新与研发设计、教育培训、文化创意与影视制作等方面的合作。近年，穗澳正努力共建文化产业合作平台，通过举办文化产业博览会、交易会、大型会议和合作论坛，促进文化创意的互动交流。

（七）推进穗澳青年创新创业

澳门政府大力支持青年创新创业，鼓励青年参与区域合作，拓宽青年创新创业的发展空间。澳门通过与广州的合作，为澳门青年人提供更多的就业选择和创业机会，以扩大青年人向社会上层流动的机会。

从 2015 年起，穗澳两地展开青年创新创业的合作。2015 年穗澳合作会议的一项成果是签订了《关于共同推进穗澳青年就业创业合作》协议。该协议旨在推动穗澳青年就业创业，以及双方合作开展一系列的项目，包括青年人才就业创业交流、举办青年创业大赛、组织企业到两地开展招聘会、建立穗澳青年创业孵化基地等。[①]

在 2016 年穗澳合作专责小组会议上，广州市南沙区青年联合会与澳门经济局签署《关于共同推进广州南沙、澳门青年创业孵化的合作协议》，充分利用"创汇谷"和"青年创业孵化中心"等资源优势互补，通过穗澳青创主管部门紧密合作，深化两地青年企业的合作，相互认可青创项目，为青年企业家提供多元化的创业支持和专业顾问咨询服务，以及全方位使用园内各项配套措施，促进两地青年合作与交流。[②]

2016 年 6 月，广州南沙霍英东研究院与澳门经济局在南沙共同签订《关于共同推进广州、澳门青年创业孵化的合作协议》，双方承诺发挥各自优势推动两地青年创新创业。协议主要包括三项为期两年的合作内容。一是

---

① 澳门经济财政司长办公室：《穗澳合作专责小组 2015 年会议》，澳门新闻局网站，http：//www. gcs. gov. mo/showNews. php？PageLang = C&DataUcn = 88656，2015 年 5 月 13 日。

② 澳门经济局：《澳门南沙携手合作　共筑创业孵化舞台》，澳门新闻局网站，http：//www. gcs. gov. mo/showNews. php？PageLang = C&DataUcn = 100900，2016 年 6 月 16 日。

建立恒常互通信息机制。二是相互认可青创项目、推介入园孵化。三是促进两地青年人才创新创业交流、支持和举办青年创业大赛。① 合作协议的签署将有助于加强穗澳两地青年的互动交流，激发创新意念，对推动两地的创业创新发展有正面作用。

（八）以南沙为试点开展教育培训合作

教育培训是穗澳两地较早开展的合作领域，对于提升两地人才竞争力具有重要意义。根据 2011 年粤澳合作联席会议共识，穗澳双方支持澳门高校和职业教育培训机构在南沙探索设立分校区或职业培训中心，探讨共建高水平大学和国际职业教育培训中心，共同举办旅游、创意设计等职业培训项目②。该项目既为珠三角产业升级培养技能人才，也为葡语系国家提供高水平职业培训服务。

在 2013 年粤澳合作联席会议上，广州市南沙区教育局与澳门旅游学院签署《职业教育合作框架协议书》，以两地旅游酒店等方面专业技术教育和培训合作为主体内容，推动南沙新区与澳门的区域合作。③ 2013 年 12 月，南沙区岭东职业技术学校与澳门旅游学院筹备开展职业教育合作。穗方把"澳门职业技能认可基准"引入广州南沙区，协助南沙培育优秀旅游业人才④。自与澳门旅游学院展开合作以来，南沙区岭东职业技术学校旅游专业已经引进了调酒师、咖啡师、前堂服务等四个方向的教育体系，该校学生通

---

① 《穗澳签协议互认青孵项目》，澳门日报网站，http：//www. macaodaily. com/html/2016 – 06/ 17/content_ 1099244. htm，2016 年 6 月 17 日。

② 澳门新闻局：《2011 年粤澳合作联席会议确定未来一年合作重点》，澳门新闻局网站，http：//www. gcs. gov. mo/showNews. php？PageLang ＝ C&DataUcn ＝ 52819，2011 年 4 月 19 日。

③ 澳门旅游学院：《旅游学院与广州市南沙区教育局签订职业教育合作框架协议书》，澳门新闻局网站，http：//www. gcs. gov. mo/showNews. php？PageLang ＝ C&DataUcn ＝ 70258，2013 年 6 月 18 日。

④ 澳门经济财政司司长办公室：《穗澳合作专责小组 2013 年会议》，澳门新闻局网站，http：//www. gcs. gov. mo/showNews. php？PageLang ＝ C&DataUcn ＝ 74690，2013 年 12 月 1 日。

过考试后，不仅得到内地调酒师职业技能认可，还可持证在澳门或其他境外地区和国家"上岗"调酒①。

综上所言，穗澳两地已建立了一套可行、有效的合作机制，在经贸合作、人员往来、服务业合作、发展南沙等方面取得阶段性成果，两地合作正从"互补"走向"互促"，呈现良好局面。展望未来，穗澳两地在巩固原有合作基础的同时，将在跨境电商、青年创新创业、海洋经济、社会民生等方面寻找创新合作的空间，体现穗澳合作源源不断的新动力。

二　穗澳合作有待改善的问题探讨

澳门回归以来，穗澳两地合作得到进一步的发展，获得了更好的发展空间和平台，但是，尽管两地有如此密切的地理区位，广州与澳门两市合作的深度、广度仍有改善空间，在合作过程中仍可更大程度地发挥澳门的独特优势。两地合作的不足主要体现在以下一些方面。

（一）澳企到广州发展仍存困难

穗澳经贸合作愈趋紧密，澳资企业有意通过广州拓展内地市场的业务，但澳门中小企最终到广州市落户发展的比例仍不高。究其原因有三。一是澳门中小企仍然对内地市场和广州南沙的优惠政策认识不足。南沙拥有 CEPA 系列在粤先行先试的优势，已率先对外资服务业整体开放，也降低了以中小型公司为主的港澳服务业市场准入门槛，但这些政策优惠仍较少为澳门中小企所实质利用。二是穗澳两地政策法规、市场情况都有不少差异，令企业开拓市场的初期较难适应，例如在融资渠道、政策法规、政府服务、企业管理等方面难以掌握有效信息，不利于吸引澳企到广州发展。三是广州南沙没有独立一片的园区供规模小、风险承受能力较弱的澳

---

① 《南沙职校课程推澳认证》，澳门日报网站，http：//www.macaodaily.com/html/2016－06/07/content_ 1096785.htm，2016 年 6 月 7 日。

门中小企业进驻发展，这使澳资企业未能抱团到广州集中发展，澳门小微企业多抱有观望心态。

（二）穗企利用澳门中葡平台不足

国家"十二五"规划、"十三五"规划将澳门定位为中国与葡语国家商贸合作服务平台。作为"中葡平台"，澳门可为中国内地与葡语国家之间的人文交流、贸易投资、产业及区域合作等活动提供语言、金融、法律、会计等中介专业服务，最终达致促进中国内地、澳门与葡语国家的互利合作及共同发展的目的。近年来，广州市开始利用澳门平台积极"走出去"，但是，在穗澳合作过程中仍未充分发挥澳门"中葡平台"优势。这表现在，广州企业借助澳门"走出去"的形式主要停留在出国考察、参展参会和信息交流层面，而使用澳门特色金融、法律中介、教育培训、中国与葡语国家人民币清算等独特服务的仍不多，广州企业利用澳门平台走向葡语国家及葡语国家通过澳门投资广州的情况并不普遍。

（三）穗澳未形成参与"一带一路"的合作行动

在"一带一路"建设的引领下，内地各市与"一带一路"沿线国家和地区的合作与交往将会越来越密切。国务院批复的《广州城市总体规划》将广州定位为中国重要的国际商贸中心和综合交通枢纽，广州将在"一带一路"建设中发挥更重要的枢纽功能。作为"21世纪海上丝绸之路"的重要节点，澳门特区在国家"一带一路"建设中无疑将发挥重要作用。在这方面，"一带一路"沿线有数十个国家和地区，每个国家和地区的产业、政策、法律等不尽相同，这对广州等内地城市的企业"走出去"有一定的融入障碍，而澳门拥有连接葡语市场和东南亚市场的桥梁优势，可从中提供协助。因此，穗澳双方在国家"一带一路"建设、携手拓展海外市场等多个领域的合作空间广阔。尽管有良好的前景，但穗澳两地目前在联手拓展"一带一路"市场上未有明确的合作共识，这需要双方加快研究，方可及时把握好"一带一路"商机，实现双赢。

（四）穗澳金融合作层次有待提高

广州正努力构建具有广州特色、全国示范作用、国际影响力的现代化金融体系。其金融实力近年不断增强，金融功能区日益完善，金融交易平台的区域影响力逐渐增强，而澳门特区的金融业规模和实力已大为提升，在传统和特色金融方面已具有一定的竞争力。可见，穗澳金融合作的潜在空间较大。但在实践中，穗澳金融机构相互投资参股的情况甚少，在互通金融交易平台、人才交流、葡语国家人民币清算合作、支付结算等方面仍处在探索阶段，故双方在粤港澳打造珠三角金融经济圈的过程中呈现出合作层次不高的问题。

三 穗澳合作迎来新机遇

（一）"一带一路"建设推动穗澳合作创新

国家"十三五"规划支持港澳参与"一带一路"建设。中国的"一带一路"倡议为区域经济平衡发展提供了新的动力，为沿线地区加快实现结构性改革和经济转型提供了新的路径①。因应新形势，穗澳双方均在各自的发展规划中加强与"一带一路"建设的对接。一方面，《澳门特区五年发展规划（2016～2020年）》提出："澳门要充分发挥独特优势，扩大和深化粤澳合作以及泛珠江三角洲的区域合作，共同打造粤港澳大湾区，为国家'一带一路'战略的实现提供助力。"事实上，澳门拥有"一国两制"的制度优势，尤其是与葡语国家进行交流合作的便利性以及对葡萄牙法律及文化的熟悉与了解，可助力"一带一路"建设，并从中获得发展机会。另一方面，广州"十三五"规划建议，"完善和提升现有的友好网络资源，拓宽服务半径，配合国家大局进一步深化，拓展与'一带一路'地区国家城市间

---

① 张健平：《一带一路倡议的实质与香港定位》，《紫荆论坛》2016年7～8月号，第46页。

各级政府的务实合作，构建多层次、多渠道政府间合作体系，将成为广州新时期城市交往的重要方向"①。随着"一带一路"建设步伐的加快，广州和澳门将迎来互利共赢的新机遇，在"一带一路"的建设版图上形成协同效应，并通过共同开发"一带一路"新市场，进一步提升穗澳两地的竞争力和吸引力。

（二）粤港澳大湾区促使穗澳融合发展

粤港澳大湾区已被写入国家"十三五"规划和"一带一路"建设文件。2016 年 3 月，国务院印发的《关于深化泛珠三角区域合作的指导意见》中提到"要求广州、深圳携手港澳，共同打造粤港澳大湾区，建设世界级城市群"。这意味着，粤港澳大湾区已成为国家"双向"开放的重要平台，担当"一带一路"国际运营中心的角色，成为中国经济的机遇区。在粤港澳大湾区建设的带动下，穗澳合作将提速发展，两地借着发挥各自优势，扩大和深化双向互动合作，定能在构建粤港澳大湾区的过程中谋取新的发展。

（三）中央惠澳新政有利穗澳共拓葡语市场

基于语言、历史、文化的独特优势，澳门保持与葡语国家在经济、社会、文化等领域的紧密交往及互动。国家"十三五"规划明确指出，支持澳门建设"中国与葡语国家商贸合作服务平台"。作为"中葡平台"，澳门为中国内地省市与葡语国家之间的人文交流、贸易投资、产业及区域合作等活动提供语言、金融、法律、会计等中介专业服务，最终达致促进中国内地、澳门与葡语国家的互利合作及共同发展的目的。2003 年起，国家将"中国—葡语国家经贸合作论坛"部长级会议落户澳门，中葡论坛秘书处设在澳门。李克强总理在第五届中葡论坛部长级会议上宣布了 18 项支持中国与葡语国家合作的新政策，以及多项支持澳门建设中葡平台的新举措。可以

---

① 广州市社会科学院课题组：《2015 年广州城市国际化发展状况与 2016 年形势分析》，载朱名宏主编《广州城市国际化发展报告（2016）》，社会科学文献出版社，2016，第 35 页。

预期，国家"十三五"规划的实施和中央穗澳新政策的落地，将为澳门发展中葡平台积蓄新的动能，也为穗澳合作共拓葡语市场引进新思路，有利于促进穗澳两地取得更丰硕的合作成果。

（四）南沙新区成穗澳合作重要平台

国家"十三五"规划将加快前海、南沙、横琴等粤港澳合作平台建设。广东自贸区南沙片区是穗澳合作创新的重要平台。随着南沙片区开发的加快，穗澳双方有更大空间进行合作创新。一方面，广州南沙可充分发挥澳门的制度优势和平台作用，拓展与葡语国家和东南亚国家的双向贸易投资和互动联系；另一方面，澳门积极利用广东自贸区的政策优势，通过穗澳合作机制，推动澳门中小企业、专业人才和青年更多地参与南沙建设，共同寻找穗澳两地新的发展机会。

四 关于提升穗澳合作层次的对策建议

（一）在广州南沙共建"穗澳合作园区"

深化穗澳合作应朝向园区化、特区化、自由化方向发展，通过积极探索政策创新，鼓励穗澳两地企业参与两地建设。因此，建议在定位为粤港澳全面合作示范区的南沙新区设立"穗澳合作园区"，跳出传统"产业园区"的框框，规划出不同的功能板块，让合作模式从侧重产业合作往涵盖经贸、社会、文化、生活的全方位深度融合转变。这有助于拓展穗澳合作、澳门经济适度多元的发展空间和两地民生福祉的提升。

为了体现两地优势互补及创新合作元素的项目，建议穗澳双方在粤澳合作框架内把"穗澳合作园区"建设成为穗澳全面深化合作的实践平台、中国与葡语国家合作项目的承接平台、澳门青年在广东创业创新的落地平台和穗澳青年科技研发应用的交流平台。穗澳双方应按照"科学施政、规划先行、政府主导、企业参与"的原则，共同展开实际筹建工作，并要聘请国际知名顾问公司，以国际、专业视野，根据穗澳两地的实际情况和企业要求编制园区规划。

参与南沙开发是澳门企业参与区域经济合作的难得机遇，也是澳门中小企业提升素质、扩大经营规模、取得快速发展的良机。为此，建议"穗澳合作园区"不设入园门槛，让穗澳两地的中小企业有机会参与其中，为中小企业参与南沙发展创造宽松环境。笔者相信，通过与广州有序筹建"穗澳合作园区"，将充分发挥"一国两制"的制度优势和广州的特色优势，激发创新活力，提升两地的合作层次，实现互补共赢、共享发展，并助力中国与葡语国家商贸服务平台建设，为澳门经济适度多元发展提供必要空间，不断增进两地民众福祉。

（二）扩大穗澳金融业的对接合作

扩大穗澳合作的对接，将助推两地的可持续发展战略，不仅增强两地金融业的集聚辐射能力，同时，助力双方融入"一带一路"建设，提升两地的城市发展能级和国际影响力。经过多年的发展，澳门金融业已经形成一定的区域竞争能力，结合澳门参与区域合作的独特优势，澳门金融业具备能力拓展内地与葡语国家间的金融合作。2016 年国务院公布的《关于深化泛珠三角区域合作的指导意见》，为澳门勾勒出作为中国与葡语国家商贸合作金融服务平台的角色。未来，穗澳两地可共同利用国家给予的政策优势，结合澳门特色金融，共同把握"一带一路"建设机遇，深化两地金融合作，特别是借助澳门葡语国家人民币清算平台功能，为广州开展与葡语国家合作提供金融服务。

金融业是本澳经济适度多元的新动力，也是广州现代服务业的重要支撑。就深化穗澳金融合作方面，本文有以下一些建议。

第一，放宽澳门金融机构进入广州南沙的门槛。澳门致力于推动金融机构进入内地市场发展。《澳门特区五年规划（2016～2020 年）》提出："争取在 2016～2020 年实现 2～3 家澳门银行进入内地，开设营业性机构"。目前，根据《内地与澳门关于建立更紧密经贸关系的安排（补充协议九）》的规定，澳门银行进入内地要求具有 60 亿美元以上资产，澳门银行即使落户南沙自贸区也要符合这规定，然而，这个准入条件对于澳门银行机构而言是很高的要求。因此，建议粤澳共同向国家争取降低澳门金融机构进入广州南沙新区的门槛，通过内地与澳门《关于建立更紧密经贸关系的安排》（简称 CEPA）和自贸区制度创新把本澳金融机构进入广州南沙的门槛进一步下调至 40 亿美元资产，与横琴新区的优惠政策看齐。调低澳门金融机构进入南沙的门槛，将加快推动澳门银行进入内地市场，把本澳金融业的辐射范围延伸至广州，更好地为粤澳两地企业和居民提供跨境金融服务。

第二，鼓励广州大型融资租赁公司落户澳门，推动广州市与葡语国家借助澳门平台开展融资租赁业务合作。澳门发展融资租赁具有独特优势，包括澳门实行的利伯维尔场经济制度、融资租赁业务的专属法律制度、融资租赁业务的税务优惠、与国际市场紧密相通的金融环境、独特的地缘优势和历史优势，特别是澳门作为中国与葡语国家的商贸合作服务平台的功能。基于这些优势，澳门政府在《澳门特区五年发展规划（2016～2020 年）》中做出部署，加快培育澳门特色金融业，发展融资租赁、资产管理等业务，协助葡语国家或机构参与人民币金融业务，发挥中国与葡语国家人民币清算平台的角色，配合推动人民币国际化。为推动本澳特色金融的发展，澳门正在修订《融资租赁公司法律制度》，旨在降低来澳设立融资租赁公司的资本金，以及在风险可控下适当放宽来澳的融资租赁公司的本地管理人员组成要求。在符合国际监管标准下，澳门乐于推动融资租赁业务，强化投资法律保障，加快审批手续，为内地融资租赁公司来澳发展创造条件。在此背景下，建议穗澳两地政府共同推动广州越秀、广东中金美林等大型融资租赁公司落户澳门，把高铁、船舶等设备销售到葡语国家和东南亚国家，带动广州市与葡语国家融资租赁合作事务，助力国家"一带一路"建设。

第三，推动穗澳跨境人民币业务创新发展。在这方面，建议推动澳门人民币资金参与广州南沙新区基础设施建设，积极推进穗澳跨境人民币双向融资业务以及其他资本项目交易使用人民币结算；继续支持澳门作为广州金融机构发展葡语国家业务合作的平台，推动广州市与葡语系国家的贸易往来经澳门金融机构以人民币结算；研究在南沙实施的跨境直贷政策延伸至广州全市，允许符合条件的广州企业从澳门金融机构借入人民币资金。

第四，研究在广州率先向澳门开放保险市场。穗澳两地应把握自贸区开发的机遇，共同向国家争取创新政策，在广州先行先试向澳门开放保险市场。在这方面，具体有三点建议：一是允许广州市与澳门两地保险公司合组公司，通过联营的方式，协助澳门保险业进入广州乃至珠三角市场；二是允许澳门保险中介人在广州南沙片区推广指定的保险业务，并为已购买境外保单的珠三角客户提供售后服务；三是允许澳门保险公司把商业保险产品引进广州市，丰富广州市商业保险的选择，扩大社会保障覆盖面和提高保障水平。

（三）穗澳合作发展跨境电商

广州是中国重要的国际贸易中心和跨境电商示范城市，而澳门又是内地面向葡语国家的商贸服务平台，两地在跨境电商上具有互补的优势和资源，双方合作潜力巨大。通过加快双方跨境电商的合作，穗澳两地可共同打造在线的穗澳及葡语系国家的商贸新通道，帮助两地企业拓展新市场，为两地稳增长、调结构、促转型提供新动力。目前，澳门发展电子商贸的气氛日益浓厚，但仍需更多的外力支持。为此，本文在穗澳启动跨境电商合作上有三点建议：一是穗澳两地探索在广州南沙建立跨境电商产业园，利用自贸区的优惠政策，以及发挥广州作为跨境电商示范城市的集聚功能，引进国内外跨境电商领军和平台企业，建设大型的跨境商品体验旗舰店，将跨境电商特别是葡语国家商品和澳门特色产品的进出口交易作为园区重点领域，进行政策创新和管理创新，探索具有广州和澳门特色的跨境电商合作新模式。二是举办穗澳电子商务发展论坛，以此作为两地相关跨境电商产业企业和从业者交流和合作的平台。首届论坛可在广州南沙举行，体现南沙这块极具活力的政策先行先试之地对穗港电子商务产业发展的重要意义，推动穗澳跨境电子商务迈向更紧密的合作。三是推出穗澳电商培训计划，邀请广州跨境电商龙头企业和行内杰出人才，讲授内地跨境商贸发展环境、店铺规划等基础知识，再结合广州电商销售交易及市场推广等实务，让澳门学员进一步掌握在穗澳两地发展跨境电商业务的实务应用知识，借此推动澳门中小企业和创业青年把握穗澳两地电子商贸带来的发展机遇。

（四）打造穗澳金融会展品牌

穗澳两地的会展合作紧密无间，近年已打造出"澳门·广州名品展"等穗澳会展品牌，成功提升两地名优产品的市场吸引力，在区域内取得了一定声誉，体现穗澳会展合作的新成果。配合国家发展战略，澳门积极培育特色金融，打造中国与葡语国家金融服务合作平台，而广州正打造金融业成为服务业的第一大支柱，也致力于促进金融开放和区域合作，特别是全面加强穗港澳金融业界在机构、市场、产品、服务、人才、监管等方面的合作。在这种形势下，本文建议广州与澳门合力打造全新的金融会展品牌，着力吸引葡语国家、东南亚国家等海外机构共同参与这项金融盛会。具体来讲，穗澳这个全新展会旨在荟萃穗澳两地以及葡语国家的金融知名品牌、特色及代理的产品，并积极协助参展金融机构进行宣传、推介以及洽谈对接，共同拓展内地市场及葡语国家等海外金融市场，进一步深化两地经贸的交流和会展业的合作，助力"21 世纪海上丝绸之路"的金融体系发展。

（五）借澳平台将广州技术输出葡语国家

广州是国家重要城市的中心城市，近年积极推动各类创新要素资源集聚、开放、共享，在创新创意等技术含量高的领域积累了雄厚实力。有研究指出，广州企业正在实现从技术引进向技术输出的转变[1]，这意味着广州未来需要更多国际化的销售和推广平台向外输出技术，澳门可从中提供协助。在这种背景下，建议穗澳两地在未来合作之中，除了加强彼此交流及协作之外，更重要的是要充分利用广州的技术优势，结合澳门"会议为先"的会展业，为广州搭建一个技术转移的平台。一方面，澳门为广州提

---

① 广州市社会科学院课题组：《2015 年广州城市国际化发展状况与 2016 年形势分析》，载朱名宏主编《广州城市国际化发展报告（2016）》，社会科学文献出版社，2016，第 14 页。

供更多有关技术推广的国际交流机会，让双方更好地合作，把广州的技术通过澳门平台向葡语国家、东南亚和欧盟推广。广州可积极参与本澳不同的展会，包括国际环保展（MIECF）、澳门国际贸易投资展览会（MIF）等，把广州先进技术和服务向国际推广。另一方面，通过澳门商贸平台将葡语国家、东南亚国家等海外的先进技术带入广州和澳门，并寻求相互的技术研发合作机会。总之，广州应更多利用澳门这一商贸平台"走出去"，在海外特别是葡语国家建立品牌形象，加快将广州成熟的技术输出到葡语国家等国际市场。

（六）深化穗澳葡语和旅游培训合作

葡语是澳门的官方语言之一，澳门有几万名葡侨，也有葡文学校、葡文媒体，加上有教育部门的支持，澳门大学、澳门理工学院、澳门保安高校、澳门科技大学、澳门城市大学、圣若瑟大学等六家高等院校均教授葡语。可以说，澳门的葡语人才培训在珠三角区内占有领先的优势，有条件成为区域的中葡双语培训基地，为广州等内地城市提供优质的葡语人才培训服务。一方面，建议未来澳门加大对各高校葡语教育培训的资源资助，吸引广州等地学生来澳学习，以及广州企业代表来澳学习葡语国家营商的专业课程；另一方面，穗澳双方在广东自贸区发展框架内探讨让澳门高校以分校、分院系或采用合办等方式在南沙设立葡语学院或中葡双语培训中心，着重培养中葡双语的经贸人才和文化人才。

经过 17 年的发展，澳门特区的旅游学位教育和相关职业培训已达到国际水平，且具有两大优势。一是它的国际性。澳门旅游教育培训均与国际接轨，澳门旅游学院的八个学位课程也被联合国世界旅游组织所认可。二是它的实操性。澳门教学培训能与旅游发展相结合，本澳世界级的休闲酒店项目群为学员提供一个优质的教育实习环境。基于这些优势，澳门可为大珠三角地区提供国际化、高端的旅游培训服务，助力粤港澳大旅游市场的形成。

自穗澳合作机制建立以来，职业培训已成为澳门与广州合作的重要领域，相关领域的合作有序在南沙新区先行先试，整体进展顺利。由于人才的重要性日益提高，本文建议澳门与广州在原有合作的基础上继续加强教育培训合作，探索澳门高校在南沙自贸区设立分校区或者独立办学机构的可行性，推动澳门的职业培训机构在南沙设立职业教育实习实训基地，培训领域可从旅游教育和酒店培训等方面起步，为珠三角的旅游管理人员和高技能人才提供优质职业培训服务，打造粤澳旅游职业教育培训品牌基地。

澳门在会展、旅游、服务业等方面较具优势，而广州则在互联网技术应用等方面发展成熟。为此，建议推动穗澳两地高等院校签署学术交流活动及人才培训协议，将澳门的会展旅游培训课程及师资引进广州，并定期吸引广州的科技专才到澳门进行交流教学，互惠互利，共同促进两地培训事业的发展。

（七）穗澳合作培训青年公务员

随着内地与澳门交往的频密，澳门公务员有需要不断学习国家政策和更新自身对国情的认知的需求。广州拥有较为完备的公务员培训系统和实习环境，并拥有中山大学、暨南大学、华南师范大学、华南理工大学等澳门居民熟知的品牌高校，两地在公务员培训上具有良好的合作前景。为此，建议广州与澳门建立青年公务员相互交流学习的长效机制，共同争取国务院港澳办支持，有序推出两地青年公务员的培训项目。一方面，穗澳两地可相互送派青年公务员到对方公共部门交流和实习，通过多元和实地的培训形式，让双方公务员互相认识当地制度和社会经济环境。另一方面，除了交流学习以外，可安排穗澳两地的青年公务员到粤澳及穗澳合作项目开展调研，实地了解项目的进展、困难与企业诉求，并为两地项目发展提交研习报告，借此提升两地公务员解决实际问题的能力。

展望未来，澳门与广州两地将继续依据国家"十三五"规划、"一带一路"建设、广东自贸区建设的部署要求，围绕两地协同发展的需要，完善双方合作的协调机制，把"互补共赢、共同开发、共享成果"的原则贯穿穗澳合作各项工作，努力促进两地全方位对接合作，借此共建紧密相连的

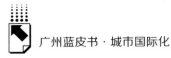

"穗澳命运共同体",为两地可持续发展和澳门经济适度多元提供更大的助力。

参考文献

朱名宏主编《广州城市国际化发展报告（2016）》,社会科学文献出版社,2016。

吴志良、郝雨凡主编《澳门经济社会发展报告（2015～2016）》,社会科学文献出版社,2016。

B.11
基于媒介再现对广州城市形象发展的
分析及对策建议

林仲轩*

摘　要：　城市化和全球化令城市形象得到国家和各城市的重视，广州
作为国家中心城市，其国际化发展水平可以通过城市形象得
到明确体现。本文通过对2016年的文本分析，讨论广州城市
形象，并通过与北京、上海、深圳的政府形象、经济形象和
文化形象三方面横向对比，为广州城市形象的国际化发展提
出具有针对性和可行性的策略。

关键词：　城市形象　媒介再现　文本分析　文化地理学　广州

　　城市形象建构成为当今时代特有的社会图景，城市形象作为一座城市重
要的无形资产，受到国家层面的高度关注。在当今以"软实力"为主要竞
争力的时代，城市形象不只是一个抽象概念，而已经成为一种传播媒介的权
力符号，是间接的、以非强制的方式提升城市竞争"话语权"的重要资本。
因此，城市形象成为传播领域的热门研究议题，探索媒介如何再现城市形
象，并切实提高城市的国际吸引力和影响力，是兼具理论和实务效果的重要
议题。然而，尽管城市形象研究的理论研究深度和实务效果都不断推进，但
现阶段的城市形象研究方法仍以定性为主，缺乏必要的数据支撑其论述过

---

* 林仲轩，哲学博士，中山大学传播与设计学院副研究员，主要研究领域为新媒体传播、文化
研究等。

程。此外，大量没有量化数据基础的论文，也令现阶段的城市形象研究停留在对某一城市形象解读，而无法兼顾同一时期不同城市的形象建构情况。

广州作为重要的国家中心城市，近年来借助国家媒体积极塑造其国际化形象，对内提高社会公众的认同感，对外提高广州在国际社会的认知度与吸引力。因此，本次研究从数据出发，聚焦2016年媒体报道中的"广州形象"，通过文本分析和框架分析，在微观、中观、宏观三个层面探讨媒体如何再现广州国际化城市形象。并且，通过广州与中国的其他中心城市的比较，从文化地理学的角度为广州构建独特的城市形象提出相应建议。

一 城市形象的文献探讨

（一）城市形象与媒介再现

主流学界认为，城市形象包含着客观情境和主观评价，既包括城市的客观特征如城市建筑、风土人情、文化历史、政治经济等，也包括公众对这些客观特征的主观认知①。但是，公众的主观认知，是在个人经历、记忆、环境等因素的基础上，经过媒体新闻和舆论涵化共同作用而形成的②。换言之，城市形象本质上是城市实体形象经大众媒体的中介而在公众意识中形成的认识③。

但是，媒体往往会通过有选择性的"议程设置"选择新闻，按照某种既定"框架"进行言论"诠释"和"解读"，传播一种带有倾向性的间接印象。大众媒体对城市形象的中介并不是对客观特征的简单媒体化呈现，而是对客观"真实"世界的一种再现（representation），实际是对真实的制造和宣称，是一种必然要修改原始的实体（真实）的映像、类似物或复制品④。在这个过程中，大众媒体通过新闻框架"界定""阐释"事件，从而

---

① 〔美〕凯文·林奇：《城市意象》，方益萍、何晓军译，华夏出版社，2007。
② Foot, J. M., "From boomtown to bribesville: The images of the city, Milan, 1980–1997", *Urban History* 26 (1999): 393–412.
③ 何国平：《城市形象传播：框架与策略》，《现代传播》2010年第8期，第13~17页。
④ Hall, S., *Representation: Cultural Representations and Signifying Practices* (London: Sage, 1997).

设置特定新闻叙述框架影响公众的观念和看法，呈现并映射一个并非完全真实的现实世界①。相应而言，城市形象的再现，便是大众媒体通过主动选择、组合、呈现特定的符号而建构的"真实"。换言之，是媒体基于预先设置的框架解读、再现的城市形象，是其媒介权力的一种反映②。

不过媒介权力并非城市形象再现的唯一权力，实际上，城市形象的再现是一个多元主体参与的社会过程，媒介只是其中一个积极主动的构建者，同时也是其中各参与主体，特别是政府，最为着力构建与维护的一个话语系统③。换言之，媒介再现并不局限于媒介本身，而需要将其放置在一系列深刻而复杂的时代背景、政治体制、社会环境、经济状况的大背景之中考察。

因此，本文将广州的城市形象再现放置于社会变化的宏观背景之中加以整体观照，并从微观、中观和宏观三个层面，对媒介再现做出较全面的梳理和阐释。微观层面从新闻的直观呈现（报道版面、参与主体、消息类别）对广州国际化城市形象进行分析，中观层面是对媒体的框架选取（新闻体裁、报道态度、消息来源）的文本分析，而宏观层面则是从社会结构的影响力和支撑力两方面对广州国际化城市形象进行解读。笔者试图通过这三方面的解读，建立从微观到宏观的理论联系，并提供有操作性和实践意义的策略建议。

（二）文化地理与客观现实的互动

媒介可以再现城市形象，而城市自身的文化地理环境则是城市形象的根本作用机制。文化地理学是涉及现代和历史、空间与景观、现实与表征等诸多因素的多维分析视角。④ 所以，在文化地理学的视角中，文化的作用是并

---

① Foot, J. M., "From boomtown to bribesville: The images of the city, Milan, 1980 – 1997", *Urban History* 26（1999）：393 – 412.

② 陈映、董天策：《本地媒体与城市形象之形塑：再现、场域与认同——以广州为个案的实证研究》，《城市观察》2012 年第 1 期，第 115～124 页。

③ 何国平：《城市形象传播：框架与策略》，《现代传播》2010 年第 8 期，第 13～17 页。

④ Baldwin, W. A., "Decolonising geographical knowledge: incommensurability, the university, democracy", *Area*, 11（2010）：883 – 901.

不逊于政治经济领域的，文化在这个意义上是"政治的""符码"，是关系到空间、地点和景观三个面向的问题。①

于是，有学者从文化地理学切入对城市形象的媒介建构机制进行研究，发现地理个体文化、地理政治文化、地理经济文化等方面相互作用，形成了一个动态变化的场域。在这个场域中，各方力量此消彼长地影响着媒介符号的建构，进而直接决定不同城市媒介形象的呈现。江根源、季靖通过"文化地理、党报与城市形象"对不同地理文化中呈现的城市形象进行探析，发现囿于我国的"政治—经济—社会"文化地理模式，我国主要城市在媒介中的形象再现往往是政治形象或经济形象，这种呈现方式和角度令不同城市的形象雷同，很难形成个性鲜明的城市形象。②

在地性、重要性对新闻价值至关重要，而新闻价值的高低直接决定媒介的议程设定。因此，为尽量减少文化、地域对各城市形象的媒介再现的影响，本文选取最权威的中央党报——《人民日报》（海外版），通过文本分析确定广州的城市形象。并且，本文借助上海交通大学舆情研究实验室对2016年的一线城市形象调研数据分析，对北京、上海、广州和深圳四大城市的城市形象进行横向对比。

二　研究方法

（一）样本选取

鉴于城市形象对地方政府乃至中央政府的重要意义，官方媒体对城市形象的媒介再现尤为重要。《人民日报》（海外版）作为中央党委机关报，是官方媒体对外开放的重要宣传渠道，其报道的公信力、影响力和传播力都非常重要。特别是，笔者通过相关数据库的初步分析，发现相对于其他官方对

---

① Baldwin, W. A., "Decolonising geographical knowledge: incommensurability, the university, democracy", *Area*, 11（2010）: 883 – 901.

② 江根源、季靖:《文化地理、党报与城市形象》,《新闻大学》2010 年第 2 期, 第 117 ~ 122 页。

外宣传媒体,《人民日报》(海外版)中涉及广州形象的报道数量和报道面向是最丰富的,因此,本文选取其作为分析对象,以其为典型代表,通过媒介文本分析和框架分析,剖析官方媒体如何再现广州的国际化城市形象。笔者以"广州"为关键词,通过慧科新闻搜索数据库对 2016 年 1 月 1 日至 12 月 30 日《人民日报》(海外版)的相关内容进行搜索,搜索得到 486 篇新闻,删除其中包含"广州"二字但主要内容并非针对广州的新闻,最终选取 397 篇相关新闻。

(二)框架建构

大众媒体以隐含的媒介框架,通过对客观事实的选择报道和评价表达,再现城市形象。所以,笔者尝试通过对选取新闻进行文本分析,诠释广州形象如何通过媒介进行再现。参考臧国仁等学者对框架的三层定级,以及媒介再现的既有研究①,本文通过微观、中观和宏观三个层面对选取样本进行归类,根据每个层面中各个面向的类目建构,对选取新闻进行编码,再以 SPSS 进行分析(见表 1)。

表 1　微观、中观及宏观层次、维度和编码类目

层次	维度	编码类目
微观	报道版面	头版、要闻、财经(要闻·财经、财经视野)、港澳台、开放中国、社会文化(要闻、体坛风云、健康生活、万家灯火、文化万象、网络世界、视觉广角、华商故事和活力广州)
	参与主体	中央政府、科研机构、地方政府、公司、市民、其他
	消息类别	政治、经济、社会、生活、双创、文化、体育、人才、治安等
中观	新闻体裁	新闻通讯、消息、新闻专访、分析评论
	报道态度	正面、中性、负面
	消息来源	政府官员发言、记者了解、专家观点、当事人采访/当事者发布会、政府公报/政策/消息、其他
宏观	国际影响力	经济国际化水平、政治国际影响力、人文国际吸引力
	支撑力	生态发展水平、科技创新能力、对外联通能力

---

① 臧国仁、钟蔚文、黄懿慧:《新闻媒体与公共关系(消息来源)的互动:新闻框架理论的再省》,陈韬文、朱立、潘忠党编《大众传播与市场经济》,香港中文大学新闻与传播系,1997,第 141~183 页。

微观层面，主要观察直观的报道版面、参与主体、消息类别；

中观层面，主要分析媒体的专业性新闻处理，包括新闻体裁、消息来源、报道态度等；

宏观层面，主要是基于层次分析法（AHP）①，从国际影响力和支撑力两个维度，分析媒体如何对广州形象进行再现。其中国际影响力指经济国际化水平、政治国际影响力和人文国际吸引力三方面，而支撑力则包括生态发展水平、科技创新能力和对外联通能力三种。②

三　广州城市形象的媒介再现

（一）微观层面：全面报道，聚焦政治

报道版面在一定程度上反映了新闻的覆盖面和侧重点：头版的新闻价值最大，是最权威的新闻，往往最能体现报纸的编辑思维；各版面中的新闻以头条最为重要，头条新闻往往占据一个版面中的最佳位置，以最醒目的视觉效果进行呈现。

从报道版面看，2016年《人民日报》（海外版）对于广州的报道持续而且多元。397篇报道相对平均地分散于12个月中，其中有12篇报道为头版新闻（见表2），其中包括头版头条新闻2篇。2篇头版头条新闻中，广州被称为"有帮扶任务"的东部发达地区，以及"一掷千金"的具有相当竞争力的一线城市。而头版新闻中涉及的参与主体丰富，涵盖中央政府、地方政府、科研机构、公司、市民等方面。

---

① 层次分析法（Analytic Hierarchy Process，AHP）是将与决策总是有关的元素分解成目标、准则、方案等层次，在此基础之上进行定性和定量分析的决策方法。
② 周春山、王朝宇、吴晓松：《广州城市国际化发展水平比较研究》，《城市观察》2016年第4期，第5~16页。

表 2 2016 年《人民日报》（海外版）头版的相关广州新闻

时间	题目	参与主体
2016 年 2 月 15 日	《李克强主持国务院常务会》	中央政府
2016 年 2 月 15 日	《引力波研究"天琴计划"》	科研机构
2016 年 2 月 26 日	《国务院批复开展服贸创新试点》	中央政府及地方政府
2016 年 3 月 11 日	《我国已有 17 个国家级新区》	中央政府及地方政府
2016 年 4 月 12 日	《北上广深一掷千金揽人才》（头条）	地方政府
2016 年 4 月 15 日	《第 119 届广交会今天开幕》	地方政府
2016 年 5 月 2 日	《全球首款石墨烯电子纸问世》	公司
2016 年 5 月 3 日	《广东自贸区美景迎客来》	市民
2016 年 5 月 11 日	《"探索一号"科考船返母港》	科研机构
2016 年 5 月 25 日	《刘云山在广东调研从严从实推进党的基层组织建设》	中央政府
2016 年 6 月 11 日	《中国产全球首款载客无人机将测试》	公司
2016 年 7 月 22 日	《习近平主持召开东西部扶贫协作座谈会打赢攻坚战携手奔小康》（头条）	中央政府

　　根据对新闻参与者的统计，当地政府是城市形象的最主要参与者（36.8%），其次为中央政府（25.3%），再次为行业（15.8%）、市民（13.7%）和企业（8.4%）（见图 1）。也就是说，所有的报道中，媒介再现的焦点主要是政府，而行业、企业和市民三类参与群体，并未得到充分重视。而通过行为参与者和利益相关者参与的共同治理，形成一个庞大的基于市民社会的传播共同体而非单一的政府主体，是城市传播的内在动力①。具体通过本文统计发现，广州的相关新闻报道，主要是通过"半成品加工"的方式进行呈现，即主要是基于政府通稿加工而成的新闻，稿件内容多是政府会议、大政方针或国家战略报道。因此，广州的国际化城市形象的再现与传播，未来还需要从参与主体出发，进一步强化发展形成一个真正多元的城市形象传播共同体。

----

①　何国平：《城市形象传播：框架与策略》，《现代传播》2010 年第 8 期，第 13~17 页。

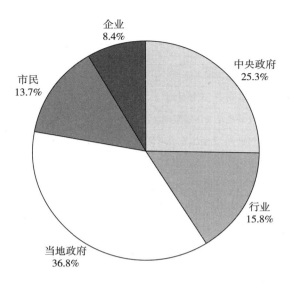

图1　2016年《人民日报》（海外版）中广州新闻报道的参与主体分布

（二）中观层面：正面框架，回避负面；来源权威，类型同质

首先，从新闻体裁看，新闻通讯230篇，占比57.9%，消息类报道132篇，占比33.2%，新闻专访和分析评论类文章较少，分别为19篇（4.8%）和16篇（4.0%）。换言之，关于广州形象的媒介再现主要是通过大量通讯消息类新闻的堆叠和概述，而针对某一问题、现象、行业的深入探讨不足，这在一定程度上反映了广州形象多流于媒介呈现表面而未能通过深度解读具体反映广州的城市特质，因此媒介再现的广州形象缺乏个性化和辨识度。

其次，报道态度都极为正面。其中，正面报道甚至达到92.4%（367篇），中性报道7.6%（30篇），且主要是分析评论文章，无负面报道。换言之，对于广州城市形象可能的负面问题，《人民日报》（海外版）基本采取一个"回避"的媒介框架。即便对于"楼价""人才"等问题，媒体的议题呈现也只是通过各方专家的不同意见罗列作为探讨，并非试图寻找症结所在以解决问题。这种完全将可能的负面新闻正面化报道的呈现方式，在某种程度上反而会降低读者的信任度。

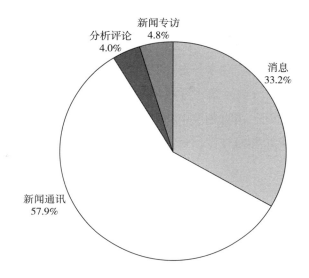

图 2　2016 年《人民日报》（海外版）中广州新闻报道的体裁分布

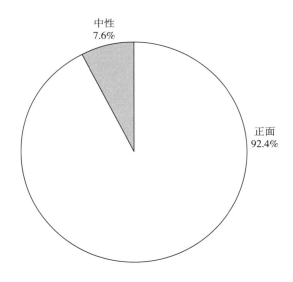

图 3　2016 年《人民日报》（海外版）中广州新闻报道的态度分布

再次，从新闻的消息来源看，最多消息来自记者/评论员（51.9%），第二为对当事人的采访或当事者发布会信息（17.1%），第三为政府公报、

政策以及政府消息（11.8%），其他消息来源较多的还有政府官员发言
（8.1%）、专家观点（2.0%）。从统计结果看，新闻报道更多是通过记者采
访，其次则是来自新闻主要参与者，以及政府信息或官员发言，这可能是因
为《人民日报》（海外版）是官方的对外宣传渠道，其消息来源需要更具可
信度和权威性。然而，消息来源中的专家观点占比极少，因此，新闻报道中
的评论、观点必然也相对较少，对问题、事件的深入探讨势必不足。

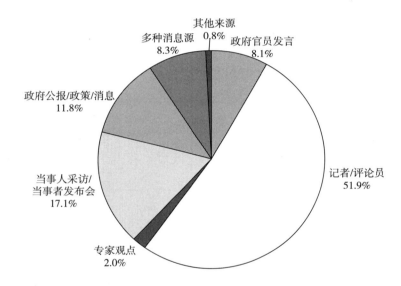

图 4　2016 年《人民日报》（海外版）中广州新闻报道的消息来源分布

进一步通过 SPSS 的 One-way ANOVA 检验发现，不同的新闻版面中新
闻类型呈现极为显著的差异 [F（6，397）=7.150，p=0.000]：头版与要
闻的新闻类型较为相似，主要是新闻通讯，即汇集各渠道消息来源（如新
华社、中新社）、各地区（如北京、深圳等地）进行的与广州相关的活动；
财经类新闻则评论和专访类新闻较多，主要是专家、记者及评论员的深度分
析，如对于"楼价"等现象的问题探讨；而活力广州则主要是消息类新闻，
即广州当地记者针对本地事件进行的新闻类或专访类报道，这些报道往往是
深度专访，或者是对某一主题进行专版报道。

表 3　2016 年《人民日报》（海外版）各版面广州新闻的 ANOVA 分析

类别	个数	平均数	标准差	各组平均数之差异
头版（A）	12	1.33	0.492	D＊,E＊,G＊＊
要闻（B）	28	1.29	0.713	C＊,D＊,E＊,F＊,G＊
财经（C）	102	1.69	1.081	G＊
台港澳（D）	19	1.95	0.911	
开放中国（E）	24	1.83	0.381	
社会文化（F）	44	1.64	0.780	G＊
活力广州（G）	168	2.00	0.000	

One – way ANOVA 统计鉴定：F = 7.150,df$_1$ = 1,df$_2$ = 5,p = 0.000

（三）宏观层面："包容并蓄""全球领先"的"国际化"城市

运用前文提到的层次分析法，本文主要从国际影响力和支撑力两个维度观察广州宏观层面的国际化城市形象。根据编码过程中对新闻的总体阅读和把控，影响力主要包括经济国际化水平、政治国际影响力和人文国际吸引力三方面；支撑力则包括生态发展水平、科技创新能力和对外联通能力三种。具体的关键词则是从新闻的定性和评价中选取。

通过对样本 397 篇新闻报道的文本分析发现，目前的广州国际化城市形象，是一个有着一定经济国际影响力、政治国际影响力和人文国际影响力，并能以生态发展、科技创新和对外联通作为支撑，一定程度实现这些影响力的城市。具体来说，广州是一个"包容并蓄"、充满"创业"及"生活氛围"的"国际化"城市，其中不乏"全球领先"且"可转化为产业经济"的科技创新，是"国家改革开放和社会主义现代化建设力量"；同时，广州基于中央政府的"自贸区""服贸创新试点"等宏观政策继续扩大影响力及优势，并且通过"广交会""海交会"等国际性会议形式保持对外合作，是带动"区域经济协调发展""帮扶西部"共同发展的重要支撑（见表 4）。

表4　宏观形象维度、面向及关键词

维度	面向	广州的国际化城市形象关键词
国际影响力	经济国际化水平	跨境电商、结构优化、经济转型新问题、区域经济协调发展、行业龙头引领发展、先进企业
	政治国际影响力	"一带一路"、世界先进行列、国家改革开放和社会主义现代化建设力量、帮扶支援西部、自贸区、服贸创新试点、创业创新、重要支撑
	人文国际吸引力	外籍志愿者、城市竞争力、青年创业/大学生创业、最具人才吸引力城市、工匠精神、岭南文化、足球、治安、节假日交通
支撑力	生态发展水平	社区和谐、人才计划、珠三角生活圈、文化遗产、全国创业先进城市、政府监督、休闲旅游
	科技创新能力	"互联网+"、无人机产业商业化、高科技、全球首款量产石墨烯电子纸、天琴计划、智能制造
	对外联通能力	广交会、广州文化周、海交会、学术圈、港珠澳大桥、轨道交通

（四）一线城市的媒介形象对比

我国的行政体制决定了直辖市比其他城市有更高的行政地位，而特殊的行政地位对媒介的议程选取有明显影响。从2016年《人民日报》（海外版）的媒体报道数量看，其中涉及北京的报道最多，有1523篇，占总报道量的33.0%，四大一线城市的报道占比为67.0%（见表5）。所以，一线城市在媒体的资源配置中占据绝对优势。具体而言，四个城市中政府形象的相关报道均以政务、治安、政策支持等议题较多，通过正面框架树立政府形象。

表5　2016年《人民日报》（海外版）中一线城市报道情况

单位：篇，%

城市	报道量	报道占比	报道量排名
北京	1523	33.0	1
上海	840	18.2	2
广州	397	8.6	5
深圳	332	7.2	6

文化对于城市形象的塑造至关重要，也是决定城市"性格"的主要因素。上海交通大学舆情研究实验室在 2016 年对 3538 个居民进行的抽样调研数据显示，用户认为北京的历史文化底蕴最高，对广州的美食评价最高，对上海的国际化及娱乐情况评价最高。换言之，不同城市所呈现的文化形象各有千秋，但对比前文对广州的媒介形象报道分析发现，城市自身的形象，并未能于媒介再现中得到彰显。

总的来看，广州形象已经从微观、中观和宏观三个层面进行媒介再现。微观层面，报道内容丰富、场景多元；中观层面，消息来源丰富多样，呈现正面报道框架；宏观层面，强调广州是一个"包容并蓄""全球领先"的"国际化"城市。但这种媒介再现仍有其不足，最主要的问题是，基本是主要通过类似"半成品加工"的方式进行媒介再现，即政府向媒体提供新闻素材，媒体作为"传声筒"在头版、头条位置进行正面报道，"宣传"的痕迹比较明显。并且，过于单一的政府消息来源甚至映射出一个政府中心的广州形象，使得其媒介再现在一定程度上模糊了政府形象与城市形象的边界，甚至反而有损城市形象的丰富度和感染力，使得现阶段广州的城市形象与中国的其他中心城市的媒介形象再现趋于雷同，同时也不利于获得读者的充分信任和认同。

四　广州进一步提升城市形象的对策建议

城市形象是广州作为国家中心城市的一种软实力，可以在影响公众对广州的认知印象的基础上，实现政治、经济、文化影响力对当地产业、社会、生活等方面的转化和提升。在这一过程中，媒介再现起到了重要作用。因为媒介再现的城市形象是公众认知的基础，因此广州可以通过官方媒体组织正面宣传报道，潜移默化地影响公众对广州的认知，最终达到提升城市形象的目的。因此，本次聚焦 2016 年媒体报道中的"广州形象"的文本分析，并将广州与中国的其他中心城市的媒介形象进行比较。基于研究的发现，进一步提高广州国际化城市形象的传播效果，要在提高读者信任感、认同感、归属感等方面采取进一步的措施。

（一）扩宽媒介再现的"广度"，提高读者的信任感

如上所述，目前广州国际形象的媒介再现焦点更多是停留在政治类新闻，以政府为新闻主体的报道甚至超过六成。这种政治类新闻固然能在"高度"上有所建树，但由于往往带有明显的政府宣传痕迹，反而容易令国际读者产生逆反心理。因此，未来广州国际形象的媒介再现需要在政治"高度"之外，尽量扩宽政治之外的"广度"，增加非政府主体、非政府来源的新闻报道，特别是经济类、社会类的报道。同时，需要明确传播重点、遵循传播规律，通过精心策划的专题化、系列化的主题报道增强报道内容的广度和力度，进而提高读者的信任感。特别是在媒介系统发生一系列深刻而复杂变化之际，为了增加读者的关注度，还需要在媒介形式的"广度"上将传统媒体和新媒体进一步融合，充分利用新媒体的去中心化、移动性、实时性、交互性等属性进行城市形象的再现与传播，多消息来源、多角度地全面再现广州，从而多层面、多机会争取读者的信任，并扩大媒介再现形象对读者的影响力。

（二）加深媒介再现的"深度"，增强读者的认同感

为了能进一步塑造广州的国际化城市形象、提高广州的国际影响力和吸引力，在今后的城市形象媒介再现中，还需要在保持原有"高度"以及扩展新的"广度"的基础上，通过组合性传播，结合深度报道，更多地挖掘广州"深度"面向的历史文化传统。比如，广州作为国家历史文化名城，有悠久的对外交流历史，是"千年商都"，还有其独特的岭南文化、广府文化，特别是广州历史上长期作为"21世纪海上丝绸之路"的唯一大港或第一大港，在当前国家"一带一路"倡议下将如何继续扮演重要角色发挥重要作用。因此，在正式、生硬的政治经济宣传之外，可以更充分地挖掘广州的历史文化内涵，因为软性的历史广州、文化广州更有亲和力，更能获取读者的认同感，并最终提高广州国际化城市的吸引力。

（三）重视媒介再现的"温度"，塑造读者的归属感

除了"高度""广度""深度"，最后还需要挖掘"温度"面向，最终让广州国际化城市形象的媒介再现回到"人"本身。媒介再现最终是对"人"的鲜活再现，是向"人"的鲜活再现，要避免将这种媒介再现流于冰冷、空洞、抽象的宣传标签。具体而言，在新闻选题方面要更多"以人为本"突显人文广州，更多地捕捉与民生、民情相关的新闻报道，挖掘广州人、广州情、广州味，打造"温度"面向的具有"人、情、味"的"老广州"城市形象，以增加其对读者的吸引力，并最终塑造读者的归属感。比如，老广州的老屋、街坊、美食等形象，是更容易被识别、记忆和传播的媒介形象，也是能从更细微处打动读者的人文广州。

参考文献

江根源、季靖：《城市媒介形象：中国新闻体制下历史和现实的建构》，"传播与中国·复旦论坛"，2008。

周尚意：《文化地理学研究方法及学科影响》，《中国科学院院刊》2011年第4期。

杨洸、陈怀林：《传媒接触对本地城市形象的影响——珠海受众调查结果分析》，《新闻与传播研究》2005年第3期。

Ashworth, G. , & Voogd, H. , *Selling the City*（London：Belhaven Press, 1993）.

Cox, B. , & Zannaras, G. , "Designative Perceptions of Macro – Spaces：Concepts, a Methodology and Applications", *Environmental Design Research Assn. Proceedings* 2（1973）：28 – 44.

国际城市借鉴

International Experiences

B.12
普华永道《机遇之城2017》
报告分析及广州借鉴

伍庆 邓丹萱 周顺子 肖礽*

摘 要: 普华永道发布的《机遇之城》报告，对于客观科学评价城市
发展的优势和问题，具有较大的参考借鉴价值，也具有较大
的社会影响力。《机遇之城2017》中，广州再次位居总排名
第一。本文根据历年报告对广州的各项指标得分进行深入具
体分析，并与重点城市进行对比，找出广州的优势和存在的
差距。在此基础上提出了提升广州城市国际竞争力和影响力
的对策建议。

* 课题组成员：伍庆，博士，广州市社会科学院国际问题研究所所长，副研究员；邓丹萱，博
士，广州市社会科学院国际问题研究所助理研究员；周顺子，广州市社会科学院国际问题研
究所研究实习员；肖礽，广州市社会科学院国际问题研究所研究实习员。

关键词：　城市排名　城市国际竞争力　《机遇之城2017》

一　《机遇之都（城）》报告背景与研究方法

（一）普华永道《机遇之都》报告与中国版的《机遇之城》

美国普华永道（Price Waterhouse Coopers）是全球最大的专业服务机构之一，它由两大国际会计师事务所（Price Waterhouse 及 Coopers & Lybrand）于1998年7月1日合并而成，通过在154个国家和地区由超过16万人的专业团队所组成的全球网络，向国际、中国主要公司提供全方位的业务咨询服务。

《机遇之都》（*Cities of Opportunity*）系列调研始于2007年，项目源于普华永道与纽约合作共同开展的城市研究，旨在协助纽约与其他城市采取措施以保持其经济中心、商业中心和文化中心的地位。目前，《机遇之都》报告已发布7期，选择全球30个商业中心城市的经济和社会发展进行了全面考察，从交通和基础设施、宜商环境、人口结构特征和宜居性、技术成熟度与成本等10个维度衡量这些城市的表现，其中包括中国的北京、上海和香港。《机遇之都》系列调研强调跨领域、多维度的数据分析，不仅局限于城市的经济水平，更看重城市中"人"的生活质量。该系列报告认为，最优秀的城市需要保障居民良好的生活质量、平衡生活成本、具有宜商特性等，其背后蕴含着对城镇化模式的思考。《机遇之都》系列报告现已成为具有国际影响力的关于全球城市发展和评估的研究报告。

随着中国在世界影响力的不断增长，越来越多的中国城市引发国际的广泛关注。从2014年开始，普华永道凭借《机遇之都》系列的研究经验，同中国发展研究基金会合作，以同源性的研究方法分析了中国城市，为我国新型城镇化各项政策的制定和发展路径提供参照和建议。研究报告继承了"Cities of Opportunity"的名字，为了与国际版的《机遇之都》区分开来，

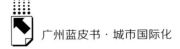
针对中国城市的报告中文名为《机遇之城》。2017 年 3 月 17 日，普华永道与中国发展研究基金会正式发布了第四期研究成果《机遇之城 2017》。

（二）评价维度和变量

针对中国城市的《机遇之城》研究始于 2014 年，基本延续了国际版《机遇之都》2012 年以后已经趋于稳定的维度框架。然而，观察国际城市的评价体系并不能完全照搬来观察中国，因此，普华永道从中国城市的特点出发，总体上保留了评价体系的框架，对部分观察角度做了微调、部分维度的名称和定义做了修正。中国版《机遇之城》与国际版《机遇之都》相比较，维度名称并非完全一致，但数据的选取角度同出一脉。国际版中的"门户城市"维度在 2014 年重新定义为"区域门户城市"，又在 2015 年更名为"区域重要城市"；国际版中的"交通与基础设施"在中国版中定义为"交通与城市规划"；国际版中的"人口结构和宜居性"在中国版中改为"文化与居民生活"。《机遇之城》的十大维度在 2015 年第 2 期后趋于稳定。

为了更仔细地观察，普华永道在十个维度中进一步再作细分，每个维度分别设计了 4~7 个的观察值，也就是变量，《机遇之城 2017》共有 57 个变量。为了避免取值的局限性，部分变量为复合变量，即一个变量从多个角度选取二级变量，合并计算后构成复合变量。

表 1　《机遇之城》2017 年十大维度及变量

维度	包含变量
智力资本和创新	专任教师变动率,中等职业教育规模,科技支出比重,研究与开发水平,综合科技进步水平指数,创业环境,创新应用
技术成熟度	"互联网+",数字经济,软件与多媒体设计,技术市场规模
区域重要城市	星级酒店,国际游客,飞机起降航班,客运总量,货运总量,会展经济发展指数
健康、安全和治安	医护资源,医疗设施,养老服务,城市交通安全指数,灾害损失
交通与城市规划	人均道路面积,公共交通系统,轨道交通覆盖面,城市扩展速度,城市流动人口状况,绿化面积,居民住房保障
可持续发展和自然环境	居民人均用水变动率,污水集中处理率和生活垃圾无害化处理率,劳动力供给,流动人口变动率,碳排放

维度	包含变量
文化与居民生活	文化活力,交通拥堵状况,空气质量,生活质量
经济影响力	知名企业数量,金融从业人员数,吸引外商直接投资,城市服务业比重,地区生产总值名义增长率,农业机械总动力
成本	职工平均工资,公共交通成本,商业用地成本,住宅价格指数,食品价格,生活服务价格
宜商环境	创业便利性,员工管理风险,物流效率,资本市场参与度,商业运营风险,财政收支平衡度,外贸依存度

资料来源:《机遇之城 2017》报告。

从数量上看,《机遇之城 2017》的变量比上年净增 2 个,但实际上有变动的变量数目为 31 个。其中,新增 16 个,删减 9 个,名称不变但实际计算方式改变的变量 6 个,原有变量拆分独立 2 个,变量所属维度变化 1 个。"宜商环境"和"文化与居民生活"两个维度内的变量维持不变,"成本"、"可持续发展和自然环境"、"交通与城市规划"、"健康、安全和治安"和"智力资本和创新"五个维度下的变量调整超过一半。

(三)评分方式和数据来源

《机遇之城》报告的全部数据均来自公开渠道,采集分析坚持三大原则:公开性、可靠性和一致性。数据来源主要有三个:国家统计机构的权威数据,如各个城市的统计年鉴或统计公报;国务院相关部门的统计资料,包括发改委、住建部、科技部、环保部等;同时参考科研机构、智库发布的研究成果,如中国社会科学院的"皮书"系列。

《机遇之城》对样本城市在每一个变量上进行排序,每一个序次积 1 分,排名越靠前,积分越高。以《机遇之城 2017》为例,共有 28 个城市进入评价范围,在各项变量中排名第 1 为 28 分,排名最后为 1 分。但在成本维度等逆向变量中,成本最高的积 1 分,成本最低的得最高的 28 分。数据相等的城市在该变量上排名并列,并获得相等分数,但均占位序。所有城市在每一个维度内所有变量的积分之和依次排序,构成维度内排名。所有城市在 10 个维度内的所有变量积分加总得到每个城市的总分,并据此形成城市的相应总排名。

(四)入选城市与排名情况

国际版《机遇之都》的城市选择遵循三大原则:资本市场中心城市;广泛的地域采样;兼顾成熟和新兴经济体。而在中国版《机遇之城》中,普华永道的研究团队认为,中国幅员辽阔、地貌复杂,文化多样,在产业结构、人文传统、自然资源、区域影响力方面各有千秋,因此,仅从人口规模、经济发展水平、金融特征等角度来选择并不适宜。中国版城市排名遵循两大原则:经济区域中的重要性;数据披露是否充分。在东北、西北、华北、华中、华东、西南、华南七大经济区域中,从直辖市、计划单列市和省会城市中寻找合适的观察对象。

首期《机遇之城 2014》选择了 15 个城市,后随着数据收集能力的提高加入了更多的城市。在最新的《机遇之城 2017》中,新增 6 个城市,由于原有城市南宁、长春的部分数据无法收集,不再计入排名,城市数量净增 4 个,总数达到 28 个。尽管入选城市的数目不断增加,但《机遇之城》系列基本维持了地缘上的平均分布,东、西部城市数量相当,南、北方城市数量持平。由于北京、上海和香港在《机遇之都》系列中已有分析研究,《机遇之城》系列的评价和排名中不再包含这三个城市。

表2 《机遇之城》历年城市一览表

年份	城市数量	城市名单	新增	减少	区域分布
2014	15	天津、沈阳、大连、南京、杭州、厦门、青岛、郑州、武汉、广州、深圳、南宁、重庆、西安、乌鲁木齐		—	东北:2 东部:8 中部:2 西部:3
2015	20	天津、沈阳、大连、南京、杭州、厦门、青岛、郑州、武汉、广州、深圳、南宁、重庆、西安、乌鲁木齐、长春、哈尔滨、福州、成都、兰州	长春、哈尔滨、福州、成都、兰州	—	东北:4 东部:9 中部:2 西部:5

续表

年份	城市数量	城市名单	新增	减少	区域分布
2016	24	天津、沈阳、大连、南京、杭州、厦门、青岛、郑州、武汉、广州、深圳、南宁、重庆、西安、乌鲁木齐、长春、哈尔滨、福州、成都、兰州、苏州、宁波、长沙、昆明	苏州、宁波、长沙、昆明		东北:4 东部:11 中部:3 西部:6
2017	28	天津、沈阳、大连、南京、杭州、厦门、青岛、郑州、武汉、广州、深圳、重庆、西安、乌鲁木齐、哈尔滨、福州、成都、兰州、苏州、宁波、长沙、昆明、济南、太原、石家庄、无锡、珠海、贵阳	济南、太原、石家庄、无锡、珠海、贵阳	南宁、长春	东北:3 东部:15 中部:4 西部:6

资料来源：历年《机遇之城》报告。

纵观历年数据，排名前五的城市位次基本稳定，广州自 2016 年超越深圳后蝉联第 1；杭州排名逐年提升，从第 1 期的第 6 名提升到第 3 期的第 3 名，并在 2017 年维持了自己的位次；南京与武汉则在 2017 年与上年交换了第 4 名与第 5 名的位置（见图 1）。整体而言，第一梯队城市多是东部发达城市。武汉、成都、西安等中西部重点城市凭借强大的综合实力，也获得了不错的排名。

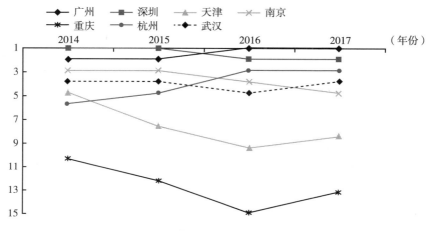

图 1　2014～2017 年《机遇之城》主要城市历年综合排名

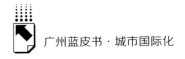

二 广州各维度得分分析与城市比较

《机遇之城 2017》提供了各项维度和具体变量指标的得分,可以对广州在各项维度和具体变量上的得分进行深入分析。同时,我们选择了天津、重庆、深圳、南京、杭州、武汉等六个实力较强的城市作为核心城市与广州进行对比,更全面深入地分析广州的优势和劣势。

(一)广州的优势在于各项变量得分较为均衡

根据对《机遇之城 2017》的研究与分析,广州在多个维度中得分位居前列,在三个维度中排名第 1,包括"智力资本和创新"、"区域重要城市"和"健康、安全和治安";排名第 2 的维度也有三个,包括"技术成熟度"、"经济影响力"和"宜商环境",其中在"宜商环境"一项中与苏州并列第 2。此外,在"可持续发展和自然环境"排名第 3;在"交通与城市规划"中排名第 4。广州也在部分维度中表现欠佳,其中在"文化与居民生活"中排名第 9,在"成本"中更是排名第 27,仅列倒数第 2。

2016 年广州超越深圳跃居第 1,本期,广州继续领先深圳,但是积分差距不大,仅差 7 分。深圳在五个维度排名第 1,多于广州的三个,但由于部分维度和变量得分过低,总分反而低于发展均衡综合实力更强的广州。尤其在"智力资本和创新""健康、安全和治安"等维度上,广州拉开的差距比深圳在"技术成熟度""宜商环境"领先维度方面的差距更大。广州均衡发展、重视居民生活质量的发展理念同普华永道所一直倡导的城市发展"以人为本"不谋而合,故而更符合《机遇之城》对城市未来发展"机遇"的期冀。

(二)区域重要城市、智力资本、健康领域排名第一

1. 广州始终是中国的"区域重要城市"

中国版《机遇之城》中的"区域重要城市"所对应的国际版维度为

"门户城市"，报告所关注的城市除了是区域流动人口聚集地、经贸往来中心，更是该区域连接外部世界的枢纽。该维度着重衡量城市带动和辐射周边区域以及联通世界的能力，共有 6 个变量，包括"星级酒店"、"国际游客"、"会展经济发展指数"、"飞机起降航班"、"客运总量"，以及 2017 年新增的"货运总量"。

广州在该维度内优势十分明显，于 2016 年超越深圳后持续排名第 1，在该维度内绝大多数变量也名列前茅（见图 2）。数据表明，广州作为国家综合交通枢纽，功能强大表现突出，无论是"飞机起降航班"还是"客运总量"，广州连续四年保持了第 1 的成绩，尤其是客运量上与深圳形成较大差距，本期新加入变量"货运总量"中广州也排名第 2。

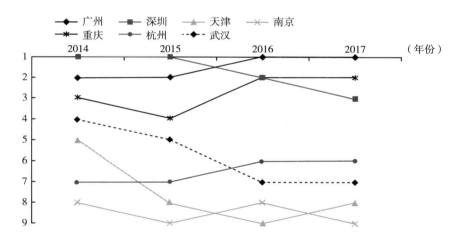

图 2 2014~2017 年核心城市在"区域重要城市"维度的排名

会展经济是广州的传统优势，会展经济发展指数连续四年位居榜首，"会展之都"的特色仍十分亮眼。在商旅服务方面，作为最早开放的城市，广州率先拥有国内第一家中外合资五星级酒店，星级酒店数量庞大，接待"国际游客"也位居前列，这两项指标都排在第 2。

因此，广州以三个第 1 和三个第 2，总分 165 分的成绩与排第 2 的深圳形成 14 分差距的明显优势在这一维度领先。

2.广州在"智力资本和创新"的综合优势明显

智力资本和创新能力是现代社会发展的核心动力，关乎每一个城市的未来。《机遇之城2017》对这一维度下的变量进行了较大调整，分为两个方面，一共7个变量。"智力资本"方面着重考察技术劳动者和科技开发中的投资，包括4个变量，在保留"研究与开发水平"（原名"重点大学的研究水平"）的同时新增"科技支出比重"，衡量基础教育的变量从"读写、数理能力"改为"专任教师变动率"，同时出于对城市创新发展的重要生力军——技术工人的重视，增加了"中等职业教育规模"变量，更加全面地衡量城市的"智力资本"。另一方面从创新创业成果考察城市在"双创"方面的潜力，除原有的"创业环境"和"创新应用"变量外，新增"综合科技进步水平指数"。

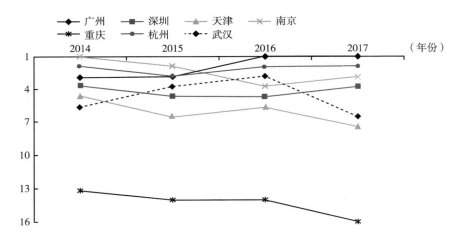

图3　2014～2017年核心城市在"智力资本和创新"维度的排名

在这一维度中，广州始终走在前列，连续2年蝉联榜首。这种稳定的优势得益于广州在智力资本和创新各方面的均衡发展，在巩固传统教育资源优势的同时积极开发创新领域的未来潜力。广州十分重视中等职业教育，该项变量排名第1，相比而言，深圳则没有很好地兼顾教育资源的多样化，而中等职业教育变量排名最后是深圳非常明显的短板。基础教育原本是广州的优势，但"专任教师变动率"排名仅为第8，可能是由于广州教育资源基础扎实，近年投入增长不明显。

在科研投入方面，凭借集聚众多高等院校和科研院所的优势，南京、武汉在"研究与开发水平"方面处于领先地位，广州位列第3。在"科技支出比重"变量中，珠海异军突起位列第一，广州仅为第5，还有较大提升空间。

创新方面的领头羊非常明显，深圳在"创业环境"和"创新应用"两项都位居第1，杭州位居第2，广州屈居第3。这说明深圳和杭州的创新创业特色仍然较为突出，广州总体水平在前列，但是仍有一定差距。而"综合科技进步水平指数"由天津拔得头筹，广州仅为第5。

在"智力资本和创新"维度中，各个城市的竞争非常激烈，7个变量中有六个城市分别获得第1（包括两个城市并列）。广州仅有一项指标第1，但是胜在综合实力均衡，因此以175分力压存在短板的杭州、南京、深圳获得第一，杭州和深圳的短板是中等职业教育规模（尤其深圳的排名仅为倒数第1，严重抵消了在三个变量中排名第1的优势），南京的短板是专任教师变动率。

3. "健康、安全和治安"排名大幅跃升至第一

普华永道研究团队认为，资金的流动反映城市对外的作用，而人员的流动则是城市的内生动力，因此，城市是否能为居民提供健康、安全的生活环境成为重中之重。对于健康与安全的定义，《机遇之城》系列主要从医疗健康服务和城市治安水平两个方面进行衡量，共5个变量。保留变量包括"医护资源""医疗设施""养老服务""城市交通安全指数"，但实际计算方式有了较大改动，"医护资源"取消了对医疗机构床数的计算，仅保留每万人拥有执业（助理）医师的数量；原"医疗体系服务水平"更改为"医疗设施"，仅保留对三甲医院数量的计算，取消了原有公众对城市医疗卫生服务满意度的计算；原变量"城市安全指数"变为"城市交通安全指数"，取消了居民对城市公共安全满意度的计算，仅保留道路交通万车死亡率。此外，综合国际版《机遇之都》提出"城市恢复力"（resilience）的概念，"灾害损失"成为新的变量，城市安全的含义进一步扩大。

广州在该维度的进步十分瞩目，从 2016 年的第 10 跃居第 1（见图 4），主要原因在于"医疗设施"排名的提高和新增变量"灾害损失"的排名较好。广州在"医疗设施"变量上的排名从 2016 年第 9 进步到 2017 的第 1，部分原因在于变量衡量方式的变化——仅计算三甲医院数量，取消了居民对医疗卫生服务的满意度。"养老服务"一直是广州的优势变量，四年来稳步提高，本期保持了排名第 2 的水平，说明广州市基本养老保险推广方面的工作颇有成效，覆盖率相对较高。

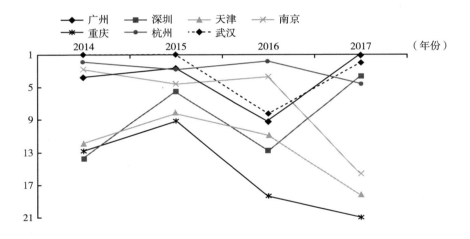

图 4　2014～2017 年核心城市在"健康、安全和治安"维度的排名

新增"灾害损失"变量，通过计算财产保险赔付支出与报废收入的比值来衡量灾害造成的经济损失，广州排名第 6，广州受灾害造成的经济损失不算太大。"医护资源"历年排名均在第 10 名上下浮动，属中上水准，"医疗资源"由每万人拥有职业（助理）医师数来衡量，广州排名较低的原因可能是由于人口数量庞大，拉低了人均医师的数目。从排名前 5 的城市类型来看，这种因素是客观存在的，除杭州外，太原、济南、乌鲁木齐与昆明的流动人口规模均较小，医疗资源需求的压力远低于广州。

安全相关指数是广州存在较多问题的变量，2016 年"城市安全指数"倒数第1，2017年变量改为"城市交通安全指数"，取消了居民对城市公共安全满意度的计算，但广州仍是倒数第3。安全指数较高的城市多是经济发展较好的二线城市，如2015年第一的青岛，2016年第一的厦门，2017年的郑州、长沙、厦门等。深圳在该变量排名第5，广州、深圳的车流量基本属于同一量级，深圳道路安全事故死亡率较低，值得广州学习改进。

总体来看，各城市在"健康、安全和治安"维度的表现差异非常大，五个指标分别由不同的城市获得第1，且分布非常分散，没有明显的地域差别，同时也没有表现特别突出的城市。广州以100分超过成都和武汉，获得该维度的第1，但是各变量平均得分仅20分，远低于广州另两项排名第1维度的变量平均分。

（三）技术成熟度、宜商环境、经济影响力有一定优势

1. 高新科技发展趋于成熟

"技术成熟度"主要衡量城市的高端技术产业状况，《机遇之城》系列采用了4个变量衡量各个城市的技术成熟度，包括"互联网＋"、"技术市场规模"、"数字经济"和"软件与多媒体设计"，偏重衡量以创新带动的互联网经济发展水平。"互联网＋"代替了原本的"互联网普及率"，不仅统计了互联网使用率，考虑到"互联网＋"更是移动互联网、云计算、大数据、物联网等与现代制造业相结合，代表了城市创新实力和技术对外开放水平。

广州在该维度内的排名较为稳定，总体排名连续三年第2（见图5），各个排名基本位于前5，反映了广州推动经济结构转型、大力发展高新科技的战略成果。广州在"互联网＋"和"数字经济"上排名第2，说明广州的互联网应用范围和普及程度较高，电子商务发展迅猛。"软件与多媒体设计"连续三年排名第4，广州软件业收入发展较为平稳，发展规模有序扩大。"技术市场规模"略逊一筹，排名第6，在高新技术成果转化和高新产业孵化服务能力方面，广州仍有较大的进步空间。

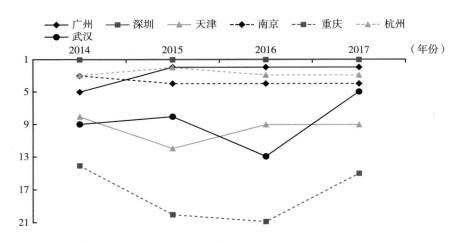

图5　2014～2017年核心城市在"技术成熟度"维度的排名

深圳在该维度连续四年排名第1,并在两个变量上保持第1,优势非常明显。近年来广州加大对技术和创新的投入,取得了可喜的效果,从2014年排名第5进步到第2,并稳定在这一水平,以102分落后深圳5分。杭州以95分位居第3,但是在数字经济变量上排名第1,反映杭州凭借阿里巴巴在电子商务发展方面的领先地位。广州没有排名第1的变量,也说明特色不够突出,后续发展存在隐忧。

2. 宜商环境具有较强吸引力

城市的宜商环境是吸引国内外企业入驻并支撑当地企业发展的"软实力"。《机遇之城》从投资者的角度对城市宜商环境进行观察,并从以下7个变量对城市经济环境做出评估,包括:"创业便利性"、"员工管理风险"、"物流效率"、"资本市场参与度"、"商业营运风险"、"财政收支平衡度"和"外贸依存度"。与上期相比,本期"宜商环境"维度取消了"市政建设投资"和"保护股东权益的能力"两个变量,并将"市政建设投资"变量中的"人均道路面积"指标独立为单一变量,移动到"交通与城市规划"维度中去,进一步根据城市发展状况梳理简化城市宜商环境的评估机制。

广州虽然在本维度排名第2,但是各个变量排名差异较大。得益于良好的商贸产业基础、电子商务业务的发展带动、贸易流通体制改革,广州在"物流效率"变量上连续三年排名第1。在"资本市场参与度"排名第2,金融机构实力

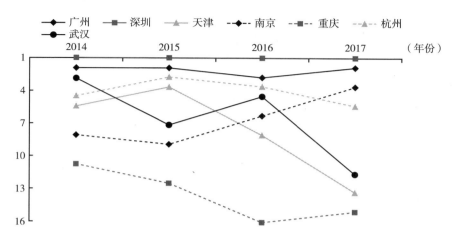

图6　2014～2017年核心城市在"宜商环境"维度的排名

较强，金融市场规模庞大。在"创业便利性"排名第4，创业环境优良。

　　但是，广州也在好几个变量上表现欠佳，包括"外贸依存度"（第9）、"财政收支平衡度"（第16）和"员工管理风险"（第23）。其中，"员工管理风险"用每万名就业人员劳动争议案件受理数来衡量，不仅广州的劳动争议案件较多，其他东部发达城市如深圳、杭州、珠海、天津等也多有这个问题，而该变量中排名在前的城市多位于中西部或东北部工业区城市，这种情况的产生可能是由于东部发达城市的劳动者的维权意识和维权手段更为先进，在遇到问题时，更倾向于通过法律途径解决纠纷。

　　这个维度上，各个城市的优势和短板都非常明显。因此前四名的城市分数非常接近，深圳尽管在三项变量排名第1，但是也在"员工管理风险"和"财政收支平衡度"上表现不佳，以144分排名第1，广州和苏州以一分之差屈居第2，南京以一分之差位列第4。这也反映了各个城市之间竞争的激烈，仍有进一步发展完善宜商环境的空间。

　　3. 经济影响力相对稳定

　　2017年"经济影响力"维度包括6个变量，分别是"知名企业数量"、"金融从业人员数"、"吸引外商直接投资"、"城市服务业比重"、"地区生产总值名义增长率"和"农业机械总动力"。其中"城市服务业比重"和

"农业机械总动力"为新增变量,原"城市生产力水平"变量被取消。考虑到我国城市辐射农村的格局,城市一体化发展的特色,"农业机械总动力"被用于衡量城市内农村区域的现代化程度。

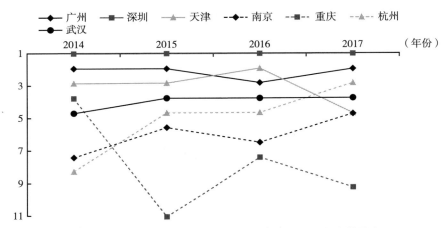

图7 2014~2017年核心城市在"经济影响力"维度的排名

广州在该维度的成绩较为稳定,2016年曾落在第3,本期又回到第2。主要由于在两个新增变量上,广州表现较好,"城市服务业比重"排名第2,说明广州的产业结构从工业主导向服务业主导的转变基本完成;"农业机械总动力"排名第3,广州的农村地区受城市拉动效果明显,机械化水平领先。同时,"地区生产总值名义增长率"变量进步较大,从2015年的第18名提高到第9名,尽管排名仍然处于中等水平,但已有了较大突破,西部地区的城市如贵阳、重庆在这个变量上表现更好,广州在地区生产总值总量基数庞大的基础上,仍能维持较高的增长实属难能可贵。

广州其他变量的排名变化不大,"知名企业数量""金融从业人员数""吸引外商直接投资"三个变量同2015年的排名一样,分别为第3、第5和第4,在这几个领域,广州的发展较为平稳,与深圳、天津、杭州相比缺少有力的支撑点。

深圳连续四年在这个维度保持第1,并且以157分的成绩与广州形成9分的差距。广州尽管排在第2,但是亮点并不突出,优势也并不明显,还需要采取有效措施。

（四）可持续发展、交通和城市规划方面有待提升

1. "可持续发展和自然环境"仍需增强关注

"可持续发展和自然环境"维度下的变量变化反映了普华永道对"可持续发展"概念的进一步深入解读，分为水资源管理及资源利用、劳动力供给和碳排放状况三个方面共5个变量。由于部分城市工业固体废物综合利用率和单位地区生产总值耗水电的数据无法取得，过去"资源利用"变量仅保留"污水集中处理率和生活垃圾无害化处理率"这一项变量，并以此重新命名，同时加入了新的变量"居民人均用水变动率"，在过去强调循环利用的基础上，新增"节约"因素的考虑。"流动人口变动率"原为"劳动力供给"的组成变量之一，本期将其变为独立变量，意在强调流动人口对劳动力资源的补充作用是城市可持续发展的重要因素。"碳排放"仍是传统保留变量。"自然气候"和"自然灾害风险"两个变量被剔除，也许是因为随着现代科技的发展，城市先天的自然条件能够在一定程度上被改善，不一定对城市的未来发展机遇产生重大影响。

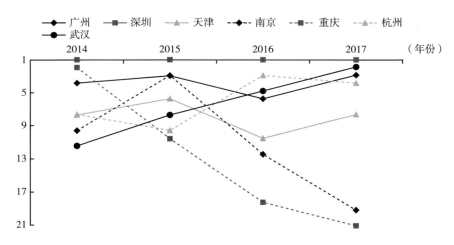

图8 2014～2017年核心城市在"可持续发展和自然环境"维度的排名

广州在这一维度的排名较为稳定，在第3至第6之间波动，2017年略有上升至第3。从资源的节约和循环利用来看，广州居民的节水意识较好，

"居民人均用水变动率"排名第5。但"污水集中处理率和生活垃圾无害化处理率"欠缺较大，排名倒数（排第22名）。广州是最早实行垃圾分类的城市之一，但近年发展较为迟缓。本期，广州市正在积极推进垃圾分类的相关立法，明年该方面或有更好的表现。

广州在"劳动力供给"变量上排名第3，"流动人口变动率"排名第4，较为稳定，流动人口数量较大，外来劳动力供应仍较为充足。"碳排放"变量排名第6，经济集约化发展效果较为明显。

广州以105分在该维度排名第3，除了深圳具有较明显优势长期保持第1，其他城市的竞争激烈，排名起伏波动较大，广州还需要采取有力措施才能保持目前地位。

2. 交通与城市规划排名有所下滑

"交通与城市规划"维度下的变量进行了较大范围的调整，新增"人均道路面积"、"城市扩展速度"和"城市流动人口状况"；取消了"有营业牌照的正规出租车""大型建筑活动"两个变量；"轨道交通覆盖面"以每万人轨道交通运营里程来衡量，取消了对总里程和新增里程的计算；"居民住房保障"不再通过房价收入比来计算，而是以人均房地产开发住宅投资额来衡量；只有"绿化面积"和"公共交通系统"维持原有的计算方式。在2017年报告中，该维度共有7个变量，大量变动同近些年城市规划的理念与实践不断涌现出新的发展趋势有着直接的联系。

广州排名略有下滑，从2016年的第1跌至第4。主要是由于新增变量"人均道路面积"排名较低（排名第15），部分优势变量排名略有退步，如"公共交通系统"下滑两个名次，从第3跌至第5；"轨道交通覆盖面"从2015年的第2下滑到第3。在"人均道路面积"这一变量上，广州面临的问题同"医护资源"接近，即总量可观，但人口基数较大，人均数字较低。而"公共交通系统"和"轨道交通覆盖面"方面排名的下降，同其他新兴城市地铁建设的兴起有所关联，尽管广州在这两个方面的建设速度放缓，但其服务能力未必有明显退步。"居民住房保障"广州排名第18，这一变量以人均房地产开发住宅投资额来考察，在这一变量上排名较低是大部分经济影

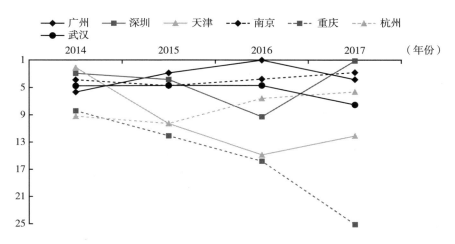

图9　2014～2017年核心城市在"交通与城市规划"维度的排名

响力排名靠前的城市区均要面对的问题，例如深圳（排名第24）。

　　"绿化面积"的排名本期上升一位至第4，体现了广州重视居民生活环境的城市规划理念。广州在"城市扩展速度"上排名居中（排名第8），可能由于广州作为先行发展城市，已经过了盲目快速扩张时期，城市向外扩散步调减缓，以期巩固现有城市区域的发展建设。"城市流动人口状况"排名的情况基本类似，同排第8名，随着广州产业结构的转型，劳动密集型企业的减少，流动人口的数量在逐渐减少。

　　珠海和深圳都属于新城市，规划与建设的负担较小，尤其珠海的城市常住人口总量较小，在多个人均指标的变量上名列前茅，因此综合排名并列第1。广州以142分排在第4名，在这个维度上改进有不小的难度。

（五）成本、居民生活是明显短板

1. 成本较高是经济发达大城市的通病

　　成本维度的变量设计不仅从居民角度考虑衣食住行的成本，同时考虑到投资者的投资成本，因此从"职工平均工资""公共交通成本""商业用地成本""住宅价格指数""食品价格""生活服务价格"6个变量对人力成本、生产经营成本和生活成本三个方面进行综合衡量。该维度的变量取值越

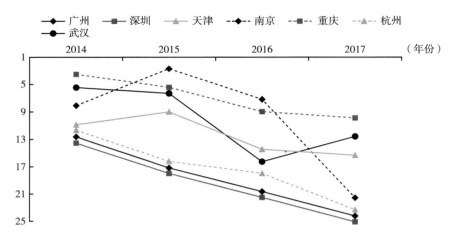

图10 2014～2017年核心城市在"成本"维度的排名

低，得分越高。

成本维度的城市排名同经济影响力、总排名下城市的排名基本相反，经济影响力高、总排名较好的城市，其生活成本大多居高不下。2014年以来《机遇之城》研究增加了一些规模相对不大的城市，使得广州、深圳、杭州等城市的绝对排名几乎直线大幅下降，而2017年排名前三位的分别是太原、昆明和石家庄，都是近两年新增的城市。

整体而言，广州的各项生活、生产成本都居高不下。"公共交通成本"和"商业用地成本"都是最高；"职工平均工资""食品价格""生活服务价格"排名倒数第2；仅有"住宅价格指数"相对较好，排名倒数第5，略好于深圳、厦门、杭州和南京。值得一提的是，在过去两期中，用于衡量居民工资的变量为"iPhone指数"，即购买一部iPhone手机需要耗费的工作时间并不多。广州在"iPhone指数"上的排名始终居于前列，由此可见，尽管广州的生活成本较高，但工资水平相对而言基本能够匹配在穗的生活支出。

在成本维度，广州连续四年排名倒数第2，情况仅好于深圳，2017年得分仅为13分，仅比排名最后的深圳高一分。但广、深两城的总积分同其他城市差别较大，同排名倒数第3的杭州相差20分，可见广、深成本相对于其他城市明显高出一截。在这方面，广州可以改进的措施不多，只能争取尽量不让情况进一步恶化。

2.居民生活排名下降较快

"文化与居民生活"维度下大多数变量为复合数据,即单个变量包含多重数据变量,因此,尽管该维度只有"文化活力"、"交通拥堵状况"、"空气质量"和"生活质量"4个变量,但背后包含的数据则更为复杂。如"文化活力"以城市文化体育与传媒产业的财政支出及文化、体育、娱乐从业人员占比两方面来衡量各城市文化产业规模,而"生活质量"则是人均社会消费零售总额和居民人均用电量的组合。

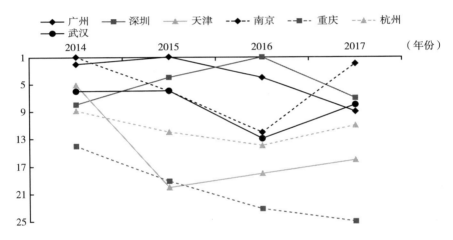

图11 2014~2017年核心城市在"文化与居民生活"维度的排名

从整体排名来看,广州在该维度下的排名逐年下滑,本期排名跌至第9。主要是因为"文化活力"方面退步最大,从第5名降至第15名,因此,广州仍须在文化体育方面投入更多的关注与资源。此外,"交通拥堵状况"进一步恶化,从第16名退步到第24名,结合之前交通安全的有关变量思考,广州亟须改善城市公路交通网络,缓解拥堵和车祸较多的问题。

广州本期在"生活质量"上的优势进一步巩固,从排名第5上升至第1,说明广州居民生活的舒适程度较高,购买力较强。"空气质量"维持第7名的成绩,比大多数综合靠前的城市更佳,成为一个亮点。

这一维度涵盖的内容跨度较大，不同城市的优势也各不相同，四个变量有五个城市分列第1（包括两个并列）。综合排名前三的也是珠海、南京、福州等在其他大部分维度中并不突出的城市。广州以60分位居第9，但是实际上仍有较大的提升空间。

（六）小结

从具体变量来看，无论是在优势维度还是劣势维度，广州都有表现亮眼的变量，也有问题突出的变量。排第1~2名的变量大部分属于广州的传统优势领域；排第3~5名的变量广州相对优势较大，仍有进步空间；排名第6~19的问题可以作为下一步改善的重点领域，而排名第20以后的问题大多很难改善，应争取不要进一步恶化。

广州的传统优势领域包括教育资源、旅游服务、客货运输、医疗服务、电子商务及相关的几大领域，居民消费能力较强，因此生活质量普遍较高。在"双创"能力与服务、公共交通建设、节能环保、投资环境、劳动力可持续发展方面也基本保有稳定优势，可以维持相关政策的计划和施行。

在排名第6~9的变量中，部分软性指标的改善相对更具可行性，如通过资金、政策的倾斜增加中小学专任教师、医护人员的聘用，改善"专任教师变动率""医护资源"等人均指标的落后；加大文化、体育与传媒产业的财政支出，吸引文娱从业人员来穗，激发"文化活力"。而城市硬件设施方面，如建设灾害防御设施减少灾害损失、增加人均道路面积、提高居民住房保障、改善空气质量等方面则很难在短时间内有较大提高，但是，这些仍是城市未来建设的讨论重点，应在城市的未来规划中着重考虑。

表3 普华永道报告中广州的优劣势变量分析

类别	排名第1的维度	排名第2~5维度	排名第6以后维度
排名第1~2的变量	中等职业教育规模；星级酒店；国际旅客；飞机起降航班；客运总量；货运总量；会展经济发展指数；医疗设施；养老服务	"互联网+"；数字经济；城市服务业比重；物流效率；资本市场参与度	生活质量

类别	排名第 1 的维度	排名第 2~5 维度	排名第 6 以后维度
排名第 3~5 的变量	科技支出比重;研究与开发水平;综合科技进步水平指数;创业环境;创新应用	软件与多媒体设计;公共交通系统;轨道交通覆盖面;绿化面积;居民人均用水变动率;劳动力供给;流动人口变动率;知名企业数量;金融从业人员数;吸引外商直接投资;农业机械总动力;创业便利性;商业营运风险	
排名第 6~19 的变量	专任教师变动率;医护资源;灾害损失	技术市场规模;人均道路面积;城市扩展速度;城市流动人口状况;居民住房保障;碳排放;地区生产总值名义增长率;财政收支平衡度;外贸依存度	文化活力;空气质量
排名第 20 以后的 变量	城市交通安全指数	污水集中处理率和生活垃圾无害化处理率;员工管理风险	交通拥堵状况;职工平均工资;公共交通成本;商业用地成本;住宅价格指数;食品价格;生活服务价格

资料来源:《机遇之城 2017》。

排名第 20 以后的变量基本集中在几个领域,如市内交通领域涉及 3 个排名靠后的变量——城市交通安全指数、交通拥堵状况和公共交通成本。而城市的交通安全得分较低同交通拥堵、公共交通成本均有着直接或间接的联系,需要从城市道路的整体设计进行调整,很难在短时间内实现,需要较长时间的规划调整。污水、生活垃圾的无害化处理则是近期很有可能改善的领域,正如前文提到,广州正在积极推动有关方面的立法,或许可以在今后几年看到成效。而其他排名第 20 以后的变量均为城市生活成本,国际、国内大城市的高生活成本是经济发展的必然结果,行之有效的解决方法仍在多方探索之中。作为一线城市来说,广州在地价、房价方面的控制已属全国较为成功的案例,保持这一态势已属不易。

三 广州借鉴《机遇之城》报告提升城市国际竞争力的对策建议

作为中国重要的中心城市,广州总体经济实力不断增强,国际化程度不断提高，在世界城市体系中的地位也不断提升。广州频频出现在国际机构研究报告中并且获得较高评价，充分证明了这一点。国际机构的研究报告也为客观判定广州在世界城市体系以及中国城市内部体系的坐标，科学研判广州的城市国际竞争力优势和短板，进而制定行之有效的政策措施提供有益的参考和借鉴。

（一）参考国际机构研究报告明晰全球城市未来发展方向

普华永道《机遇之城》系列报告，相对当前其他知名国际机构报告的最主要特点是，指标体系以及得分计算方式较透明，并且报告中列明了各城市的具体变量排名，同时由于指标体系包含了经济、科技、文化、交通、教育、基础设施、公共服务、社会安全、环境等多维度的变量与指标，因此能够从领先城市的具体变量得分与排名，确定排名背后的城市未来发展的核心理念，把握全球城市未来的发展趋势，即近年来普华永道系列报告一直强调重视生活在城市中的居民需求与感受，坚持"以人为本"的城市发展理念。这对于广州城市制定未来发展战略具有重要的指导意义和参考价值。

（二）结合自身发展特色确定城市发展目标与总体定位

广州从 2016 年开始在《机遇之城》报告中超过深圳排名第一位，并在 2017 年的报告中仍然保持了这个领先地位。从报告的数据分析来看，尽管广州领先的维度并不如深圳多，但得益于在各个维度中均有排名前列的变量，因此整体得分超过深圳位居第一，这显示了广州均衡发展的重要城市特色。同时，作为重要的区域流动人口聚集地、经贸往来中心和综合性交通枢纽，广州在城市带动和辐射周边区域发展的能力等方面具有明显优势，因此在"区域重要城市"维度一直保持较高的领先地位。不仅如此，近年来广州重点建设"国际创新枢纽"，在巩固传统教育资源优势的同时积极开发创新领域的未来潜力，因此在"智力资本和创新"维度也保持了均衡发展，连续三年蝉联榜首。因此，综合自身的现实特征，广州未来发展的目标与总体定位应继续强化均衡发展的创新型区域枢纽城市，并综合提升城市能级，迈向更高层次的全球城市。这符合普华永道《机遇之城》系列报告中强调的城市发展2.0时代的关键——科技创新和均衡发展，同时也契合了中央关于新型城市化建设的重要战略方向指导。

（三）争取保持具有明显及较大领先优势的变量

通过《机遇之城》报告中列出的广州城市各维度具体变量的排名及得分数据，可以确定广州具有明显及较大领先优势（排第1～2位）的变量，如"中等职业教育规模""互联网＋""星级酒店""飞机起降航班""会展经济发展指数""医疗设施""物流效率""资本市场参与度""生活质量"等。这些变量具有很强的代表性，相对较真实地反映了城市发展的各个方面。例如，《机遇之城2017》报告中，智力资本和创新维度中的"中等职业教育"变量代表了技术工人的重要来源，比一般只关注大学生的相关变量更能代表智力资本发展情况。广州应继续加大力度，巩固在智力资本、枢纽功能、电子商务发展与新技术、城市公共服务与治理等方面的发展优势，确保广州在未来城市发展机遇中的领先地位。

（四）重点提升帮助广州进行有效改进的变量

广州在各维度中具有一般领先优势（即排名第3～5位）的变量排名，例如研究与开发水平、创业环境、创新应用、金融从业人员数、软件与多媒体设计、吸引外商直接投资、创业便利性、公共交通系统等变量，广州这些变量在所属维度内的排名，虽然有一定的优势，但优势并不明显，针对性地采取措施提升，可以有效帮助广州强化城市竞争中的领先地位。并且，这些变量大部分属于经济影响力、技术成熟度、宜商环境和交通与城市规划等维度，这说明广州在金融、创新与技术、宜商环境、交通与城市规划领域虽然基础较好，但优势相对不明显，因此要重点对这些变量进行提升与改善，确保未来广州在城市发展2.0时代，能够获得更多的发展机遇与竞争优势。

（五）适当控制具有较大差距的变量

在所有维度中，广州具有较大差距（即排名第 20 位以后）的变量，主要包括：交通拥堵状况、职工平均工资、公共交通成本、商业用地成本、食品价格、生活服务价格、城市交通系统、员工管理风险以及污水集中处理和生活垃圾无害化处理率等变量。这些变量大致分为两类：一类是落后维度中的落后变量，例如公共交通成本、商业用地成本、食品价格、生活服务价格等属于排名最后的成本维度。这些变量很大程度上是由于城市经济发展与规模扩大带来的负面效应，应该有针对性地对该类变量进行适当控制，尽量避免进一步恶化，并着力提高整个经济的运行效率与效益。另一类是领先维度中的落后变量，例如排名第 2 位的宜商环境维度中的员工管理风险变量，以及排名第 3 位的可持续发展和自然环境维度的污水集中处理率和生活垃圾无害化处理率变量。如果能够提升这两个反差较大的变量，广州在宜商环境、可持续发展和自然环境维度的排名可能会有一个很大的提升，甚至跃居第 1 位，因为在这两个维度上，广州与前两位的差距并不明显。

（六）客观看待知名机构发布关于中国城市的相关排名

虽然知名国际机构发布的关于世界城市及中国城市的相关排名是对城市在世界城市体系及中国城市体系中地位的一个综合体现，也反映了城市的综合实力，但也应该看到，这些知名城市排名无论在城市的选取还是在主要维度的选取及权重和各维度中具体数据指标的选择等方面都有各自的倾向性和适用性。这些排名在所包含的城市数量以及维度、变量、指标、权重的设置，也会根据全球城市发展的新趋势以及数据可获得性进行相应的调整。例如，《机遇之城 2017》报告中，实际变动的变量数量多达 31 个，甚至由此导致了各维度之间权重的变化。由于城市层面数据可得性的限制，这些排名中的某些指标设置也存在一定的不足，例如《机遇之城》系列报告中文化与居民生活维度中的文化活力变量，该变量从各城市文化体育与传媒产业的财政支出及文化、体育、娱乐从业人员占比两个指标来衡量各城市文化产业规模，这在一定程度上将"文化活力"狭隘化了。再如，该维度中的生活质量变量中用城乡居民人均生活用电量指标作为反映居民对日常生活便利性和舒适性的需求程度，但从可持续发展的角度来看，降低能耗更符合绿色生活的理念。因此，在这些排名中，城市的名次出现短期的波动是正常的，也不必将这些知名世界城市及中国城市排名作为城市国际竞争力和国际化水平的唯一和全部依据。

（七）建立与国际机构的常态化联系

通过调研普华永道负责《机遇之都（城）》系列排名报告的项目组和机构，与之建立良好的沟通与常态化联系机制。争取在排名研究结果完成后第一时间获得，或及时参加发布会，掌握该排名的最新进展和动态，为持续跟踪研究奠定良好的基础。争取通过调研能够获得有关城市各维度内具体变量与指标得分的翔实数据以及计算方法，便于今后对城市各方面的发展变化以及其排名变动背后的根本原因进行更深入的跟踪分析。要深入了解具体指标的数据来源渠道，以便广州可以提供准确、全面的数据。考虑到国际版的《机遇之都》在国际的影响力更大，可以积极争取将广州纳入国际版《机遇之都》报告中，提升广州在世界城市体系中的地位与知名度。

（八）持续跟踪研究国际机构关于城市发展的研究

众多国际机构开展了关于城市发展的研究以及评估、排名，对于广州有着重要的参考价值，应设立相关课题组持续跟踪研究权威国际机构对于城市发展的研究。一方面，权威国际机构发布的各类世界城市相关排名背后的城市未来发展的核心理念，对把握全球城市未来的发展趋势和方向，为广州制定城市发展战略提供重要参考与借鉴具有重大意义；另一方面，研究知名世界城市排名中城市地位升降的总体规律，从根源处总结城市国际地位变迁规律及背后的影响因素，提出提升城市地位的根本对策，能够帮助广州顺应世界城市未来的发展趋势。因此，持续跟踪研究国际机构关于城市发展的研究，能够有针对性地对所涉及的广州城市相关方面的内容进行重点改进提升，为提升广州城市国际竞争力提供更多更有价值的参考意见。

参考文献

程遥、赵民：《新时期我国建设"全球城市"的辨析与展望——基于空间组织模型的视角》，《城市规划》2015 年第 39 期。

曾群：《城市综合发展水平的定量研究》，《华中师范大学学报》1997 年第 1 期。

胡俊凯：《中国城市综合发展六大趋势》，《瞭望》2016 年第 48 期。

春燕：《研究者视角的亚洲主要城市知识型创新要素评价——基于〈全球城市综合实力排名〉报告》，《科学管理研究》2016 年第 2 期。

孙洪娟：《我国"适合人类居住的城市"统计指标体系研究和大中型城市实证分析》，《统计研究》2004 年第 21 期。

普华永道：《机遇之城 2014》，PWC，2014 年 3 月，https：//www. pwccn. com/zh/publications/dir – aca – pub. html。

普华永道：《机遇之城 2015》，PWC，2015 年 3 月，http：//www. pwccn. com/zh/about – us/chinese – cities – of – opportunity – 2015 – study – report – explores – the – cities – development – opportunities – in – a – new – economic – era. html。

普华永道：《机遇之城 2016》，PWC，2016 年 3 月，http：//www. pwccn. com/zh/about – us/chinese – cities – of – opportunity – 2016 – report. html。

普华永道：《机遇之城 2017》，PWC，2017 年 3 月，https：//www. pwccn. com/zh/research – and – insights/chinese – cities – of – opportunities – 2017 – report. html。

B.13
全球金融中心指数视域中广州
建设国际金融中心城市的对策研究

刘芬华 李志漫 吴 非 李华民*

摘 要： 无论是从金融机构的广度和深度还是从金融业增加值等客观
指标来看，广州在国内各大城市中都属于第一方阵城市。通
过全球金融中心指数（GFCI）视角，反向考量广州市与全球
性金融中心城市的差距。广州市建设区域金融中心城市战略
策略存在"重硬轻软"、链条不全、地标性品牌缺位以及高
端人才战略弱势等问题，以至于广州市金融业发展对周边地
区特别是国际金融行业的辐射力弱势，并在此基础上提出广
州市进一步强化建设国际金融中心城市的对策性建议。

关键词： 全球金融中心指数 中国金融发展指数 国际金融中心城市
广州

一 广州建设国际金融中心城市的背景和理论

（一）广州提出建设国际金融中心城市的背景

随着金融业在国民经济中的重要性日益提升，越来越多的城市把建设金

---

* 刘芬华，广东金融学院教授，广东区域金融政策研究中心特约研究员；李志漫，华南师范大
学经济与金融学院硕士研究生；吴非，暨南大学经济学院博士研究生；李华民，博士，广东
金融学院教授，广东区域金融政策研究中心主任。

融中心城市作为城市竞争力的标志，并作为争夺制度红利以及经济发展主导权的重要手段。包括北京、上海、深圳、广州等30个中心城市相继提出建设金融中心城市目标，以竞争金融资源配置权，竞争甚至达到了白热化阶段。

一直以来，广州都是中国最为重要的商业中心之一。改革开放以后，依托珠江三角洲经济发展底蕴及自身经济基础催生的强大金融需求，不断吸纳金融机构聚集，形成了结构相对齐全、市场层次不断细化、运作日趋规范的金融市场体系，为广州市建设金融中心城市打下了扎实的基础。在中国金融中心指数（GDI - CFCI）中，从初期开始连续七期，广州都仅次于沪、京、深，位居第四，成为中国金融中心指数"四小龙"之一。然而令人颇感意外的是，在国际知名的全球金融中心指数（CFCI）排名中，排在北京、上海、深圳之后进入 CFCI 方阵的却是后期崛起的大连和青岛，而作为经济发达省份省会城市的广州，却直到2017年3月才进入 GFCI 21 的榜单。值得肯定的是，广州在 GFCI 的首次亮相，表现不俗，全球排名第37，在中国大陆上榜城市中仅次于北京、上海、深圳，但是其后不仅有青岛紧追不舍（GFCI 21，排名第38），同时也存在国际认知度不高的问题①，广州对于自身金融中心城市的发展内涵的展现，仍显不足。

那么，广州当采取何种策略才能提升自身的国际认知度，进一步强化国际金融中心城市的建设？现今有关金融中心城市建设研究文献，多将发达国家金融中心城市的演化路径简单挪移至中国城市的金融发展过程中来，所提出的相关政策建议有不相适宜的可能。既然确立判断广州在全球金融中心城市方阵中的演化状态存在偏差，那么就应该锚定全球金融中心指数（CFCI）及其评价方法和规则，同时参照中国金融发展指数指标系统和评价方法，以此了解全球金融中心的评价条件，比较青岛、大连与广

① 全球金融中心指数（GFCI）利用了两方面的独立数据，即特征性指标和金融服务专业人士的网络问卷调查结果，对入围的金融中心（城市）进行分类、评分和排名。广州国际金融服务专业人士调查问卷应答数量只有211份，远不及上海（513份）、北京（470份）、深圳（318份）、青岛（707份）和大连（493份）。

州金融业发展的客观指标，同时兼顾专家以及广州金融业建设者的访谈，梳理和考量广州市在建设金融中心过程中的以往策略定位、路径选择方面的错位差距问题，也当有助于发现广州强化建设国际金融中心城市的正确对策选择。

（二）国际金融中心建构的理论认知

关于金融中心城市概念的确立，存在一个认知发展过程。较早的有关国际金融中心城市的认知，是为大量各类国际金融交易充当票据交换所的城市（Nadler，1955），后来发展到金融机构高度集中的大都市，因此有能力为国家或者地区间的金融交易提供结算服务的中心大都市（Dfuer and Giddy，1978）。H. C. Reed（1981）首次提供了一套客观评价标准，来判断一个城市是否能够算作国际金融中心，据此对金融中心进行层次划分，如地方金融中心、区域金融中心、国家金融中心到国际金融中心等。基于以上认知过程，裴长洪和付彩芳（2014）从区域和功能角度对于金融中心城市进行属性刻绘，即为发挥金融活动枢纽作用的中心城市。可以预判，这种金融城市在金融业务的横向覆盖面和纵向的深度上都更胜一筹，并对周边的地区有着极强的溢出效应。而本文也是据此定义，来判断我们的对象城市——广州——是否具有国际金融中心城市的禀赋。

可见，国际金融中心是银行家们在国际运营中受益于规模经济的必然反应（Park，1982），"信息不对称"基础上的市场摩擦理论、"信息腹地"的金融地理理论所描述的金融资源的集聚趋势和分散趋势对于金融资源配置中心的需求（Gehring，1997）、金融产品流动（冯德连、葛文静，2004）等，都是促成国际金融中心形成的重要因素，并导致国际金融中心格局演化的轮式效应；经济基础、人力资源、法制环境、区位禀赋、通信技术等，更是国际金融中心竞争力提升的必要条件（Richard McGahey，1990）。而伦敦、纽约和东京等全球金融中心城市布局，则有赖于全球金融交易链条环节间的时间差（Risto Laulajainen，1998），在此基础上，金融资源的聚集效应所导致的规模经济效应（李扬，2002；潘英丽，2003），则更进一步加速了金融中心的凝聚。

对于国际金融中心城市评价指标体系的建构，多从竞争力评价角度和建构国际金融中心的可行性这两个视角展开。目前，最具权威的竞争力排名评价方法，是由英国的 Z/Yen 调查公司统计的伦敦金融城政府报告，运用指数数据和问卷调查相结合的方法，对全球多个金融中心城市做竞争力分析排名。建设国际金融中心可行性指标体系研究，多见国内文献，从侧面也表明中国的金融中心城市建设带有非市场需求的主动行为。银行机构数量、外资公司数量、银行资产及负债规模、海外贷款、外汇交易额（饶余庆，2003），经济、法律以及政治因素（胡坚、杨素兰，2003）或者国家宏观条件、城市中观条件以及周边环境条件（杨再斌、匡霞，2004）等，都应该作为一个中心城市能否成为国际金融中心城市的评判标准和量化指标。

实际上，广州的学者在 20 世纪 90 年代就提出建设广州金融中心建议。何问陶、劳建光（1993）设计了广州金融中心模式并分析了禀赋与约束；邝宝龄（1994）建议通过围绕金融组织体系、金融市场体系、金融调控体系和银行服务体系等方面，逐步打造广州区域性金融中心。孙飞（2001）则分析广州特色、阻力与制约以及软硬件设施，由此推演广州建设金融中心的战略策略。2006 年的广州金融中心建设论坛，则把广州建设国际金融中心的构想付诸实施。

二 金融中心指数评价规则及广州排名情况分析

（一）全球金融中心指数（GFCI）：理念与评价规则

从区域概念而言，金融中心城市的体征展现于两大维度：其一在于金融资源的聚合效果，强调金融市场的广度覆盖面和纵深的切入程度；其二在于金融的辐射能力，即金融服务对周边地区的影响能力。这两个维度协同刻绘出了一个高层次金融中心所应具备的资源调配能力。两种维度的展现方式，在全球金融中心指数（GFCI）编制中得以充分展现。

目前最具权威的金融中心城市竞争力指数评价系统是由英国 Z/Yen 公司与伦敦金融城联合开发推出的 Global Financial Center Index（GFCI，全球金融中心指数），也被称为伦敦金融城指数，2007 年 3 月首次发布，至 2017 年 3 月已连续发布了 21 期，形成了其对于金融中心城市评价乃至发展的权威影响力。

具体来看，全球金融中心指数（GFCI）评价体系以两大类独立数据作为分析的基石。这两大类数据分别为具备较高客观性的特征性指标和具备一定主观评判的问卷调研结果。通过这两类相对独立的数据集的糅合，对相关的金融中心（城市）进行分类测序。特征性指标源自信誉良好的评价机构①的涵盖面广泛的五大类竞争力指标，即营商环境、人力资本、基础设施、金融业发展水平及声誉，其中声誉是在上述四个领域的总体竞争力，细分为 101 个可以独立评比的特征性指标，进行金融中心城市发展的客观性评价。

GCFI 对于金融中心城市的竞争力评价，除了具备客观性的特征性指标之外，还匹配以调研问卷评价信息。具体而言，设置一系列有关特定城市的金融竞争力有关的问题，通过网络邀请那些对特定城市较为熟悉的专业金融人士作答。为了使评价结果具备时间的可检验性和可延续性，GFCI 指标体系对不同时期的作答赋分给予一定权重，然后通过向量回归方法得出相应的评价结果。距离当前越近，则权重越大；距离当前越远，则权重越小，直至两年前的问答赋值赋予 0 权重。

GFCI 的调研问卷一般分为三大部分。第一部分为受访对象最为简单的基本信息，以此判别受访者和将要评价的城市是否匹配，并规避访问对象对工作所在地的评价偏好；在此基础之上，进入第二个考察层次，即受访对象对特定区域（城市）金融竞争力的主观评价；第三个考察层次则是受访对象对评价城市是否具备国际金融中心实力的信息调查。

---

① 包括瑞士洛桑国际管理学院发布的世界竞争力年度报告、世界经济论坛发布的全球竞争力报告、英国风险评估公司 Maplecroft 出版的金融市场指数等。

在 GFCI 指数第二部分对金融中心的主观评价中，让受访者对候选城市在 1~10 之间直接打分。如果特定区域（城市）的评价者中，有 70% 的受访者为非本区域金融服务者，那么该特定区域则被界定为具有全球性的金融中心的城市地位；如果上述比例低于 70% 但超过 50%，则该金融中心仅能定格在跨国性地位；如果一个金融中心的评价者，本区域内的评价者超过50%，那么仅能定位于地区性的金融中心。以此，金融中心的层次得以划分。在 GFCI 21 中，广州仅仅处于地区性的国际金融中心的地位，且属于稳定性不可预知的金融中心城市。

根据 GFCI 21 评价指数的特征分析，相关度最高的六大特征指标，分别为世界经合组织国家风险分类、价格水平、世界竞争力计分板、金融安全指数、全球竞争力指数以及物流绩效指数，多是内涵较广的城市竞争力指数，且是城市全面竞争力，而不单单专注金融行业的竞争力指数。这意味着，在各方面都表现很好的城市，才有可能进入全球金融中心城市方阵。

第一批进入 GFCI 方阵的中国大陆城市有上海、北京和深圳；大连继之后在第 2015 年的第 17 期正式列入排名；青岛在第 21 期的表现亮眼，位居第 38 位，比其第 19 期刚进入榜单位居第 79 位相比，上升了 41 个名次。而广州由于非本地国际金融专业服务人士问卷数在前 20 期内一直未达到 200份①，多次被排除在 GFCI 榜单之外，但据候补区域之首，直至第 21 期被纳入最终排名之中。广州在 GFCI 21 中排名第 37 位，得分远远高于大连，但与青岛紧邻。从图 1 可以很清楚地看到，自跨入 GFCI 榜单后，青岛评分呈快速上升态势，在 GFCI 21 关于"认为有望进一步提升影响力"的问卷中，被提及 57 次，排名第五，但还没有出现广州的影子，表明广州金融发展的内涵特质以及发展态势尚未展现。广州与北京、上海、深圳相比，存在明显差距。

---

① GFGI 指数固定在 24 个月内，有 200 位以上的本国以外的金融专业服务人士自愿参与（某城市）的评价才能进入评估体系。

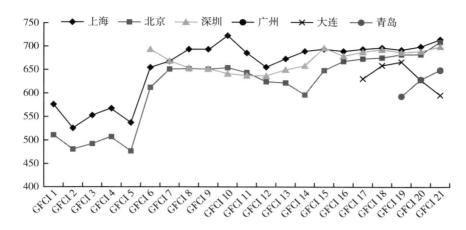

图1 GFCI 各期中国大陆上榜城市的得分情况

对此，几个直观的疑问是，究竟是什么原因导致了广州在前20期一直被排除在 GFCI 榜单之外，又是缘何入选 GFCI 21 榜单，更深入的问题是，广州市金融业的发展具有哪些优势，还存在哪些短板和缺项，如何扭转上述局面，在进入 GFCI 之后广州如何提升自己在 GFCI 中的位置，等等。

（二）广州在中国金融中心城市竞争力（CDI – CFCI）的排位与解读

值得一提的是，研究广州进一步强化建设国际金融中心城市课题，应考虑通过中国金融中心指数（CDI – CFCI）与全球金融指数（GFCI）的对比，来刻绘广州市金融竞争力的实力状况，并由此导引出广州市进一步强化建设国际金融中心城市并从地域性的、不可预知稳定性的国际金融中心，向成熟性国际金融中心（Established International Centre）乃至全球顶尖级别的全球金融中心（Global Centre）迈进的策略与措施。

CDI – CFCI 是中国综合开发研究院推出的衡量中国金融中心竞争力的多因素综合评价体系，自2009年发布首期指数以来，已陆续对外公布了8期榜单。该评价体系主要由四大板块的指标构成，分别为金融产业绩效、金融机构实力、金融市场规模和金融生态环境。该系列指标以统计数据为依据，对中国大陆 31 个省会城市和计划单列市进行金融竞争力的测评和排序。

在 CDI – CFCI 排名中，上海、北京和深圳分值和增长速度的领先优势明显，尽管广州同上述城市相比有着较大的差距，但仍处在该榜单第一方阵的位置（稳居第 4）；与此形成对比的是，青岛和大连在中国金融中心指数中，始终未能突破前十①。但令人意外的是，大连以其商品交易所、青岛以其财务管理中心所产生的国际辐射力为典型特征性指标，跻身全球金融服务专业人士的青睐，跻身全球金融中心指数方阵。

中国金融中心指数与全球金融中心指数的差异，在于其指标特征的采集模式和评价程序不同。中国金融中心指数更侧重于可量化的金融发展程度，而全球金融中心指数则更注重金融中心国际辐射力的考察。确实，对于金融中心城市建构，提升城市的金融内涵品质比金融机构的绝对量更为重要，因为前者更能够塑成地区乃至全球性的扩散效应。大连和青岛能够跻身全球金融中心指数方阵，正是因为其特色金融非其他城市能替代，由此凸显了国际影响力，强化了国内外金融服务专业人员的良好认知。

（三）广州市金融业发展概况

2011～2016 年，广州金融业增加值增长了大约 133%，2016 年，广州金融业增加值为 1800 亿元。同期，北京增长 108%，上海增长 113%，广州增速位居全国大城市之首。从金融业增加值比较，广州虽然低于三大全国性金融中心，但远远高于大连和青岛，金融"硬指标"表现突出。同时，在作为金融发展基础的经济基础方面，广州优势凸显。2016 年广州地区生产总值达到了 19610.94 亿元，仅低于京、沪，同比增长率 8.2%，增速高于全国（6.7%）和全省（7.5%）。

---

① 大连和青岛自身的金融机构广度和深度较之广州而言有着很大的差距，甚至不处在同一量级上。其具体的指标数值波幅都较为平缓，不会对排名造成逆转性的影响。

表 1　2016 年末六大城市金融发展情况对比

单位：亿元

项目	北京	上海	深圳	广州	大连	青岛
金融业增加值	4266.8	4762.5	2876.89	1800	740	668.81
地区生产总值	27466	24899	19300	19610.94	81510	10011.3

资料来源：根据各城市统计年鉴以及金融局公布数据整理得到。

从金融资源的集聚维度上看，截至 2017 年 2 月，广州设有商业银行支行 2376 家，仅次于北京（3424 家）、上海（3341 家）；2016 年广州市新增 2 家保险法人机构，保险法人机构由 3 家增至 5 家，实现保费收入 1166.1 亿元，连续 10 年居全国大城市第三位，居全国大城市首位。

在本外币存款和直接融资额方面，2016 年，广州本外币存款余额 4.75 万亿元，直接融资余额达 1.35 万亿元，在大城市中仅次于上海（1.48 万亿元），直接融资与社会融资之比达到 52.3%，位列全国大城市之首，这表明广州资本市场具有较强的资金吸纳力。

在金融辐射力维度上，广州多层次资本市场日趋完善，具有全国影响力的中国风险投资论坛自 2017 年起将轮流在广州、深圳举办，广州金融也终于获得全国性金融交易平台的青睐，中证报价南方总部 2017 年将正式在广州挂牌上线。这填补了广州市全国性金融交易平台上的空缺。

广州能够进入 GFCI 榜单源于多方面的因素，从 GFCI 的具体指标看，广州的金融业发展得分排在第 28 位，人力资源得分排第 23 位。从人力资源方面分析，近年来，广州"金交会""海交会"积极发挥平台作用，人才吸引力彰显，如作为广州金融城市名片的中国（广州）国际金融交易·博览会，五届盛会为 17000 多名行业精英提供近 10000 个事业发展机会。广州针对金融人才也出台了多项扶持政策，如 2014 年出台的《广州市高层次金融人才支持项目实施办法》，2016 年共评定三类高层次金融人才 220 名，总奖励金额超过 2900 万元。

从上述分析中可以看到，这两年广州金融业在增长性、创新性上表现抢眼，特别是类似于银河金控、中证报价等更多金融领域的大项目的进驻、中国风险投资论坛的举办前势，极大地提升了广州的国际认知度。

综上所述，GFCI 前 20 期，广州游离于 GFCI 之外，归因于其缺乏国际影响力，而这种国际影响力折射到 GFCI 评估模型，就是国际金融服务专业人士对于该金融中心城市的认知度。广州能够在 GFCI 21 跻身榜单，也表明其国际影响力初步彰显。但是，对比 2016 年广州在直接融资、保险业的强劲增幅而言，广州依然处于不可预知稳定性国际金融中心位置，其对于自身金融中心城市的发展内涵的认知和提升途径，毋庸说与全球顶尖金融中心城市相比，即便与成熟性国际金融中心城市相比，依然展现尚且不足，存在众多约束条件。

三 广州市进一步强化建设国际金融中心的阻隔与致因

（一）广州与成熟性国际金融中心的差距

在五大领域指标中，哪些因素对于金融中心城市的竞争力最为重要？全球领先的金融中心，通常也是发达先进的国际化大都市，其政治与地域关系的不稳定、腐败与法治建设、税收规则透明度等决定着金融中心城市评价中的营商环境，是金融企业重新选址的决策变量；城市自身推广和宣传，决定着城市的声誉积淀和提升，决定一个金融中心城市的"联系性"，从其他金融中心城市的金融服务专业人士获得的评价数量，即其声誉的积淀和提升；而信息和通信技术、金融科技发展、航空联通性等构成金融中心城市的基础设施；金融业整体发展水平以及决定金融发展的经济基础，还有更为重要的因素就是人力资本——金融高端人才特别是国际金融专业服务人士的聚集，等等，构成影响国际金融中心城市建设和递进的重要因素。

其一，从金融体量来看，广州市近几年的银行业、保险业等传统的金融行业发展迅猛。但值得注意的是，广州的金融业大而不强，其对地区生产总值的贡献率远远低于其他三大全国性金融中心，仅仅同大连处在同一层级。特别是，广州的金融业从业人员数量 2015 年出现了一个负增长的态势，从业人数总量也远远低于上海和北京。表明广州金融发展对相关人才的吸引力不足，甚至还有明显的人才流失现象。与此形成鲜明对比的是，大连、青岛这类金融体量与广州有着相当差距的城市，金融业从业人数的增长之快，甚至超越了老牌全国金融中心北京、上海。

表 2　各城市金融指标对比

指标	上海	北京	深圳	广州	大连	青岛
2016 年金融业增加值占地区生产总值比重（%）	17.3	17.1	14.9	9.2	9	6.7
2015 年金融业从业人员数量（人）	350700	509000	99129	116913	64334	63000
2015 年金融业从业人员增长率（%）	1.8	10.9	7.7	-3.7	11.6	14.6

资料来源：根据各城市统计年鉴以及金融局公布数据整理得到。

高端金融人才是建构全球性金融中心的必由之路，人才要素是所有要素竞争的核心。历次的 GFCI 指数说明表中，都将营商环境和人力资源放在十分重要的地位。对于区域经济饱和度逐步趋高的广州而言，如何有效地对人才和商业资源进行吸纳确实是一大难题。高端人才的集聚区依旧是北京、上海和深圳等地，即便是这些地方居高不下的生活成本，也没有对此类人才产生排斥效果。而广州市在金融业人才——特别是高端人才的吸引上处于相当不利的位置①。这说明广州地区对人才、营商软环境的塑造仍有很长一段路要走。

其二，虽然广州区域内银行、保险市场拥有一定的比较优势，其"多元化"指标特征已经展现，但是法人机构综合实力偏弱，金融地标不显著，而金融总部机构却是对外地资金的吸纳力最强的。广发银行、广发证券作为

---

① 根据《广州金融白皮书（2016）》的统计数据，以获取国际金融分析师（CFA）最终资格（三级达标）为例，美国有 25000 名成员，新加坡、中国香港各有 1000 名成员，中国内地约有 4000 名成员，广州仅有约 100 名成员。据不完全统计，广州的国际化金融人才占比不到 2%，而新加坡则达到 20% 左右。

广州本地实力最强大的金融机构，尚且无法与诸如深圳的招商银行、平安集团相提并论，更不用说只是区域性机构的广州银行和广州农商银行了。这决定了广州作为金融中心城市的"联系性"指标的弱项。

其三，广州市金融产业链条存在"缺项"，国际金融中心城市"声誉"不足。"为金融服务的金融"，譬如会计、审计、评级、咨询和法律等行业发展较为滞后，成为广州市金融产业高品质化发展的短板。广州虽然建构了金融地标的拳头产品，如中国（广州）国际金融交易博览会，但其辐射能力尚待释放。更何况，该博览会更多的是作为一个金融的宣传平台而非交易平台，所蕴蓄的金融动能十分有限。具有广州特色的金融交易场所仅为同质性较强的广州股权交易中心、碳排放交易所等，以此难以提升广州的综合金融竞争力和亮点指数。在 GFCI 21 细化分类中，广州被归入"国际性新兴"行列，但是在 2016 年 9 月发布的 GFCI 20 中，青岛被归类于"区域性专家"，在 GFCI 21 中晋升为"国际性专家"①，其金融业发展的广度和深度，得到国际性专家的认可。此外，GFCI 21 中广州国际金融服务专业人士调查问卷数量只有 211 份，而青岛却达到了 707 份。这表明广州的国际辐射效应尚待凸显，其仍缺乏独当一面的特色金融。广州作为金融中心城市"联系性"② 存在着严重不足，只能被归入"不可预知稳定性"新兴国际金融中心。假若广州不及时弥补此项短板，再次被（青岛）反超（杭州）赶超也将只是时间问题。

其四，区位格局存在较强的"灯下黑"现象。珠三角地区的金融发展程度较为成熟，特别是存在香港、深圳等全国乃至全球性的金融大都市，使得同样地处珠三角地区的广州受到了这两个地区的"影照"。在专业的金融业人员进行主观的感知调查时，极有可能遇到视觉盲区。这也是为何广州市金融业发展远比大连、青岛成熟，却在 GFCI 指数前期评价中被超越的一个合理解释。

---

① "金融专家城市"，指具有某种程度的发展深度，如投资管理、专业服务等，青岛的财富管理中心算是投资管理专家城市标签。

② 对广州的国际金融中心城市的评价，不足 40% 是来自亚太地区之外的国际金融专业人士。

（二）困扰广州市建设国际金融中心城市的原因解析

一是广州市金融业的发展理念相对保守，相关的战略推进手段被惯性思维束缚。譬如，广州"十二五"规划中金融中心的定位是区域金融中心，亦出台了《关于加快广州区域金融中心建设的实施意见》，旨在更进一步推动广州市金融业的发展，但其发展定位却锚定在"区域"上，有着明显的"带动全省、辐射华南"的路径偏好。即便与大连、青岛金融中心城市定位比较，也显得保守，大连的金融中心城市即定位在整个东北亚地区，其国际内涵明显。广州市金融业发展"十三五"规划，虽然已经定位于国际金融中心城市，但表现在具体建设措施方面还不够大胆，束缚了国际金融中心城市建设步伐。

二是金融中心建设尚缺乏有竞争力的城市地标。金融中心城市建设的"战线"拉得太长，缺乏核心竞争力的构建，若干建设目标之间也无法有效叠加形成齐力，以致有着相当经济体量作为后盾的广州却未形成有竞争力的金融城市地标，虽然中证报价的挂牌上线将填补广州全国性金融交易平台上的空缺，然而其全国效应乃至国际效应尚待凸显。

三是对金融中心建设软实力重视不够。广州曾经长期跻身于中国经济、金融发展的第一方阵。一方面，这确实展现了广州自身雄厚的硬实力，但另一方面，长期性地引领地方经济发展，也会逐步侵蚀广州市的"学生"意识，以致在经济社会实践中借鉴国外先进经验时动力不足，对于金融中心城市建设中的软实力重视程度不够。由此所导出的金融中心城市建设方案缺乏足够的创新性，甚至拘泥于原有的经济思维理念之中，乃至同香港、深圳等全球金融中心形成了恶性竞争，错失了优化升级的机遇，且降低了自身的竞争力，压抑了国际金融中心城市建设的"联系性"的拓展。

四　广州市强化建设国际金融中心城市对策建议

（一）转变思维方式，强化学习意识

广州要借在 GFCI21 跻身国际金融中心城市方阵之时机，趁热打铁，转

变思维方式，提升金融中心城市内涵，把金融行业的发展规划由原先的"增量"转移到"提质"上来，营造出有利于金融业发展的生态环境，着重弥补广州金融链条上的缺失项。所以广州应当转变理念和态度，全方位梳理广州金融业发展战略和战术，放低姿态，向兄弟城市学习，借鉴国际、国内成功的金融中心建设经验，以及参考GFCI指数等国际权威的金融中心评价体系，有针对性地制定补短板的专项政策。

（二）以 GFCI 指标体系来镜鉴广州金融发展的短板

客观来看，任何一种指标体系必然存在某些短板，其测评结果也并非精确有效，但 GFCI 指数作为当前全球性通用的金融中心指数，必然有其合理之处。类似地，CDI – CFCI 指数更扎根于中国国情，也能有效地折射出特定区域（地市）的金融发展态势。因此，广州市应当对这类指标体系进行独立考察，组成专门团队研究这两类金融指数的构成和测算模式，精细化剖析指标结构之间的脉络关系，为广州进一步强化建设全球性金融中心寻找可借鉴的参考系。并由此提炼广州市金融发展规划，使其更具完整性和地方特色。

在学术界逐步建构起适配发展中国家的金融中心城市建设理论后，政府各个层级的部门应当依托已有的理论成果，加大关于广州金融中心城市建设的政策解读与理论传播工作，务必要让政府机关工作人员深刻认识到金融中心城市建设所担负的历史意义及改革任务。组织部门应当系统地组织相关人员参加金融工作培训，通过政策制定部门与咨政部门的分析解读，使得各级工作人员能够更深刻地领会金融中心城市建设对整个经济体制改革的巨大效益，使今后的金融中心城市建设落实到进一步解放思想的改革路径之上。

（三）完善现代金融体系链条

打造金融产业全链中的亮点，强化金融服务经济的功能至关重要。一方面，应当推进多元化、差异化金融组织体系建设。立足南沙自贸区政策优势、粤港区位优势、海洋经济优势及产业优势，重点集聚发展贸易金融、融资租赁等与实体经济发展密切相关的金融业态及其配套体系，并在政策、体制、机构、产品等方面尝试创新。另一方面，应该利用好广州"千年商都"的核心优势，加快建立现代跨境贸易商务服务平台，依托其大力发展科技金融。

传统金融业态目前仍是金融体系的主体和金融业发展的基本支撑，做强做实传统金融业态对广州金融业发展至关重要。总部效应弱是广州构建现代金融服务体系的一大短板，也在一定程度上制约了广州现代金融服务体系建设和金融支持实体经济发展的力度。因此广州应将传统金融业态做强做大，培育壮大地方法人金融机构，强化"广州金融"品牌效应。目前，广州珠江新城总部经济的效益已然得到有效释放，广州市政府更是通过开放的制度、完善的金融基础设施等优势，从行业准入、金融信贷等方面给予政策倾斜，吸引国外金融机构的入驻。对国内金融机构，广州可以利用其独特的核心优势，如承载"千年商都"美名的国际商贸中心，吸引金融机构将总部或是区域中心机构设在广州。此外，对于本身就拥有金融政策优势的南沙自贸区而言，要加快该片区金融创新政策落地实施，吸引新型机构，如融资租赁机构等在此地发展聚集。

（四）塑造高度竞争的市场形制

中国地区经济发展的一个重要特点，就在于通过政策洼地来实现经济资源的集聚，并借此推动地区经济、金融的发展。那种以财税政策优惠、土地出让金减免等颇具"行政性经济治理"行为的发展模式在国内实现发展勉强可以，但难以凭此建构一个具备高度国际知名度的全球性金融中心。广州市政府应当转变经济职能、进一步放宽投资领域，改进贸易发展方式，并创建同国际接轨的市场规则和整体制度环境（杜金岷、吴非和韩亚欣，2017），最大限度地降低政府意志对生产资源的干扰程度。在实现贸易便利化、投资便利化的基础上，进一步提高广州的市场经济对外开放程度，进而为优化产业结构、积淀经济总量奠定基础，并且自然而然地为全球性金融中心建设提供了有利条件。

（五）加快金融人才环境的优化配置

在"引进"人才方面，广州当进一步强化落实"金融高层次人才专项政策"。广州发布了《广州市高层次金融人才支持项目实施办法（试行）》，但政策落地措施力度尚有欠缺。仅补贴项而言，广州规定新引进金融人才按层次分别给予5万~100万元的安家补贴，对于本处于深圳"灯下黑"的广州而言，引力不够，深圳认定海外人才按层次可获取160万~300万元的补贴。当然，仅依靠资金补助来吸引高端人才是远远不足的。广州市应当建立起立体式的人才吸引机制，从资金补贴、专项科研支持、子女教育等多维度出发，全方位提高金融人才的福利水平。更须注意的是，"引进"固然重要，但培养本土人才是解决广州金融人才短缺的根本战略。有鉴于此，广州应当利用好本地丰富的大学体系，积极引导各类资本持续高效地向当地教育系统投入；另外，可以进一步引进具备较高国际知名度的高层次金融专业人才培训计划（项目），并建立长期性的专业人才培训基地。

同时，人才环境是一个谱系概念，所包含的内容十分广泛。全球金融中心指数和中国金融中心指数也都将城市交通、环境状况以及生活质量等作为影响金融中心城市建设的重要指标。将广州打造成国际金融中心的过程中，我们不仅是要以金融中心的眼光来审视广州，也要把广州打造成一个高品质的宜居中心。而这并非简单地依靠税收、补贴等手段能得以实现，而应注重广州所能提供的生活质量。广州拥有悠久的历史与得天独厚的文化底蕴以及良好的教育环境，这些都是广州的优势。广州应该利用好这些优势，"筑巢引凤"才是更有效的做法。

（六）举办国际化论坛，提升广州市在国际上的辐射力

国际金融中心城市的"声誉"指标的积淀和提升，途径之一在于自身推广和宣传。根据GFCI指数的指标结构特征展现，国际专业金融服务人员对于特定区域（城市）金融发展水平的认知（或说国际影响力）是该地能否跻身全球金融中心城市的重要条件，虽然广州已成功跻身全球金融中心城

市榜单，但是其有效问卷调查数也仅仅略超过 GFCI 评估体系的门槛数，国际认知度仍显不足。因此，如何扩大广州市的金融影响力依旧是广州进位成熟性国际金融中心城市方阵的必由之路。可将举办全球性的（金融）高端论坛作为提升全球金融中心城市进位的短期战术[①]，以此拓宽国际金融服务专业人士深入了解广州金融建设的窗口。

当然，从长期发展战略来看，培育具有特色的、差异性的金融产品以及建构具备较强金融动能的跨国交易平台，才是提升广州金融国际知名度的治本之策。

参考文献

Nadler, M. R., Fitzsimmons, E. S., "Preparation and properties of calcium zirconate", *Journal of the American Ceramic Society* 38 (6) (1955): 214 –217.

Dufey, G., Giddy, I. H., "The international money market", *Prentice – Hall* (1978): 233 –234

Reed, H. C., *The preeminence of international financial centers* (New York: Praeger, 1981)

Park, Y. S., "The economics of offshore financial centers", *Columbia Journal of World Business*17 (4) (1982): 31 –35.

Mcgahey, R., "Syposium comment: Improving economic development strategies", *Journal of Policy Analysis & Management* 4 (1990): 532 – 535.

Laulajainen, R., "What about managerial geography", *Geojournal* 44 (1) (1998): 1 –7.

裴长洪、付彩芳：《上海国际金融中心建设与自贸区金融改革》，《国际经贸探索》2014 年第 11 期。

冯德连、葛文静：《国际金融中心成长机制新说：轮式模型》，《财贸研究》2004 年第 1 期。

李扬：《金融全球化问题研究》，《国际金融研究》2002 年第 7 期。

潘英丽：《论金融中心形成的微观基础——金融机构的空间聚集》，《上海财经大学

---

① 被誉为国际金融界的 F20——国际金融论坛（IFF）和全国顶级的风险投资论坛——中国风险投资论坛相继在广州落户，可谓是宣示广州金融名片的良好机遇通道。

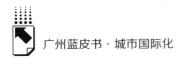

学报》2003 年第 1 期。

饶余庆：《沪港金融中心的定位与比较》，《亚洲研究》2003 年第 8 期。

胡坚、杨素兰：《国际金融中心评估指标体系的构建——兼及上海成为国际金融中心的可能性分析》，《北京大学学报》（哲学社会科学版）2003 年第 5 期。

杨再斌、匡霞：《上海国际金融中心建设条件的量化研究》，《华东理工大学学报》（社会科学版）2004 年第 1 期。

何问陶、劳建光：《按照社会主义市场经济原则构筑广州金融中心》，《南方金融》1993 年第 1 期。

邝宝龄：《向区域性金融中心迈进的广州金融业》，《港澳经济》1994 年第 3 期。

孙飞：《重在提升竞争力——北京、上海、广州构建国际大都市比较》，《开放导报》2001 年第 1 期。

杜金岷、吴非、韩亚欣：《中国自由贸易试验区：目标导向、制度约束与突破路径》，《亚太经济》2017 年第 1 期。

B.14
全球城市交通发展战略和
新趋势及对广州的启示

姚　阳*

摘　要：　借鉴国际性综合交通枢纽城市交通发展战略和经验，把握全球城市交通发展的内在规律和趋势，对纽约、东京、伦敦、新加坡等全球城市的交通战略发展进行回顾和总结。判断广州交通发展所处阶段，对其未来的交通发展战略提供建议参考。

关键词：　全球城市　交通战略　广州

　　未来全球竞争的核心将是城市、城市群的竞争。拥有畅达全球的综合交通网络和多层次的城市交通系统是全球城市保持和提高竞争力的重要特征，国际性综合交通枢纽是衡量城市为全球城市的重要标志之一。国际性综合交通枢纽是交通枢纽的更高级形态，其通达能力更为广泛，是全球范围内交通网络的重要节点。国际性综合交通枢纽更需要重视其综合服务功能，其内涵至少应包括硬件枢纽本身和国际服务功能。国际性综合交通枢纽不仅是对区域交通的改善和服务功能的提升以及城市空间布局的集聚和扩张，还应更加强调在属于城市或大都市区范围内的综合交通枢纽基础之上的国际联通功能，是城市融入全球化、参与全球竞合的重要战略和路径之一。本文选取纽约、东京、伦敦、新加坡等全球城市的交通战略进行比较，分析国际性综合交通枢纽发展的新趋势，提出对广州建设国际性综合交通枢纽的启示。

---

* 姚阳，广州产业社会科学院区域经济研究所副研究员。

一 全球城市综合交通战略比较

（一）纽约交通战略：强调可持续性、社会公平、绿色发展的交通基础设施改造和升级

广义上的纽约是纽约大都会交通署（NYMTC）管辖的区域，包括纽约市的5个区、位于长岛的两个县和位于哈德孙谷的三个县。更为广义的纽约都会区是美国最大的都会区，也是全世界最大的都会区之一。纽约大都市区拥有全美最繁忙的机场群，肯尼迪机场（JFK）、纽瓦克机场（EWR）、拉瓜迪亚机场（LGA）三大机场年客运量超过1亿人次，纽约空域是全美最繁忙的区域。纽约港是美国东海岸最大的集装箱港口，东部沿岸港口群各个港口分工合作、错位发展，形成了以纽约港为核心枢纽的港口群。纽约内部交通繁杂多样，庞大的交通流量成为美国城市交通最拥挤的区域。

2011年完成的纽约2030战略规划——《纽约规划——更强大、更公正的纽约》，其核心理念是通过基础设施的建设和环境提升促进城市的可持续发展和提高城市居民的生活品质。为了保持其全球城市地位的持续繁荣发展，规划认为，未来10~20年城市的主要挑战主要包括人口持续扩张、基础设施的更新与维护、保持经济竞争力、交通运输等10个重要领域，以实现全球城市发展的总目标。规划提出发达的交通运输系统是纽约与周边区域、与世界紧密联系的前提保障，是为城市带来持续繁荣的基础。面向未来，纽约市将提供更多有利于可持续发展的交通选择方案，并确保交通运输网络的可靠性与质量（见表2）。这一交通发展目标包括三大战略，分别为：改善并拓展可持续性交通基础设施和交通选择方案；减少道路、桥梁及机场的拥堵；维护并改善道路及公共交通系统的基础设施。交通战略方向包括公共交通网络、步行系统、自行车交通网络、货运交通的绿色环保发展、水运交通和铁路交通的发展、航空运输、道路等基础设施等，措施的重心在于加强公共交通与步行和自行车交通服务，减少道路拥堵和尾气排放以实现绿色发展，并有效应对交通基础设施老化开展的重建计划。

表1 纽约综合交通情况

行政区面积（平方公里）	783.84（2014年）	行政区人口（万人）	841（2014年）
大都市区面积（平方公里）	11642（2014年）	大都市区人口（万人）	2066（2014年）
航空（2016年）	机场群：肯尼迪机场（JFK）、纽瓦克机场（EWR）、拉瓜迪亚机场（LGA）、艾斯利普机场（ISP）等4个机场		
	肯尼迪机场（JFK）Skytrax国际机场综合排名第63	客运量58956288人次（世界排名第16）	
		货运量1286484吨（世界排名第21）	
	纽瓦克机场（EWR）	客运量40351331人次（世界排名第45）	
航运（2015年）	国际航运中心类型	知识型、智慧型第三代国际航运中心	
	新华·波罗的海国际航运中心发展指数评价结果	世界排名第8	
地铁（2016年）	地铁线路	24条	
	站点	469座	
	地铁通车里程	370.4公里	
	日均客流量	453万人次	
	都市圈通车里程	1355公里	

资料来源：Wiki百科（https://en.wikipedia.org/wiki/List_of_busiest_airports）；Skytrax机场排名；World Metro Database；新华·波罗的海国际航运中心发展指数报告。

表2 纽约城市交通战略要点

三大战略	一是改善并拓展可持续性交通基础设施和交通选择方案；二是减少道路、桥梁及机场的拥堵；三是维护并改善道路及公共交通系统的基础设施			
方向	措施	考核指标	现状	2030年目标
支持MTA全额资助资金计划	1. 期待政府的各个层面支持现代化和扩建纽约的交通系统；2. 在主要地铁线路缓解交通拥堵；3. 在整个城市完善和扩大公交	可持续交通方式分担率（以曼哈顿CBD通勤交通计）	73.5%	明显上升
		整个进入曼哈顿核心区轨道交通容量（早上8~9点）	627890人次	2040年增加20%
		公共交通客运增长率与小汽车交通增长率之差	-2.8%	达到正值
公交网络的扩展计划	1. 为应对日益增多的由西哈得孙河的乘客制定区域交通战略；2. 研究未通地铁区域新线路和已有地铁区域的改进方案；3. 扩大和完善史泰登岛范围内服务	公共交通总营运里程/万英里	94.59	上升

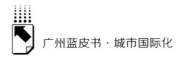

续表

方向	措施	考核指标	现状	2030年目标
扩大城市的自行车网络	1. 继续扩大城市的自行车道网络,特别是社区有限的自行车基础设施; 2. 增加自行车在桥梁的通达性; 3. 开展自行车共享计划	纽约市反向通勤自行车指数	437	2020年达到844
残疾人无障碍城市交通网络的扩展	1. 增加残疾人无障碍人行网络; 2. 改善残疾人转乘巴士服务; 3. 提供便利的、可靠的残疾人交通转乘模式			
使货车使用更绿色、更高效,在可能的情况下,发展铁路和水路货运	1. 通过鼓励水路和铁路货运向纽约地区项目如过海铁路隧道和布鲁克林海运码头; 2. 减少货运卡车必须进入最后一英里"市场"的影响; 3. 扩展肯尼迪国际机场的货运	铁路货运量份额	2.3%（2007年）	增加5个百分点（2040年）
发展港口网络		水路货运量份额	5%（2007年）	增加3个百分点（2040年）
扩大机场容量	加强与纽约与新泽西港口事务管理局、纽约州和联邦政府工作联系扩大飞行能力,提高该地区的机场的设施和航站楼建设,尤其是拉瓜迪亚和肯尼迪机场			
整个地区的三个主要机场间提供可靠,便捷、中转服务	与港口管理局、MTA和纽约州制定在较长时期内,拉瓜迪亚机场过境选项的计划			
加强城市道路、高架、高速	交通桥和公路建设部恢复/重建计划;街道改造和重铺路面计划	处于良好维护状态的桥梁比例	41%	100%
		处于良好维护状态的道路比例	72%	100%
		处于良好维护状态的公交车站设施比例	72%	100%

（二）东京交通战略：以世界"第一城市"为目标的对外和对内交通网络建设

东京城市群是日本三大城市群之首，也是世界上人口最多、经济实力最强的区域之一。东京大都市区包括东京都和横滨市。轨道交通是东京城市群的主导交通方式。东京拥有两个国际机场，年客运量超过 1.1 亿人次。东京港是日本第三大港，距最大港口横滨港约 10 海里，构成了东京大都市区港口群。

2014 年底完成的东京 2020 长期展望规划《创造未来：东京长期展望》提出了将东京打造成"世界第一城市"（The World's Best City）的宏伟目标。在交通领域，战略规划提出两大战略目标：在符合"世界第一城市"定位的要求下，对外将建设一个密集的海、陆、空交通网络，对内建设一个无缝、舒适的公交网络。具体措施中，东京重视基础设施改造更新，包括道路、港口、机场、地铁和自行车共享系统等，旨在建设世界交通最便利的城市。具体目标和措施如表 4 所示。

表 3　东京综合交通情况

行政区面积(平方公里)	622.99(2014 年)	行政区人口(万人)	907(2014 年)	
大都市区面积(平方公里)	8547(2014 年)	大都市区人口(万人)	3755.5(2014 年)	
航空(2016 年)	两个国际机场:羽田机场(HND)、成田机场(NRT)			
	羽田机场(HND)Skytrax,排名第 2	客运(人次)79520000(排名第 5)		
		货运(吨)1171311		
	成田机场(NRT)Skytrax,排名第 14	客运(人次)39053652(排名第 47)		
航运(2015 年)	国际航运中心类型	服务型航运中心		
	新华·波罗的海国际航运中心发展指数评价结果	世界排名第 11		
	世界集装箱港口排名	第 29		
地铁(2016 年)	地铁线路	56 条		
	站点	435 座		
	地铁通车里程	332.9 公里		
	日均客流量	850 万人次		
	都市圈通车里程	2500 公里		

资料来源：Wiki 百科（https://en.wikipedia.org/wiki/List_of_busiest_airports）；Skytrax 机场排名；World Metro Database；新华·波罗的海国际航运中心发展指数报告。

259

表 4 东京城市交通战略要点

战略	措施	目标
建设一个密集的海、陆、空交通网络	大都市区范围 3 个圈层城市快速路环线的建设完善	交通拥堵将得到改善,人和货物得到自由的流动。同时保障在各种灾害中,保障交通的安全
	提高市中心和海滨区域的交通设施通达性	确保 2020 年奥运会的交通通畅,在奥运场馆区域确保运动员、机构、游客的顺畅出行
	机场和港口的建设:提高港口吞吐量以及周边道路对物流的保障;加强机场在大东京范围的功能发挥	国际乘客量的大幅提高和东京国家战略特区的设立将提升机场地位,机场起降航班从 2014 年的 447000 架次增加到 2020 年的 490000 架次;集装箱吞吐量 2025 年达到 610 万 TEU
建设无缝、舒适的公交网络	建设符合全球城市定位的公交网络	建设安全舒适的公共空间(老年人、残疾人、儿童)、电网地下改造、人行道无障碍建设、水上交通网络的建立和赛后景观线路的利用
	建设与城市发展一致的一体化交通网络	在商业、商务、文化、观光区域区域,交通一体化升级改造,包括各种公共交通方式的无缝中转,机场的通达性和无障碍的环境。对 78 个日均客流量超过 10 万的 JR 和地铁站台门的无障碍改造
	安全的自行车道建设	自行车道建设(2020 年达到 264 公里)/自行车共享系统建设
	建设多语言标牌的交通设施	通过各种科技手段(如电子标牌)设置多语言交通设施

(三)伦敦交通战略:以改善所有伦敦人生活为目标的城市交通,成为解决世界城市交通挑战的引领者

伦敦都会区由伦敦中心、内伦敦、外伦敦、外部都会区和东南部其他地区 5 个层次的圈层构成。公共交通成为大伦敦地区到中心方向通勤流的主要交通选择。伦敦公共交通网络的核心是伦敦地铁。伦敦是重要的国际航空枢纽之一,伦敦希斯罗机场是世界上最繁忙的国际机场之一,与盖特维克机场分工,大伦敦机场群年客运量超过 1.2 亿人次。由于航道和港口的水深条件不能适应船舶大型化的需求,伦敦港对于国际航运中心的货运支持能力逐渐丧失,但伦敦发展成为全球最为领先的知识型、服务型国际航运中心。

　　2010 年出台的《伦敦市长交通战略》是在 2005 年提出的《2025 交通规划：一个繁荣的世界城市交通愿景》（*Transport 2025：Transport Vision for a Growing World City*）实施 5 年后的效果评估基础上，结合新一轮的城市规划和城市经济发展战略以及从人们对交通服务的多元化和高品质需求出发，站在更高要求而制定的新的交通战略规划，作为整个城市战略框架的一部分，来保障和塑造伦敦在未来 20 年经济和社会的发展。该战略规划提出了城市交通的中长期愿景——伦敦的交通体系将为所有人和企业带来机遇，并达到最高的环保标准，将超越所有的世界城市，成为 21 世纪全球解决城市交通挑战的引领者。"战略规划"还明确了交通体系建设中所有参与者——伦敦交通局以及各方面的合作伙伴，包括伦敦各区将如何推动这一愿景的实现。

表5　伦敦综合交通情况

行政区面积(平方公里)	1572.15(2014 年)	行政区人口(万人)	841.65(2014 年)
大都市区面积(平方公里)	1738(2014 年)	大都市区人口(万人)	1014.9(2014 年)
航空(2016 年)	机场群:希斯罗机场(LHR)、盖特维克机场(LGW)、斯坦斯特德机场(STN)、卢顿机场(LTN)、伦敦城市机场(LCY)等 5 个机场		
	希斯罗机场(LHR) Skytrax 国际机场综合排名第 9	客运量 75711130 人次(排名第 7)	
	盖特维克机场(LGW) Skytrax 国际机场综合排名第 51	客运量 43119628 人次(排名第 35)	
航运(2015 年)	国际航运中心	知识型、服务型国际航运中心	
	新华·波罗的海国际航运中心发展指数评价结果	世界排名第 2	
	世界集装箱港口排名	第 73	
地铁(2016 年)	地铁线路	12 条	
	站点	270 座	
	地铁通车里程	402 公里	
	日均客流量	321 万人次	

　　资料来源：Wiki 百科（https：//en.wikipedia.org/wiki/List_of_busiest_airports）；Skytrax 机场排名；World Metro Database；新华·波罗的海国际航运中心发展指数报告。

表6　伦敦交通战略规划要点

目标	挑战	预期效果	具体措施
支持经济发展和人口增长	支持人口和就业可持续增长	通过增加公共交通运力和/或减少出行需求来平衡出行的容量和需求	新建城铁项目 Crossrail；改善郊区和国家铁路的连接；对地铁和潜在的扩展进行重大升级；保持公交线路的不断修订更新；改善公共汽车、地铁、铁路和其他形式之间的中转；促进内伦敦和外伦敦的战略性轨道交通中转，以促进更多轨道交通发展；用新的交通控制系统改善交通流量，更好地协调道路工程、意外事件和资产管理；为支持发展提供新的联通方式，包括铁路和道路和包括新的东泰晤士河 crossing；充分利用水路客运和货运；提高交通网络的可获得性；给伦敦骑行带来一场革命；步行计划；创造更好、更具吸引力的街道；促进和鼓励新型、更清洁的技术应用于交通，如电动汽车；改进货运和维修管理完善信息系统来帮助出行者规划自己的行程；取消伦敦西部扩展区交通拥堵收费方案和保留伦敦中心区交通拥堵收费方案
	增强交通连通性	改善人们的通勤方式；提高货物和商务自由在商业市场流通，满足经济发展的需求	
	为人和货物建立一个快速有效的运输系统	改善交通流(延迟管理、提高出行时间的可靠性和弹性)；提高公共交通的可靠性；降低营运成本；保持所有交通资产设备在良好的维护保养状态；加强对泰晤士河的利用	
改善所有伦敦人的生活质量	改善旅途体验	提高公交用户满意度；提高道路使用者满意度(步行、开车、骑行)；减少公交的拥挤程度	
	加强人造与自然环境的融合	加强街道景观；提高城市领域的感知；开展"更好街道"活动倡议；保护和加强自然环境	
	提高空气质量	减少地面交通的空气污染物排放	
	改善噪声影响	提高认识和减少噪声影响	
	改善对健康的影响	提供更便利的自行车和步行设施	
改善所有伦敦人的安全状况	减少犯罪、对犯罪的恐惧感和反社会行为	降低犯罪率(提高个人安全意识)	
	改善道路安全	减少交通事故伤亡人数	
	改善公共交通安全	减少公共交通事故伤亡人数	
提高所有伦敦人的平等交通机会	提高连通性	提高公共交通的通达性；提高服务；加强广泛的再造，解决贫穷	
	减少 CO_2 排放	减少地面交通的 CO_2 排放，到2025年全伦敦范围下降60%	
	适应气候变化		
减少交通对气候的影响，增强气候恢复能力	为2012年奥运会制定和实施一个可行和可持续发展的传承	支持奥运5个区域和整个伦敦的社会与经济的再造和融合；奥运交通设施的遗产；奥运交通习惯的传承	
支持伦敦奥运会和残运会以及传承			

（四）新加坡交通战略：全面构建智能城市交通系统

新加坡非常注重交通规划的系统性和整体性，其发达的对内和对外交通成为世界城市交通发展的典范。高效的地铁和公交网络构成了新加坡城市交通的主体。在对外交通发展上，新加坡成为世界最领先的国际航空枢纽和国际航运枢纽。面对21世纪全球城市在交通领域新的挑战，新加坡注重于科技在交通领域的应用，大力发展智能交通。

新加坡的智能交通系统（ITS）在提高乘客的出行体验方面起到了非常重要的作用。城市交通面临一系列的新挑战，如汽车保有量持续增长、城市土地资源稀缺，以及日益更新的社会环境、经济环境和新技术的发展。不断创新也给新加坡在交通技术应用和交通问题解决方案方面，带来新的突破和新的发展机遇。《智慧通行2030：新加坡智能交通系统战略规划》（*Smart Mobility 2030：ITS Strategic Plan for Singapore*）是由新加坡陆路交通管理局（LTA）和新加坡智能交通协会（ITSS）联合发布的。该战略规则融合了新加坡行政部门和产业界的各种观点和思想，成为新加坡面向2030绿色交通更全面和更可持续发展的基石。智能交通系统战略规划2030提出了智能交通的发展愿景目标和三大战略，这对智能交通系统（ITS）的具体操作实施具有重要的意义。同时规划还以系统、协调的方式对未来城市出行的重要领域进行了分析，以应对即将到来的挑战。

表7 新加坡综合交通情况

面积（平方公里）	716（2015年）	
人口（万人）	540（2015年）	
航空（2016）	樟宜国际机场（SIN）	Skytrax排名第1
	客运量58698039人	第17名
	货运量1886999吨	第15名
航运（2015）	国际航运中心	复合型航运中心
	新华·波罗的海国际航运中心发展指数评价结果	第1名
	世界集装箱港口排名	第2名

续表

地铁(2016)	地铁线路(条)	6
	站点(座)	118
	地铁通车里程(公里)	167.4
	日均客流量(万)	218

资料来源: Wiki 百科 (https: //en. wikipedia. org/wiki/List_ of_ busiest_ airports); Skytrax 机场排名; World Metro Database; 新华·波罗的海国际航运中心发展指数报告。

表8 新加坡智能交通规划

一个愿景	构建一个相互沟通、相互联系的城市交通系统。这个愿景的目的是把新加坡塑造成一个高度融合、更加生动和更加包容的社会,让人们能在其中享受到更高品质的生活	
三大战略	实现创新和可持续的智能交通解决方案	
	开发和采用智能交通战略规划标准	
	各系统之间建立密切的合作关系和伙伴关系	
四大主要领域	信息化	高质量的交通信息系统以满足多元化需求
	互动性	通过智能化互动加强出行者智能交通体验
	辅助性	致力于一个安全的道路系统
	绿色流动性	致力于一个可持续发展和环境友好的智能交通系统(ITS)

二 全球城市交通发展新趋势

虽然全球城市因空间、人口、社会经济发展的差异,在发展过程中相应形成的交通发展模式也各有不同,但随着全球城市地位的不断提升和交通枢纽的良性互动发展过程却体现出很多共性的新趋势。

(一)以综合交通枢纽发展完善全球城市功能

全球城市是全球城市网络体系中的核心城市,也是所在国家和区域的中心城市。它拥有完善的对外和内部交通基础设施,发挥衔接国际、国内两个扇面高等级的枢纽门户功能。航空、航运等对外交通枢纽是全球城市面向全球竞争的重要战略资源。伦敦、纽约、东京、新加坡等全球城市在未来发展战略中，都提出加大机场和港口的基础设施建设和智慧化改造，发展空港经济与航运服务，提高空港、海港的枢纽能级与辐射力，作为提升城市国际竞争力的重要手段，突出在全球城市体系中的资源配置能力，将交通枢纽优势转化为社会经济发展优势，确保其在世界城市中的领先地位。同时，这些城市也注重完善区域综合交通运输网络，加强快速路和高速路建设，并倡导用更绿色、更高效的方式发展铁路和水路货运。注重多种交通方式之间便捷的中转换乘服务。在城市内部，建设符合全球城市定位，并使得各类人群都能共享的无缝衔接、舒适方便的公共交通网络。

（二）以一体化战略思维促进交通枢纽创新发展

单一的交通模式和服务难以满足城市交通的多元化需求，其提升的空间非常有限。综合交通枢纽城市的交通体系效能的大幅提升在更大程度上依赖于整体的协调完善。交通体系建设的参与方包括公共交通管理和运营机构、其他交通运营机构、物流商、信息通信技术供应商通信与支付供应商、互联网供应商、零售商和其他增值服务供应商以及非政府组织和学术咨询机构。行政部门和相关管理机构需要用新理念、新思路，以一体化的战略的创新思维来整合交通体系。将交通体系作为一个完整的生态系统，体系内包括不同维度和不同层次的多种要素，包括行政部门、管理机构、社会组织、出行者，基础设施、车辆、道路，管理、服务、资金，公共交通、私人交通，汽车、地铁、自行车等方方面面。通过合理有效的资源配置整合，各相关方高效顺畅的协调沟通，不断将新的理念和新的技术应用注入交通生态体系，使交通体系获得可持续的发展。

（三）以新科技引领作为交通发展的新导向

全球城市都致力于在交通领域广泛运用大数据、互联网、实时监控等技术手段，帮助交通管理者迅速科学地决策，引导交通使用者选择最优化方案，使交通企业通过科技应用提升竞争力，以增加交通服务的智能化和便利化。新科技如移动互联网、VR、个人飞行器、无人驾驶和汽车共享等技术最终会改变交通模式。交通枢纽从服务功能竞争升级为科技竞争。全球城市交通枢纽体系建设的各个环节，包括航空公司、航运公司、港口、机场、高铁站、高速收费站、出租车公司、公交公司等都加快了科技投入。特别是交通从业者已经充分意识到行业间的竞争正从传统交通服务品质至上升级为客户出行体验至上，交通行业各领域需要增加交通产品和交通服务的科技含量才能不断满足客户的多元化需求。将新科技快速精准地应用到交通枢纽各业务流程中，将成为交通枢纽获得核心竞争力的关键因素。

（四）以精细化管理提升对内交通的通达性

交通可达性是国际性综合交通枢纽最重要的一个目标。从世界各大城市的交通发展经验看，仅以交通基础设施的完善和扩容等"硬环境"手段难以应对城市呈几何倍数增长的交通压力。而通过交通管理等"软环境"的创新——特别是智能交通管理的广泛应用，将大大改善城市交通状况。伦敦、纽约、洛杉矶、巴黎等国际城市的实践经验表明，大城市的交通管理政策是涉及多方面的动态综合体，而非一个单独的综合性政策，因此上述城市的交通治理应该是一个全面性和持续创新的过程。除构建完善庞大的综合交通体系外，这些国际城市交通治理越来越关注交通的精细化管理创新。如日本在城市末端交通等环节方面开展了细节管理创新。无论城市对外交通和城市内部快速交通如何发达，末端交通是影响出行可达性、便利性的最终要素。无论出行距离的远近，出行中的前后 1~3 公里往往需要通过末端交通来完成。末端交通包括步行、自行车以及地面公交等。末端交通的设计体现城市精细化管理的水平，以满足不同需求为导向的人性化设计是末端交通建设的关键和难点，对提高城市公交出行比例，形成城市低碳、和谐、绿色、高效的交通系统和城市的可持续发展具有重要的意义。

（五）以功能改造赋予交通枢纽站新内涵

机场、火车站、地铁站这些交通枢纽站为出行者提供了出行的保障，并为各种交通工具的安全有效运行提供了平台和服务。大型交通枢纽站在某种程度上直接反映了一个城市和国家的综合实力，并成为一个城市和国家对外宣传最直接的窗口。交通枢纽站建筑本身具有庞大性、综合性、复合性、时间延续性等特点，是一项复杂的系统工程。从交通枢纽功能本身的完善到逐步发展为地区经济发展的增长极，交通枢纽站及周边区域的发展对城市具有越来越重要的意义。随着人们生活品质的不断提高，各种新业态、新模式融合发展，交通枢纽站被赋予更多新的内涵和定位，其综合性功能的发挥变得更加显著。如新加坡樟宜国际机场、纽约世贸中心交通枢纽（World Trade Center Transportation Hub）、伦敦国王十字车站、巴黎雷阿勒车站等交通枢纽，其建筑本身也普遍成为地区、城市、国家的标志。交通枢纽站除了交通功能，也可以是展示城市形象的最直接的品牌，还可以成为城市的地标性建筑甚至一个世人瞩目的艺术作品。它是城市具有复合型功能和重要意义的公共空间。于外，它是城市的巨大雕塑；于内，它是充满结构美学的精神空间。

（六）以绿色、环保、公平理念提升交通系统品质

全球城市交通发展的另一大趋势是关注交通系统品质的提升，该特征成为交通系统发展到成熟阶段的标志之一。随着人类环保意识的不断提升和传统交通工具对城市环境的不断挑战，人们越来越关注绿色交通发展；同时，人们对出行品质的要求也在不断提高。在建设一个更加宜居、包容、安全和公平的全球城市战略大背景下，构建一个舒适、便利、安全的交通系统，已经成为每个全球城市未来交通发展的共同愿景。作为一种健康、绿色、环保的生活方式，自行车出行和慢行模式已成为各大全球城市公共交通体系的重要组成部分。在交通战略中，先进城市都为保证步行者和骑行者的交通安全、舒适、便捷等进行了具体的措施保障。如纽约，在"更绿色，更美好的纽约"规划中，提出将布鲁克林区威洛比大街（Willoughby Avenue）由机动车道路改为步行和自行车道路；伦敦和巴黎也大力推进自行车共享计划，不断改善步行和自行车交通设施和条件；新加坡和中国香港则致力

于提高交通体系的无缝衔接和舒适性,特别是关注老年人、残疾人等弱势群体,对基础设施进行无障碍改造升级,并提供特别服务以满足弱势群体的出行需求。

三 对广州建设国际性综合交通枢纽的启示

(一)努力实现交通系统跨越式大发展

从世界级城市的发展历史来看,它们普遍经历了城市发展的四个阶段,即大都市初步形成阶段、都市圈快速发展阶段、都市圈繁荣稳定阶段和世界级城市功能巩固提升阶段(见表9)。而城市交通系统的发展阶段与城市发展阶段是相辅相成、共同发展的。世界级城市的形成和发展的阶段同时也是大城市交通系统的交通基础设施建设、交通战略探索形成、交通战略成熟和交通系统品质提升的发展过程。从城市发展阶段和特征看,广州目前正处于从都市圈快速发展阶段向都市圈繁荣稳定阶段。随着新技术对交通工具、交通模式的广泛应用,世界城市的交通模式正进入一个颠覆性创新时代,世界交通体系也正处于重构阶段,广州在发展中如果能够把握趋势,就能实现从第二阶段向第四阶段的跨越式发展。

表9 世界级城市交通系统发展阶段演变

城市发展阶段	交通发展阶段	城市发展特征	交通特征	交通战略
大都市初步形成	交通基础设施建设	社会经济高速发展、人口膨胀,城市空间蔓延	中心区交通需求快速增长,私人小汽车发展迅速	重视道路网络等交通设施建设
都市圈快速发展	交通战略探索形成	社会经济快速发展,人口、就业有序发展,城市形态向多中心转型	交通需求依然快速增长,通勤范围扩大至50~70公里,私人小汽车保有量达到300~400辆/千人	加强区域交通设施建设保证城市空间结构调整(如巴黎RER、日本新干线),建设多模式交通体系

城市发展阶段	交通发展阶段	城市发展特征	交通特征	交通战略
都市圈繁荣稳定	交通战略成熟	社会经济稳定发展，人口、就业岗位缓慢增长，城市形态进入全球化发展阶段	市内交通需求平缓增长，私人小汽车保有量总体稳定（如伦敦），部分城市出现下降（如纽约）	区域交通需求上升，城市交通战略侧重于提高公共交通服务水平，交通与信息化时代融合
世界级城市功能巩固提升	交通系统品质提升	世界城市地位形成，注重发展高端商务和金融业	城市城际、洲际等对外交流更加频繁	注重不同交通方式衔接，绿色交通逐渐成为潮流

（二）注重新型战略性交通系统发展目标

国外发达国家的综合交通战略发展目标也在不断调整更新中，已从四五十年前的注重基础设施建设转化为强调高效、环保、智能化、多式联运、设施一体化、经济高效、环境友好的新型战略性交通运输体系建设。从近年来广州出台的交通规划看，广州目前还将重点放在基础设施和各种交通方式的有效衔接上。从长远看，广州与其他发达地区综合交通战略发展目标和趋势应具有相似性，中长期将更加关注交通的整合与优化、技术创新与应用、以人为本、环境保护、一体化发展等方向。同时，也应该看到中国城市的综合交通运输体系所处阶段有一定差异性，如城市空间结构、城市规模、人口密度、通勤方式等，导致交通运输体系也具有特异性。

（三）内部交通倡导以轨道交通为主的立体式公共交通体系

全球城市的交通发展模式并不是固定不变的，适应城市自身特点、空间结构、人口密度以及出行者的多元化需求等因素的模式才是最好的模式。如东京、中国香港和新加坡等城市发展的模式是以轨道交通为主导的交通模式；而巴黎、伦敦、纽约等城市则是以轨道交通和高速公路并重发展的交通模式。总体来看，倡导发展公共交通应是所有特大城市交通发展的共同方向。广州在交通模式的选择上也必须考虑城市自身、广佛大都市圈以及珠三

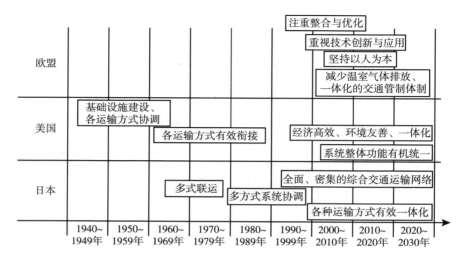

图1 国外发达国家/地区综合交通战略发展目标变化

角城市群的特征。目前，我国正处于经济高速发展的时期，城市化进程仍未完成，广州建成区面积占整个行政区不到20%，仍存在较大面积的未建成区有待发展。随着广州国家重要中心城市地位的不断提升，未来仍会有大量人口流入，城市人口密度仍将不断上升，因此，在内部交通模式的选择上，广州仍应考虑以地铁、轻轨、公交为主导，多种交通方式相互协调，建成一个集城市轨道交通、高速公路、常规公交、水运等系统于一体的立体公共交通网络。

（四）外部交通重视国际航空、航运枢纽建设

当前伦敦、巴黎、纽约、东京等第一梯队全球城市和中国香港、新加坡、迪拜、法兰克福、首尔、曼谷等第二梯队城市都是国际航空枢纽城市，已经占据了国际航空集聚和辐射优势，是全球客流、货流、资金流、信息流的重要节点。2014年，广州在全球城市排名中位列第66[①]，属于全球第三梯队，要在21世纪中叶迈向更高层级的世界城市，必须建设国际航空枢纽，

---

① 引自科尼尔管理咨询公司（A. T. Kearney）发布的"2014年全球城市指数"报告。

构建起中枢辐射型航线网络，强化自身在综合交通网络中的全球化功能，提升城市全球竞争力。

国际航运中心的功能从过去的货物功能发展到金融功能、市场功能、规则把控等领域的功能。这些功能相辅相成，共同构成航运中心的国际影响力和竞争力。伴随着航运中心的发展，与航运相关的金融、大宗商品交易等逐步发展起来。轮船公司、银行、保险、中介、船级、船舶经营、航运辅助服务等成为航运中心发展的主要内容。在此基础上，又拓展出航运中心的信息功能、海事规则制定和把控等功能。海事信息、航运咨询研究、海事组织、海事标准及相应的航运创新成为重要的发展支撑。当下主要的国际航运中心大多具备复合功能的特性。如纽约、伦敦、东京、中国香港、新加坡等，它们既是国际金融中心，也是重要的国际贸易和航运中心。广州建设国际航运中心必须着力于获取和提升洲际航运资源的配置能力。"具有洲际航运资源配置能力"的目标，就是要求面向国际主要区域集聚货、船、企业、资金、各类航运服务、人才、信息、交易等航运要素与资源，打造"洲际供应链"，形成航运资源高度集聚、航运服务功能健全、航运市场交易活跃、国际物流服务高效的航运枢纽。

（五）注重人性化、多元化、品质化、区域一体化交通服务水平的提升

广州在持续建设交通基础设施的同时，应学习国外发达城市特别关注交通体系整体通达性和服务品质的提升，致力于在交通方式的多样化方面改进，使交通体系更具有人性化和高品质，进而将广州建设成为一个更加宜居、包容、安全和公平的全球城市；广州在未来的交通体系规划中，除了要保持不断增长的交通设施供给，更要注重提供多层次、多元化的公共交通服务，推行精细化、人性化、差别化的公共交通发展战略。对于不同运营主体经营的交通方式，应加强一体化、无缝衔接发展，加强联系，通过增加换乘站、采用一票制、共线运营等手段，提高交通体系服务水平，为出行者提供更加方便、快捷的出行途径，以增加交通可达性，提高交通体系的服务品质

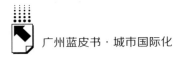

和吸引力，以广佛大都市区交通一体化为先导，促进区域一体化交通的建设和发展。

参考文献

Greater London Authority，*Mayor's Transport Strategy*，London：Greater London Authority.
One New York：The Plan for a Strong and Just City，http：// nyc. gov/onenyc.
City of Tokyo，Greating the Future：The Long－term Vision For Tokyo. Land Transport Authority and Intelligent Transport Society Singapore，Smart Mobility 2030：ITS Strategic Plan for Singapore，2014.
钱喆：《世界级城市交通发展战略演变综述及启示》，《城市交通》2015 年第 1 期。
薛原：《大都市交通发展战略思考及启示》，《城市交通》2015 年第 6 期。

Abstract

As the Belt and Road strategy enters the acceleration phase, Guangzhou, as an important National Central City and the strategic gateway of Guangdong-Hong Kong-Macao Big Bay Area, is facing unprecedented challenges and opportunities in terms of internationalization. In 2016, Guangzhou proposed the strategic plan to build the hub and network city by focusing on "Three Strategic Hubs" construction, deepening the open-up and reform, promoting international and regional cooperation, the position of Guangzhou in global city network is increasingly emerging. *Guangzhou City International Development Report* edited by the Institute for International Studies of Guangzhou Academy of Social Sciences, is an annual report focusing on the research of internationalization development of cities, explores the development path for Guangzhou to boost its level of internationalization from the academic perspective.

Guangzhou City International Development Report (*2017*) contains five chapters including general report, special reports, international economics and trade, international communication and cooperation and international experiences.

General report analyzes the current situation of the internationalization of Guangzhou in 2016, forecasts the international development situation in 2017, and proposes suggestions on promoting the internationalization of Guangzhou.

Special reports chapter examines Guangzhou's internationalization potential from functional perspectives including improving global resources allocation capacity, building international aviation hub, international communication center, and puts forward suggestions for future development.

International economic and trade chapter summarizes Guangzhou's overall export situation, and discusses hot issues such as cross-border E-commerce, the cruise industry, registrations and administrations of ships, etc.

International experienceschapter introduces rankings of global cities including

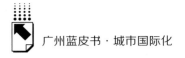

广州蓝皮书·城市国际化

Pw C's Cities of Opportunity 2017 and Z/Yen's GFCI, and valuable experiences from Global Cities for city international development.

Keywords: Guangzhou; City Internationalization; Hub and Network City; International Economics and Trade; International Communication

Contents

I　General Report

　　Abstract: The report concludes the internationalization status of Guangzhou
in 2016 from the aspects of foreign trade, transportation hub construction, sister
city contacts and public diplomacy, international tourism and conferences, etc. ,
analyzes Guangzhou's weak points in terms of economic influence, international
reputation and hub function. Year 2017 will witness a more complicated
international situation and the implementation period of the Belt and Road
construction, bringing more opportunities as well as challenges to Guangzhou.
This report proposes suggestions for Guangzhou's further internationalization.

　　Keywords: Guangzhou; City Internationalization; International Economics
and Trade; InTernational Communication; City Image

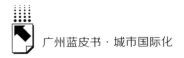

II Special Reports: Hub and Network City

B. 2 Research on Guangzhou Building the Hub and Network
City and Improving Global Resource Application Ability

Zhang Qiang , Qin Jian / 052

Abstract: A hub and network city is central to the global city network as it attracts and allocates global resources and plays a vital role in the whole system. In order to realize its own identity and responsibility as a major national central city, Guangzhou aims to grow itself as a hub and network city, improve the ability to apply global resources, and stride forward for global city. Taking the perspective of Guangzhou as a hub and network city, the present study provides strategic suggestions for improving the city's ability in applying and allocating global resources.

Keywords: Guangzhou; Hub and Network city; Global Resources Allocation

B. 3 Research on Strategic Layouts and Path for Guangzhou's
Construction of International Aviation Hub

Bai Guoqiang , Ge Zhizhuan , Yao Yang and Cheng Fengyu / 068

Abstract: Guangzhou is advantaged to build an international aviation hub, but there still exists problems such as insufficient facilities, lagging harbor economy, incomplete network, management system disfunction, etc. To construct an international aviation hub in Asian-Pacific region, Guangzhou need keep promoting the strategic deployment from four aspects of facilities and services, aviation network, airport economy and institutional environment, and carrying forward the construction towards being internationalized, accessible, integrated, smart, pivotal, industrialized and clustered.

Keywords: Guangzhou; International aviation hub; Strategic layout

Abstract: Construction of Hub and network city is the internal requirement for Guangzhou to follow the new trend in global city development, keep the open-up tradition, and strengthen the role as a major national central city. The hub function focuses on not only physical aspects but also human issues. The international communication center emphasizes humanities and improves Guangzhou's position in the global city network from the perspective of communication and contact. It is also important in terms of enriching the content and function of the Hub and network city.

Keywords: Communication Center; Guangzhou; Hub and Network City

Ⅲ   International Economics and Trade

Abstract: Though facing with rising uncertainties at home and abroad, the foreign trade in Guangzhou demonstrated better performance above the national and provincial level due to the city's resilience. Generally speaking, the trade structure of Guangzhou was further optimized, and trading partners kept being diversified. Foreign enterprises and state-owned enterprises growth rates declined as private enterprises appeared to be more dynamic. Both general trade and processing trade are decreasing, while so new emerging industries stimulated Guangzhou's foreign

trade. Year 2017 will see deepening structural reform of the supply front. Standing at the new starting point and with the support of upgrading policies, Guangzhou is forming new competitive advantages. Structural optimization and market diversification will continue, foreign direct investment will keep growing, a processing trade upgrade will be carried further, and foreign trade as a whole will improve with steady pace above the national average level.

Keywords: Regional Foreign Trade; Guangzhou; New Trade Format

B. 6　Research on Development Strategies for Airport Cross-Border
　　　Ecommerce in Guangzhou

Lin Jing, Wang Yu, Mai Junyan and Lai Suting / 124

Abstract: With geographical advantages, preferential policies and expanding industry scale provided by the Guangzhou Baiyun Airport Comprehensive Bonded Zone, the Guangzhou Airport Economic Zone has developed rapidly cross-border e-commerce to nation leading in terms of numbers of registered enterprises, registered commodities and business volume. However, there still exist the problems including insufficient supporting facilities and policies, scattered and unplanned business and imperfect regulations which need to be addressed specifically so as to further promote industry agglomeration and healthy development to build a demonstration area for cross-border electronic e-commerce.

Keywords: Airport; Cross-border E-commerce; Industrial Development; Guangzhou

B. 7　Research on Boosting the Cruise Industry
　　　Development in Guangzhou　　　　　　　*Lin Zhishun* / 134

Abstract: The report summarizes the development of the cruise industry in

Guangzhou since it started in 2016 in terms of routes, passenger throughput, development plans, terminal construction , supporting policies, financial support, etc. By analyzing advantages and drawbacks of Guanghzou's cruise industry and introducing other famous cruise ports in the world, it gives suggestions referring to position plan, home port construction, transportation system, regional cooperation, fleet organizations, tourist resources, convenient customs clearance, tourism shopping, talents and security regime, etc. to speed up the cruise industry development in Guangzhou.

Keywords: Guangzhou; Cruise Industry; Major Advantages; Gruise Home-port

B. 8 Innovative Path for Building International Ship Registration

Center in Guangzhou

Study Group of Leading Group for Deepening Reform Comprehensively

of CPC Guangzhou Municipal Committee / 146

Abstract: The constrast between China's strict registration system implemented and open registration system among many advanced countries results in the increasing cases of Chinese ships being registered abroad. With advantages such as favorable location, flourished hinterland, relatively complete infrastructure, advantaged waterway and existing tax laws, Guangzhou is possible to attract more ships if adopting the global ship registration system. Guangzhou need reform and innovate to reduce restrictions of registration, expand ship business, implement favorable tax policies, and provide supporting services to enhance Guangzhou's attractiveness for international ship registration with the aim to accumulate resources of global shipping lines, shipping services, shipping finance, crew, logistics and etc.

Keywords: International Shipping Center City; Ship Registration; Port Services

IV International Communication and Cooperation

B. 9 Development Path to Enhance the International Communication
Center City Function by Hosting International
Conferences in Guangzhou

Joint Study Group of Guangzhou Academy of Social Sciencesand
Foreign Affairs Office of Guangzhou Municipal Government / 158

Abstract: International conference and city development supplement to each other in that international conference is an important power to boost city internationalization and competitiveness in terms of economic contribution, brand effect and intellectual support, and also the major symbol of city going global. Hosting international conferences plays a positive role in gathering international high-end resources, strengthening industrial development advantages, improving the national central city function and enhancing the urban internationalization level of Guangzhou. Guangzhou has great strength in hosting international conferences for its early start, strong capability, large quantity and wide range of conferences held, yet still faces gap with famous conference cities in the world and disparity with its strength and international status as an important national central city. Guangzhou need follow the path of "Competing for Influence at top tier, Building brand at mid-tier, and Increasing Quantity at bottom tier" to reinforce the international communication center function based on its existing advantages.

Keywords: International Conference; International Communication Center; City Function; Guangzhou

Abstract: As the experimental area of "One Country Two Systems", Macao cooperates closely with Guangzhou in various fields and makes with good progress under the guiding principle of "Framework Agreement on Cooperation between Guangdong and Macao ". In 2016, the Guangzhou-Macao Cooperation relationship has been raised to a new stage under the introduction of "Macao's Five-Year Development Plan (2016 −2020)". Significant achievements were gained in economic and trade, livelihood, entrepreneurial innovation and educational training since the launch of Guangzhou-Macau cooperation mechanism, and cooperation is expected to be deepened in future with opportunities.

Keywords: Guangzhou-Macao Cooperation; "One Country Two Systems"; Platform Between China and Portuguese-speaking Countries

Abstract: With the progress of urbanization and globalization, great importance is attached to city image by countries and cities. Through city image the importance of national central cities and internationalization level of Guangzhou can be clearly reflected. This study discusses the city image of Guangzhou by analysing news texts in 2016, and puts forward countermeasures for the urban internationalization of Guangzhou by comparing with cities like Beijing, Shanghai and Shenzhen in terms of government image, economic image and cultural image.

Keywords: City Image; Media Representation; Text Analysis; Cultural Geography; Guangzhou

V International Experiences

B. 12 The Analysis of *PwC*: *Chinese Cities of Opportunity 2017*
Report and Countermeasures

Wu Qing, *Deng Danxuan*, *Zhou Shunzi and Xiao Reng* / 210

Abstract: The *Chinese Cities of Opportunity* 2017 Report released by PwC provides references for city development advantage and disadvantage evaluation and has gained wide social influence. According to the report, Guangzhou ranked as the top city once again. This study analyzes the index scores of Guangzhou in the reports over years, compares Guangzhou with other major cities in search of Guangzhou's strength and weak points, and puts forward countermeasures to enhance global competitiveness and influences.

Keywords: City Rankings; Urban Competitiveness; *Chinese Cities of Opportunity 2017*

B. 13 Policy Recommendations for Guangzhou to Build International
Financial Center City in the View of Global Financial Center Index

Liu Fenhua, *Li Zhiman*, *Wu Fei and Li Huamin* / 237

Abstract: Guangzhou is viewed as a first-tier city in terms of the breadth and depth of financial institutions as well as objective indicators like financial sector added value. This study, analyzes the gap between Guangzhou and international financial center cities with the method of comparing the financial industry development pattern in Dalian and Qingdao in the view of Global Financial Centers Index (GFCI). Existing problems in Guangzhou's regional financial center construction strategy such as valuing hardware while overlooking software, incomplete industry chains, lack of landmark products and unsubstantial high-end talents strategy have constrained the radiating function of Guangzhou's financial industry in the region. Based on research above, countermeasures are proposed for Guangzhou to further strengthen the construction of international financial center city.

Keywords: Global Financial Centers Index; Financial Development Index for China; International Financial Center City; Guangzhou

B. 14   New Trend in Traffic Development Strategy in Global
Cities and its Implications for Guangzhou   *Yao Yang* / 255

Abstract: This research reviews and summarizes the traffic development strategy of global cities including New York, Tokyo, London, Singapore, etc. based on international experiences of international integrated transportation hub cities as well as the inherent rules and dynamic trend for global city transportation development. Appraisal of the current traffic development stage is presented, and policy recommendations are put forward for future development.

Keywords: Global City; Traffic Strategy; Guangzhou

权威报告·热点资讯·特色资源

皮书数据库
ANNUAL REPORT(YEARBOOK)
DATABASE

当代中国与世界发展高端智库平台

所获荣誉

● 2016年，入选"国家'十三五'电子出版物出版规划骨干工程"

● 2015年，荣获"搜索中国正能量 点赞2015""创新中国科技创新奖"

● 2013年，荣获"中国出版政府奖·网络出版物奖"提名奖

● 连续多年荣获中国数字出版博览会"数字出版·优秀品牌"奖

成为会员

　　通过网址www.pishu.com.cn或使用手机扫描二维码进入皮书数据库网站，进行手机号码验证或邮箱验证即可成为皮书数据库会员（建议通过手机号码快速验证注册）。

会员福利

● 使用手机号码首次注册会员可直接获得100元体验金，不需充值即可购买和查看数据库内容（仅限使用手机号码快速注册）。

● 已注册用户购书后可免费获赠100元皮书数据库充值卡。刮开充值卡涂层获取充值密码，登录并进入"会员中心"—"在线充值"—"充值卡充值"，充值成功后即可购买和查看数据库内容。

社会科学文献出版社 皮书系列
SOCIAL SCIENCES ACADEMIC PRESS (CHINA)

卡号：229764224564

密码：

数据库服务热线：400-008-6695
数据库服务QQ：2475522410
数据库服务邮箱：database@ssap.cn
图书销售热线：010-59367070/7028
图书服务QQ：1265056568
图书服务邮箱：duzhe@ssap.cn

S子库介绍
Sub-Database Introduction

中国经济发展数据库

涵盖宏观经济、农业经济、工业经济、产业经济、财政金融、交通旅游、商业贸易、劳动经济、企业经济、房地产经济、城市经济、区域经济等领域，为用户实时了解经济运行态势、把握经济发展规律、洞察经济形势、做出经济决策提供参考和依据。

中国社会发展数据库

全面整合国内外有关中国社会发展的统计数据、深度分析报告、专家解读和热点资讯构建而成的专业学术数据库。涉及宗教、社会、人口、政治、外交、法律、文化、教育、体育、文学艺术、医药卫生、资源环境等多个领域。

中国行业发展数据库

以中国国民经济行业分类为依据，跟踪分析国民经济各行业市场运行状况和政策导向，提供行业发展最前沿的资讯，为用户投资、从业及各种经济决策提供理论基础和实践指导。内容涵盖农业，能源与矿产业，交通运输业，制造业，金融业，房地产业，租赁和商务服务业，科学研究，环境和公共设施管理，居民服务业，教育，卫生和社会保障，文化、体育和娱乐业等100余个行业。

中国区域发展数据库

对特定区域内的经济、社会、文化、法治、资源环境等领域的现状与发展情况进行分析和预测。涵盖中部、西部、东北、西北等地区，长三角、珠三角、黄三角、京津冀、环渤海、合肥经济圈、长株潭城市群、关中一天水经济区、海峡经济区等区域经济体和城市圈，北京、上海、浙江、河南、陕西等34个省份及中国台湾地区。

中国文化传媒数据库

包括文化事业、文化产业、宗教、群众文化、图书馆事业、博物馆事业、档案事业、语言文字、文学、历史地理、新闻传播、广播电视、出版事业、艺术、电影、娱乐等多个子库。

世界经济与国际关系数据库

以皮书系列中涉及世界经济与国际关系的研究成果为基础，全面整合国内外有关世界经济与国际关系的统计数据、深度分析报告、专家解读和热点资讯构建而成的专业学术数据库。包括世界经济、国际政治、世界文化与科技、全球性问题、国际组织与国际法、区域研究等多个子库。

法 律 声 明

　　"皮书系列"(含蓝皮书、绿皮书、黄皮书)之品牌由社会科学文献出版社最早使用并持续至今,现已被中国图书市场所熟知。"皮书系列"的 LOGO () 与"经济蓝皮书""社会蓝皮书"均已在中华人民共和国国家工商行政管理总局商标局登记注册。"皮书系列"图书的注册商标专用权及封面设计、版式设计的著作权均为社会科学文献出版社所有。未经社会科学文献出版社书面授权许可,任何使用与"皮书系列"图书注册商标、封面设计、版式设计相同或者近似的文字、图形或其组合的行为均系侵权行为。

　　经作者授权,本书的专有出版权及信息网络传播权为社会科学文献出版社享有。未经社会科学文献出版社书面授权许可,任何就本书内容的复制、发行或以数字形式进行网络传播的行为均系侵权行为。

　　社会科学文献出版社将通过法律途径追究上述侵权行为的法律责任,维护自身合法权益。

　　欢迎社会各界人士对侵犯社会科学文献出版社上述权利的侵权行为进行举报。电话:010-59367121,电子邮箱:fawubu@ssap.cn。

社会科学文献出版社